“十三五”江苏省高等学校重点教材（编号：2020-2-138）
高等院校人文素质教育重点教材
精品工程项目教材

大学生职业规划与就业指导

主　编　杨　青　李静娴

副主编　张家驹　杨建飞　王　玲

上海交通大学出版社

内容提要

本书以教育部《大学生职业发展与就业指导课程教学要求》为依据，以大学生职业发展过程为线索，分为上下两篇：上篇是大学生职业生涯规划，共四章，包括认识职业生涯规划、自我探索、职业探索、决策与行动计划；下篇是大学生就业指导，共五章，包括就业形势与政策、求职准备、就业权益保护、职业适应与发展、大学生就业能力。每章设置“案例导入”“课后实训”“案例讨论”等板块供读者学习思考，具有较强的实用性和可操作性。

本书可作为高等院校开设就业指导课程的教材，也可作为就业指导工作人员的培训教材，还可作为择业人员的自学参考用书。

图书在版编目（CIP）数据

大学生职业规划与就业指导 / 杨青，李静娴主编
. —上海：上海交通大学出版社，2021.8（2024.9 重印）
ISBN 978-7-313-25114-5

Ⅰ. ①大… Ⅱ. ①杨… ②李… Ⅲ. ①大学生—职业选择—高等学校—教材 Ⅳ. ①G647. 38

中国版本图书馆 CIP 数据核字（2021）第 131418 号

大学生职业规划与就业指导
DAXUESHENG ZHIYE GUIHUA YU JIUYE ZHIDAO

主　　编：杨　青　李静娴
出版发行：上海交通大学出版社　　地　　址：上海市番禺路 951 号
邮政编码：200030　　电　　话：021-64071208
印　　制：江苏唐邦彩印包装有限公司　　经　　销：全国新华书店
开　　本：710mm×1000mm 1/16　　印　　张：12.5
字　　数：242 千字
版　　次：2021 年 8 月第 1 版　　印　　次：2024 年 9 月第 4 次印刷
书　　号：ISBN 978-7-313-25114-5
定　　价：44.50 元

前　　言

职业发展与就业指导课程建设是高校人才培养工作和毕业生就业工作的重要组成部分，本书以教育部《大学生职业发展与就业指导课程教学要求》（以下简称《要求》）为依据，结合当代大学生实际，以大学生职业规划与就业指导理论为基础，注重学科知识结构的系统性和完整性，强调学生就业素质与能力的培养，体现职业发展与就业指导学科的新进展，力求通过清晰的思路和简洁的文字诠释大学生职业发展规划与就业指导的全过程。本书从学生的认知和学习规律出发，不仅设置了“案例导入”，还设置了“课后实训”和“案例讨论”，让学生进一步体会学习内容和方法，进一步思考自己的职业发展和就业问题。

本书遵循大学生心理特点，以大学生职业发展过程为线索，分为上下两篇：上篇是大学生职业生涯规划，共四章，包括认识职业生涯规划、自我探索、职业探索、决策与行动计划；下篇是大学生就业指导，共五章，包括就业形势与政策、求职准备、就业权益保护、职业适应与发展、大学生就业能力。

本书遵照大学生就业指导工作系统化、全程化、规范化的要求，体现出以下几方面的特点：

一是全面性。本书涵盖《要求》中提及的“建立生涯与职业意识”“职业发展规划”“提高就业能力”“求职过程指导”“职业适应与发展”等内容，从大学生就业的态度、知识和技能三个层面全方位予以指导和帮助。

二是实用性。本书坚持问题导向，从大学生就业典型案例入手，帮助大学生解决就业道路上遇到的各种实际问题。

三是可操作性。本书通过“案例”“自我练习”等多种形式，引导学生在实践中学习知识、培养能力。本书不仅可以作为普通高等院校大学生就业指导课程的教材，也是一部很好的大学生职业发展与就业指导手册。

本书由杨青、李静娴担任主编，由张家驹、杨建飞、王玲担任副主编。

因编者水平有限，书中存在的不足之处，敬请广大读者批评指正。

目　录

上篇　大学生职业生涯规划

第一章　认识职业生涯规划 …… 3

第一节　认识工作、职业与事业 …… 3

第二节　职业生涯规划的基本概念与意义 …… 6

第三节　职业生涯规划的原则、内容与步骤 …… 9

第二章　自我探索 …… 13

第一节　职业兴趣认知——择己所爱 …… 13

第二节　性格认知——择己所适 …… 18

第三节　技能探索——择己所能 …… 25

第四节　职业价值观探索——择己所需 …… 33

第三章　职业探索 …… 41

第一节　职业外部环境分析 …… 41

第二节　职业内部环境分析 …… 45

第三节　职业信息的获取与分析 …… 49

第四章　决策与行动计划 …… 54

第一节　职业生涯目标 …… 54

第二节　职业生涯决策 …… 57

第三节　职业生涯设计 …… 67

第四节　职业生涯管理 …… 87

下篇　大学生就业指导

第五章　就业形势与政策 …… 97

第一节　当前就业环境与形势 …… 97

第二节　国家有关大学生就业的政策 …… 99

第三节　毕业生就业流程 …… 106

第六章　求职准备 ………… 111
第一节　知识与技能的准备 ………… 111
第二节　求职材料的准备 ………… 113
第三节　就业信息的收集与处理 ………… 116
第四节　面试技巧 ………… 119
第五节　求职心理调适 ………… 126
第七章　就业权益保护 ………… 134
第一节　大学生的基本就业权益 ………… 134
第二节　就业陷阱的防范与就业保护 ………… 136
第三节　就业协议与劳动合同的签订 ………… 138
第四节　人事代理与社会保险 ………… 151
第八章　职业适应与发展 ………… 156
第一节　角色转变与职业适应 ………… 156
第二节　做成功的职业人 ………… 159
第九章　大学生就业能力 ………… 165
第一节　大学生就业能力的含义 ………… 165
第二节　大学生就业能力的内容 ………… 167
第三节　大学生就业能力的培养 ………… 175
参考文献 ………… 192

上篇
大学生职业生涯规划

在一个人有限的生命中，职业生涯往往占有绝对重要的位置。统计资料显示，大部分人的职业生涯时间占可利用社会时间的70%～90%。可以说，职业生涯伴随我们的大半生，甚至更长久。只有拥有成功的职业生涯，才可能实现完美人生。而职业生涯规划，恰恰是我们达成职业目标、实现完美人生的重要一步。

第一章　认识职业生涯规划

案例导入

小王是一名高职院校机械类专业的大二学生。经过咨询，小王了解到不少机械类专业毕业生的就业去向，虽然他们的收入还不错，但是大多在生产制造型企业的一线工作，工作环境嘈杂，有些还需要倒班，这些与小王对未来职业的设想有差距。看到身边不少同学在准备"专升本"考试，小王也想加入"专升本"大军，一来提升学历，二来推迟进入就业市场。但选择"专升本"意味着原本就不富裕的家庭要继续提供学习和生活的资金支持，而且未来发展依旧未知。小王觉得很迷茫，不知该做怎样的选择。

（改编自校园案例）

每一名大学生都将面临职场的考验。"凡事预则立，不预则废"，职业生涯规划是每一名大学生平稳踏入职场并实现人生价值的关键。本章主要介绍工作、职业和事业的关系，同时强调职业生涯规划的重要意义和在职业生涯规划的过程中要遵循的原则。

第一节　认识工作、职业与事业

一、工作、职业与事业

（一）什么是工作

日常生活中人们所说的"工作"（job）可以理解为"活计"（work），指在一个组织机构中，一系列类似的、可以获得薪资的职位（positions），涵盖为维持机构运作所必须执行的一系列任务（tasks）。不同职位的工作者，如农民（务农）、建筑工人（建筑）、业务经理（贸易）、教师（教育）、医生（医护）、公务员（公务）等，在执行任务之后，会获得所期望的经济报酬。

（二）什么是职业

在《现代汉语词典》中，职业被解释为：个人在社会中所从事的作为主要生活来源的工作。

美国教育家、哲学家杜威认为：职业是可以从中获得利益的一种活动。

日本就业问题专家保谷六郎认为：职业是有劳动能力的人为了获得生活所需而发挥个人能力，为社会做出贡献而连续从事的活动。

通常的定义：职业是一种参与社会分工，利用专门的知识和技能为社会创造物质财富和精神财富，获得合理报酬作为物质生活来源，并满足精神生活需求的活动。

（三）什么是事业

在我国的社会文化中，事业是指值得个人投入一生心力，以获得最大实现可能性的生涯目标。在一个事业体中，通常包含较广泛的职业范畴，如教育事业、慈善事业、医疗事业、科技事业及文化事业等。

工作、职业与事业的区别如表 1-1 所示。

表1-1　工作、职业与事业的区别

比较项目	工　　作	职　　业	事　　业
常用语	找工作	职业生涯	事业心
解决的问题	生存	生活质量	成就感
满足的需求	物质需求 （低层次）	社会需求 （实现自我价值）	心理需求 （高层次）
存在的意义	如果没有，就无法生存下去	如果没有，不影响生存，但会影响生活质量	没有后顾之忧才能谈事业心或具备破釜沉舟的决心
分布概率	20%的人是永久性的需求；80%的人是阶段性的需求，如刚毕业的大学生	70%的人都有此需求	10%的人天生就有此需求，经过激励或在特定的社会条件之下，人群比例可以高达 30%
更换的主要方式（对个人来说）	现场招聘会（成本最低）、报纸、网站	网站、传统猎头、职业中介	现代猎头、传统猎头
创造的价值	工作机会	职业变动的机会	事业发展的机会和服务
本质	满足企业低端需求和社会就业需求	满足企业中高端需求和个人职业发展需求	智力交换的增值

自我练习

了解职业社会是大学生职业生涯规划的重要组成部分，我们首先要明确两个问题：我眼中的职业社会是什么样的？职业社会有哪些需求和机会？我们可以按照下面的步骤对自己眼中的职业社会进行探索。

我的专业是＿＿＿＿＿＿＿＿＿＿＿＿＿＿＿＿＿＿＿＿＿＿。

我的求职领域是＿＿＿＿＿＿＿＿＿＿＿＿＿＿＿＿＿＿行业。

我比较喜欢在＿＿＿＿＿＿＿＿＿＿＿＿＿＿＿＿＿企业工作。

在该类企业中，我看中的是＿＿＿＿＿职位，原因是＿＿＿＿＿。

据了解，该职位对应聘人员的要求是＿＿＿＿＿＿＿＿＿＿＿＿。

我自身条件符合要求的是＿＿＿＿＿＿＿＿＿＿＿＿＿＿＿＿。

综合对比各方面因素，我选择＿＿＿＿＿＿，理由是＿＿＿＿＿＿。

二、职业的特征

我们在前文对职业进行了定义，并将职业与工作、事业进行了区分，那么，职业具有哪些特征呢？通过进一步分析职业范畴，可以看出它具有以下特征。

（一）基础性

职业是个人和社会存在和发展的基础，因为职业给人们解决了生活来源的问题。人们为了生存，必须从事职业活动，人们的各种社会活动、人文活动，大多建立在职业的基础上，“衣食足而知荣辱”，有了职业生活，才有其他一切社会生活的基础。

（二）同一性

某一类别的职业，其劳动条件、劳动对象、生产工具、操作内容等是相同的或相近的。由于情境的同一性，人们就会形成同一的行为模式。

正是基于职业的同一性，才构成工会、同行业协会等社会组织，才有从业者的利益共同体。工会是保障会员就业机会、工资收入、福利保险等共同利益的团体；著名的保险行业协会，早期就是由“船东”这种职业人士因共同利益和共同认识而创造出来的。职业的这种同一性，往往会给同一职业的人们打上相似的社会印记。

（三）时代性

职业的时代性有两个含义：一是职业随着时代的变化而变化，一部分新职业产生，替代一部分过时的职业；二是每一个社会都有自己的“职业时尚”，表现为该社会中人们所热爱的职业。

个人与时代的关系，往往也反映在个人的职业取向上。例如，改革开放以来，人们转而追捧第三产业的职业，不少青年人把从事商业经营、酒店管理当作称心的职业。

（四）差异性

不同职业之间，可能有着巨大的差异，这些差异包括职业的劳动内容、职业的社会心理、从业者个人的行为模式等。

古语说“三百六十行”，现代社会则有着多达几千至上万种职业，而且随着劳动分工的细化、技术的进步、经济结构的变动和社会的发展，新职业的数量要大于被淘汰的职业的数量。各类职业大相径庭，隔行如隔山。当今社会，职业差异还会继续加大。

（五）层次性

众多的社会职业，可以划分成不同的层次。尽管从社会需要的角度来看，"存在即合理"，每一类别的职业都很重要，或者说，职业没有高低贵贱之分；但现实社会中，人们对不同职业的评价的确存在着差别，即有层次性。这种职业评价的层次性，根源在于不同职业付出的体力、脑力不同和工作的复杂程度不同，以及从业者在工作组织权力结构中的地位、工作的自主权、收入水平、社会声望等方面的差别。

（六）广泛性

一个人生活的方方面面，都与职业问题息息相关。基于职业范畴的广泛性，诸多的学科如社会学、经济学、管理学、心理学、教育学、政治学、各种工程技术学科、生理学与医学等，都把职业问题作为自己的研究对象。

第二节　职业生涯规划的基本概念与意义

一、职业生涯规划的基本概念

（一）什么是生涯

"生涯"一词从字面来看，"生"意为"活着"，"涯"意为"边际"，"生"和"涯"连在一起是"一生"的意思。"生涯"的英文 career，从词源来看，来自罗马文 via carraria 及拉丁文 carrus，两者均指古代的战车，后来引申为道路，即人生的发展道路。career 也被翻译为"职业生涯"。由于时代不同、视角存在差异等，国外学者对"生涯"的定义也有所不同。目前，大多数西方学者所接受的是由舒伯给出的定义："生涯"是指生活中各种事件的演进方向和历程，它统合了个人一生中各种职业和生活角色，由此表现出个人独特的自我发展形态。"生涯"作为一个人终其一生所扮演角色的整个过程，由 3 个层面构成：①时间，即个人的年龄或生命的过程；②经历，即个人一生所扮演的各种不同的角色；③个人扮演各种角色时的投入程度。

（二）什么是职业生涯

所谓职业生涯，就是一个人的职业经历，是一个人一生的职业发展道路。简单地说，职业生涯就是一个人一生的工作经历。它贯穿人的一生，开始于任职前的职业学习和培训，终止于退休。人的职业生涯是其生活的主体，在其生活中占有核心与关键的位置。

如果从职业发展的角度理解人生，可以把人的职业生涯分为 3 个阶段：职位选择阶段、职业阶段和事业阶段。

（三）什么是职业生涯规划

我们不应该简单地把职业生涯规划等同于找份好工作，或者仅仅认为职业生涯规划与工作相关。这个概念经过几十年的发展，已经有了更为广泛的含义。职业生涯规划最早起源于 1908 年的美国。有“职业指导之父”之称的帕森斯针对大量年轻人失业的情况，成立了世界上第一个职业咨询机构——波士顿地方就业局，首次提出“职业咨询”的概念。从此，职业指导开始系统化。在随后的几十年中，心理测验的蓬勃发展促进了职业指导的发展。第二次世界大战中对大量不同人才快速分类与安置的需要和战后复员军人就业安置的需要，使得职业指导成为一种时尚。到了 20 世纪五六十年代，舒伯等人提出“生涯”的概念，于是生涯规划不再局限于职业指导的层面。

舒伯根据年龄将每个人生阶段与职业发展过程结合，将生涯发展过程划分为成长期（0～15 岁）、探索期（15～25 岁）、建立期（25～45 岁）、维持期（45～65 岁）和衰退期（65 岁以上）共 5 个阶段，之后提出一个新观念——生活广度、生活空间的生涯发展观。这就是生涯彩虹图，如图 1-1 所示。在该图中，纵向层面代表的是生活空间，是由一组职位和角色所组成的，包括子女、学生、休闲者、公民、工作者、持家者等不同的角色，它们相互影响交织出个人独特的生涯类型。大学生的生涯发展阶段属于探索期，这个阶段的主要发展任务是利用多种机会探索自我，逐渐确定职业偏好，并在所选定的领域中开始起步。

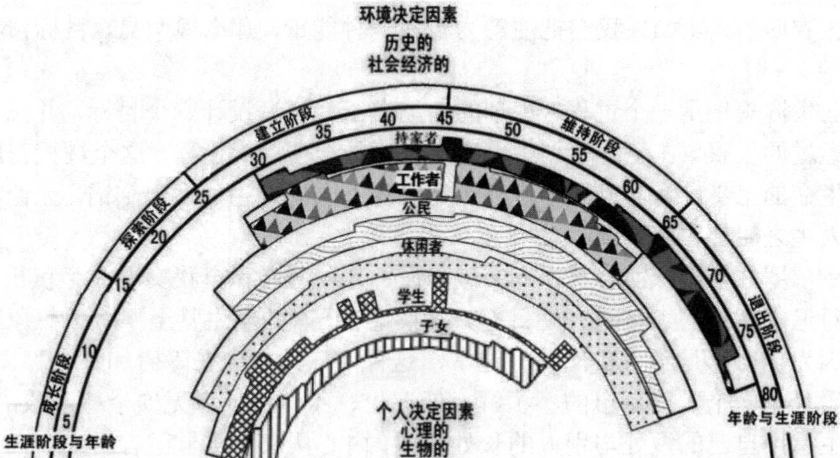

图 1-1　舒伯的生涯彩虹图

在美国，职业生涯教育运动开展得十分普遍。从幼儿园开始就有生涯辅导，在中小学更是有多种多样旨在扩展生涯经验和增进自我了解的职业探索活动和教育活动。生涯辅导不是以“一个萝卜一个坑”的方式进行人与职业的组合，而是融入个体的自我发展、角色的发展进程。

在我国，职业生涯规划还是一个比较新的概念。它是指个体对主观和客观因素进行分析和总结，确定职业生涯发展目标，并选择能够实现这一目标的职业；制订相应的学习、工作、教育和培训的行动计划，对每一步骤的时间、顺序和方向做出合理的安排，采取必要的行动措施，实现职业生涯发展目标的过程。很多大学新生认为职业生涯规划离自己还很远，其实，职业生涯规划越早开始越好。

二、职业生涯规划的意义

自我练习

请同学们闭上眼睛，猜一猜：身边有没有人穿红色的衣服？有多少人穿了红色的衣服？

思考：穿红色衣服的人在人群中会很显眼，为什么我们之前都没有注意到呢？

____

____

在心理学中，这种现象被称为“选择性注意”。所谓“选择性注意”，就是人们在同时存在的两种或两种以上的刺激信息中，选择注意一种，而忽略其他的刺激信息。在没有人提示要注意红色时，红色被忽略，因为它不是一个目标。但当红色成为目标后，也许你不仅在今天会格外注意穿红色衣服的人，而且在今后几天也会特别关注身边穿红色衣服的人。如果我们把注意力看成一种能量，那么很明显，目标帮我们集中了能量。

职业生涯规划是一个过程，规划的功能在于为生涯设计一个目标，并找出达到目标所要经过的步骤。在生涯规划中，确定目标是一个探索过程，这个过程帮助人们逐渐厘清生命的意义。确定了目标就好像为飘忽不定的人生加了一个锚，无论风雨来自何方，人生之船都自有方向。

米歇尔罗兹指出：生涯规划有突破障碍、开发潜能和自我实现 3 个积极目的。很多学生对追求理想的工作或人生目标充满疑虑；还有的学生甚至不敢去想象或者设立目标，因为觉得那是不可实现的。通常，这种阻碍来自内在障碍和外在障碍。其中，内在障碍是由一个人对自己的不了解、低评价、不自信或者无安全感造成的。例如，有的学生总用自己的短处与别人的长处相比，内心从未觉得自己有用或存在特别之处。在找工作时，总感觉自己这也不好，那也不够，还没有做好踏入社会的准备，从而影响自己找工作的信心，影响自己在面试等环节中的表现。

外在障碍则来自一个人所处的环境，通常与政局变动、市场难测、经济衰退和社会秩序混乱等相关。一个没有生涯目标的人，很容易受外在障碍的影响。例如，两个大学生均来自普通家庭，毕业时找到的工作也都不理想。其中一个学生有明确的生涯目标，因为对未来充满希望，所以更容易积极面对并不理想的工作，努力从工作中获得自己实现目标所需的能力和资源，把这份工作当作迈向目标的第一步。而另一个没有任何生涯目标的学生，则更容易抱怨社会，哀叹自己生不逢时，没赶上“大学毕业生是天之骄子”的年代。因为看不到希望，他很难积极应对困境。两个大学生在毕业时人生的起跑线是相同的，却因为一个有生涯目标而另一个无生涯目标导致人生完全不同：一个充满力量，能克服困难、积极进取；另一个感觉被环境所左右，怨天尤人、随波逐流。尼采说：“懂得为何而活的人，几乎任何痛苦都可以忍受。”生涯规划可以帮助人们设立目标，从而突破发展中的内外障碍，开发自身潜能，最终实现幸福人生。

哈佛大学的巴菲尔德博士通过对美国社会进步动力的研究发现，那些成功的人往往都是有长远规划的人。他们在做每天、每周、每月规划时，都会用长远的眼光去考量。他们会做 5 年、10 年，甚至 20 年的计划。他们在分配资源或做决策时都会预期自己在几年后的地位。这一研究成果，对刚刚跨入社会的职场人士有着重要的启示作用。

职业生涯规划的意义可概括为以下 5 个方面：

（1）不断探索自我，挖掘自身潜能。

（2）明确职业定位，树立远大目标。

（3）树立正确观念，适应社会发展。

（4）科学规划人生，确定正确策略。

（5）有条不紊行动，实现成功人生。

第三节　职业生涯规划的原则、内容与步骤

一、职业生涯规划的原则

毫无疑问，时间流逝是单向的，人生之旅只有单程车票。任何人都希望自己在有生之年能够把握机遇，运筹帷幄，走向辉煌。所以在进行个人职业生涯规划时，既要富有挑战，又要避免好高骛远，并注意适时调整。更重要的是要遵循个人职业生涯规划的重要原则。

（1）清晰性原则。目标是否清晰明确？实现目标的步骤是否直截了当？

（2）变动性原则。目标是否有弹性或缓冲性？是否能依据环境的变化而调整？

（3）一致性原则。主要目标与分目标是否一致？目标与措施是否一致？个人目标与组织发展目标是否一致？

（4）挑战性原则。目标是具有挑战性，还是仅保持原状而已？

（5）激励性原则。目标是否符合自己的性格、兴趣和特长？是否能对自己产生内在激励作用？

（6）合作性原则。个人的目标与他人的目标是否具有合作性与协调性？

（7）全程原则。进行生涯规划时必须考虑到生涯发展的整个历程，做全程的考虑。

（8）具体原则。生涯规划各阶段的路线与安排，必须具体可行。

（9）实际原则。实现生涯目标的途径很多，但在做规划时必须要考虑自身的特点、社会环境、组织环境及其他相关的因素，选择可行的途径。

（10）可评量原则。规划应有明确的时间限制或标准，定期评量、检查，使自己随时掌握执行状况，并为规划提供参考的依据。

二、职业生涯规划的内容与步骤

其实，生涯规划并不难，它和制订一份旅游计划有很多相似之处。例如，目标确定、实现的过程，都与一个人的兴趣爱好和自身条件等相关，对目标和过程的选择没有绝对的好坏之分。俗话说，条条大路通罗马。一个人能否实现目标，很大程度上取决于其是不是计划的推动者，如果他总是依赖别人和环境，就容易陷入抱怨而无所作为。

具体而言，一个系统化的职业生涯规划应当包括觉知与承诺、认识自己、认识工作世界、决策、行动和再评估（成长）。

（一）觉知与承诺

在这个阶段，学生了解到生涯规划的重要性和作用，并愿意花时间规划自己的生涯。但要提醒一下：生涯规划是一个过程，是一种面对生涯发展的态度，未必能马上为自己带来理想的工作，就好像我们播下的种子，未必能马上发芽一样，所以对生涯规划要有合理的预期。

（二）认识自己

系统化的生涯规划是一个“由内而外”的过程。因此，在生涯规划时，首先要认识自己，自问以下问题，并诚实地回答。

（1）我有哪些人格特质？

（2）我的兴趣是什么？

（3）哪些东西是我生命中不能缺少的？我最看重什么？

（4）我有哪些技能是与众不同、赖以为生的？

（5）其他，如健康、性别及民族等。

（三）认识工作世界

工作世界信息和自我信息是生涯规划中重要而基础的部分，对工作世界的了解具体包括以下几点：

（1）专业与职业的关系。

（2）工作世界的宏观发展趋势。

（3）具体职业对工作者的要求、条件和待遇等。

（4）继续教育方面的选择。

（四）决策

决策是综合和评估信息的部分，在决策时有可能因信息不全而重新回到前面两个步骤，具体内容包括以下几点：

（1）综合和评估信息。

（2）设立目标和制订计划。

（3）处理决策过程中的各种问题，如生涯观念、障碍。

（五）行动

行动是将全部探索和思考落实的阶段。学生主要通过行动实现自己设立的目标。通常包括以下两点。

（1）具体的求职过程。

（2）制作简历、准备面试。

在与现实接触的过程中，你可能会对自己有新的发现，由此对生涯发展有新的思考。虽然生涯规划被人为地割裂成不同的阶段，但无论在哪个阶段，自我探索与对外部信息的探索都不会停止，不要忽略这些部分带给你的新启示。

（六）再评估（成长）

当学生进入工作世界，外部环境发生变化时，他们或许会继续按照过去的规划前进，也有可能发现过去的规划已不适合自己，或者发现过去的规划并不尽如人意。这就要再次进行生涯探索，修正生涯规划。所以说，生涯规划是一个循环的过程，要用一辈子来探索。

课后实训

职业生涯规划知多少

问自己以下几个问题，评估自己对职业生涯规划的了解有多少。

- 你知道自己想干什么吗？
- 你了解自己能干什么吗？
- 你清楚自己适合干什么吗？
- 你知道行业的分类吗？
- 你清楚心仪职业的发展前景吗？
- 你了解一个职业的具体工作内容吗？

如果你的回答中超出 4 个是否定的，那么，你非常有必要认真学习职业生涯规划了。

案例讨论

人生的等式三角

前两天，一位友人问我是否听说过“0-1 等式三角”，我说没有。于是，他找来一张纸，写下了下面两个等式三角：

0	1
0+0=0	1+1=2
0+0+0=0	1+1+1=3
0+0+0+0=0	1+1+1+1=4
0+0+0+0+0=0	1+1+1+1+1=5
0+0+0+0+0+0+1=1	1+1+1+1+1+1=6
0+0+0+0+0+0+1+0=1	1+1+1+1+1+1+0=6
0+0+0+0+0+0+1+0+0=1	1+1+1+1+1+1+0+1=7
0+0+0+0+0+0+1+0+0+0=1	1+1+1+1+1+1+0+1+1=8
0+0+0+0+0+0+1+0+0+0+0=1	1+1+1+1+1+1+0+1+1+1=9

他把纸递给我看。我只扫了一眼，就没好气地说：“你真是无聊，0 加 0 当然等于 0，你加到天黑它还是等于 0，1+1=2，这个连 3 岁的孩子都知道！”我瞥了他一眼，说：“无聊的人搞这些无耻的东西，你不会是想让我做陈景润、华罗庚，搞数学，然后搞‘哥德巴赫猜想’吧？”我随手把纸扔给了他。他只是笑了笑，然后又把纸递给我，说：“你再仔细看看，别把它当成简单的数学等式。”

我看了看，依旧弄不清其中有何玄机，便摇了摇头说：“我还是不懂，你就直说吧！”

他又笑了笑，说：“其实这很简单，我提示你一下，等号左边的数字 0 代表空想，1 代表实干，等号右边的数字代表你将来可能取得的成就。才几天不见，你怎么就这么迂了呢？”

九个空想比不过一个实干。目标定下了，让我们来实现它吧！

（改编自 https://www.sohu.com/a/340525624_120298566）

思考题：

1. 结合本章所学到的内容，谈谈你从本案例中得到了哪些启示。
2. 结合案例，谈谈你打算如何规划自己的职业生涯。

第二章　自我探索

案例导入

小高是一名高职院校工科类专业的大二学生。当初填报志愿时，小高为了三年后能进入本科院校继续深造，获得本科文凭，选择了学校的“3+2”普通本科与高职院校合作培养项目。但他从小就极具商业头脑，喜欢参与商业类活动，面对与自己的爱好、性格“格格不入”的工科类专业毕业去向，他感到迷茫，不知如何应对。

（改编自校园案例）

“知己知彼，百战不殆”，可见，在通往职业成功的道路上，首先要对自己有深刻和准确的了解，在此基础上选择一条更加适合自己的职业发展之路。本章主要引导大学生认识自己的兴趣、性格、技能和价值观，同时将自己的上述特征与职业相匹配，从而更容易到达成功的彼岸。

第一节　职业兴趣认知——择己所爱

一、什么是兴趣

一个人只有对自己从事的活动产生十分浓厚的兴趣，才能主动地、积极地、创造性地去工作，最终取得成功。著名物理学家丁肇中教授说过：从事任何科学研究，最重要的是要对自己所从事的工作有兴趣，如做物理实验，只有有兴趣，才能守在实验室里、仪器旁，去钻研、去探索。

案例

我国著名的戏剧学家曹禺在 11 岁时就对戏曲、电影等产生了兴趣，经常去看戏剧和电影。他升入天津南开中学后，成为南开新剧团的演员。虽然他父亲希望他学医，成为一名优秀的医生，但他的兴趣却在戏剧创作上。中学毕业后，曹禺进入清华大学学习西方语言和文学，在大学经常从事长篇小说和剧本的创作。在大学最后一年，他写出了著名的剧本《雷雨》。

俗话说，人各有所好。不同的人有不同的兴趣，有的人对自然科学感兴趣，如天文、地理、生物、化学等；有的人对智力操作感兴趣，对读书、写作、演算、设计等乐此不疲；有的人则对技能操作感兴趣，对修理、摄影、弹琴、下棋、书法、绘画等津津乐道。不同的职业也需要不同的兴趣特征，一个擅长技能操作的人，在技能操作领域能够处理得游刃有余，但如果硬要他钻研书本上的理论知识，他可能会感到无用武之地。正是这种兴趣上的差异，构成了人们选择职业的重要依据。因此，兴趣在职业活动中的作用应引起人们的重视。那么，什么是兴趣呢？

兴趣是人们力求认识某种事物或从事某种活动的心理倾向，这种心理倾向往往表现为积极的态度和情绪反应。兴趣是一种巨大的推动力，是推动人们寻求知识、从事活动的重要心理因素。我们每个人都有类似的体会：当我们对某种事物有兴趣的时候，往往会长时间对它着迷，并且乐此不疲，甚至感觉不到时间的流逝，这是兴趣使我们的注意力长时间保持在认知对象上的结果。从事符合自己兴趣的活动，不仅能帮助人们把注意力集中到特定对象上，还能够使人们产生愉快的情绪，使从事的活动不再是负担而是享受，这就是孔子说“知之者不如好之者，好之者不如乐之者”的原因了。

二、兴趣对职业生涯的影响

美国曾对 2 000 多位著名的科学家进行调查，发现很少有人是出于谋生的目的而工作，他们大多是因为个人对某一领域的问题具有强烈的兴趣而孜孜以求，不计名利，忘我工作，他们的成功是与他们的兴趣相联系的。

兴趣是成功的一个重要推动力。它能将人的潜能最大限度地调动起来，使人长期专注于某一方向，做出不懈努力，取得令人瞩目的成绩。

兴趣的发展一般要经历这样一个过程：有趣—乐趣—志趣。

有趣是兴趣发展过程的第一个阶段，也是兴趣发展过程的低级阶段，它往往短暂易逝，非常不稳定。处于这一阶段的兴趣常常与人对某一事物的新奇感相联系，随着这种新奇感的消失，兴趣也会自然地消失。

乐趣是兴趣发展过程的第二个阶段，它是在有趣定向发展的基础上形成的，是兴趣发展过程的中级阶段。在这一阶段中，兴趣变得专一、深入起来，如喜爱文学的人很可能会成天沉溺于文学作品中。

志趣是兴趣发展过程的第三个阶段，当乐趣与人的社会责任感、理想、奋斗目标结合起来时，乐趣便变成了志趣。志趣是人取得成就的根本动力，是成功的重要保证。

兴趣是在一定需求基础上的社会实践中形成的，是需求的延伸。人的需求是复杂多变的，从而决定了人的兴趣也是多种多样的。有的人好动手，有的人好动脑；有的人喜欢与人打交道，有的人喜欢与动物打交道；有的人喜欢独自钻研，有的人喜欢集体协作……这些兴趣、爱好会直接影响到人的职业生涯。

兴趣是职业生涯适应的一个基本方面，可以为职业生涯选择提供有效的信息。兴趣主要用于预测人的工作满意感和稳定性，工作满意是职业生涯适应的一大标志。

兴趣不代表能力，对某一特定职业感兴趣并不意味着能干好该职业；同样，如果具有从事某一职业的能力但缺乏兴趣，那么在该职业生涯上成功的可能性也是非常小的。人们只有对某一种职业感兴趣，并具有该职业所要求的能力才能获得成功的职业生涯。

具体来说，兴趣对职业生涯的影响主要表现在以下 3 个方面。

（一）兴趣是职业生涯选择的重要依据

正像人们在日常生活中喜欢从事自己感兴趣的活动一样，具有特定兴趣的人更倾向于寻找与此兴趣有关的职业，特别是在外界环境限制较小时，更倾向于选择自己感兴趣的职业。因而，对自己的兴趣或兴趣类型有了正确的评估后，就可以帮助自己进行职业生涯选择。

（二）兴趣可以增强对职业生涯的适应性

兴趣可以变为工作动机，促进能力的发挥，因此兴趣与能力的合理结合会大大提高工作效率。曾有人通过研究得出：如果人们从事自己感兴趣的职业，则能发挥全部才能的 80%～90%，并能长时间高效率地工作而不感到疲劳；如果人们对所从事的职业没有兴趣，则只能发挥全部才能的 20%～30%。

（三）兴趣影响工作满意感和稳定性

由兴趣的性质所决定，兴趣影响工作满意感和稳定性，在某些情况下（如不考虑经济因素）甚至具有决定性作用。一般来说，从事自己不感兴趣的职业很难让人感到满意，并由此导致工作的不稳定。

三、霍兰德的职业兴趣类型理论

美国著名心理学家、职业指导理论专家霍兰德自 20 世纪 70 年代以来，提出了具有广泛社会影响的“人格-工作适应性理论”，也提出了一系列的研究假设，他认为：①职业选择是人格的一种表现，某一类型的职业通常会吸引具备相同人格特质的人，这种人格特质表现在职业上就是职业兴趣；②根据劳动者的心理素质和择业倾向，可以将劳动者划分为 6 种基本类型，包括现实型（realistic type，简称 R）、研究型（investigative type，简称 I）、艺术型（artistic type，简称 A）、社会型（social type，简称 S）、企业型（enterprising type，简称 E）、常规型（conventional type，简称 C）；③个人的职业兴趣往往是多方面的，很少只是集中在某一种类型上，大家可能或多或少均具备 6 种兴趣，只是偏好程度不同。因此，为了比较全面、客观地描述个人的职业兴趣，通常用 6 种兴趣的字母代码表示一个人的兴趣，该代码就是“霍兰德代码”

（Holland code）。这 6 个字母代码间的顺序表示了兴趣强弱程度的不同，排在首位的被认为是占主导地位的类型。如表 2-1 所示为 6 种类型的劳动者及与其相适应的职业。

表2-1　霍兰德职业兴趣类型

类　型	特　点	职　业
现实型 R	① 愿意使用工具从事操作性工作； ② 动手能力强，做事手脚灵活，动作协调； ③ 不善言辞，不善交际	主要从事各种工程技术工作、农业工作。通常需要一定体力，要求运用工具或操作机器。 具体职业：工程师、技术员；机械操作/维修/安装工人，矿工、木工、电工、鞋匠等；司机、测绘员、描图员；农民、牧民、渔民等
研究型 I	① 抽象思维能力强，求知欲强，肯动脑，善思考，不愿动手； ② 喜欢独立的和富有创造性的工作； ③ 知识渊博，有学识和才能，不善于领导他人	主要从事科学研究和科学实验工作。 具体职业：自然科学和社会科学方面的研究人员、专家；化学、冶金、电子、无线电、电视、飞机等方面的工程师或技术人员；飞机驾驶员、计算机操作员等
艺术型 A	① 喜欢以各种艺术形式的创作来表现自己的才能，实现自身的价值； ② 具有特殊艺术才能和个性； ③ 乐于创造新颖的、与众不同的艺术成果，渴望表现自己的个性	主要从事各类艺术创作工作。 具体职业：音乐/舞蹈/戏剧等方面的演员、编导、教师；文学、艺术方面的评论员；广播或电视节目的主持人、编辑、作者；画家、书法家、摄影家；艺术、家具、珠宝、房屋装饰等行业的设计师等
社会型 S	① 喜欢从事为他人服务和教育他人的工作； ② 喜欢参与解决人们共同关心的社会问题，渴望发挥自己的社会作用； ③ 比较看重社会义务和社会道德	主要从事各种直接为他人服务的工作，如医疗服务、教育服务、生活服务等。 具体职业：教师、保育员、行政人员；医护人员；衣/食/住/行服务行业的经理、管理人员和服务人员；福利人员等
企业型 E	① 精力充沛、自信、善交际，具有领导才能； ② 喜欢竞争，敢冒风险； ③ 喜爱权力、地位和物质财富	主要从事那些组织与影响他人共同完成组织目标的工作。 具体职业：企业家、职业经理人、政府工作人员、商人、行业部门和单位的领导者、管理者等
常规型 C	① 喜欢按计划办事，习惯接受他人指挥和领导，自己不谋求领导职务； ② 不喜欢冒险和竞争； ③ 工作踏实、忠诚可靠、遵守纪律	主要从事与文件档案、图书资料、统计报表等相关的各类科室工作。 具体职业：会计、出纳、统计人员；打字员、办公室人员、秘书和文书；图书管理员；旅游、外贸职员；保管员、邮递员、审计人员、人事职员等

要注意的是，表 2-1 中的“现实”“传统”等只是霍兰德用来概括某个人性格特征的词，与日常用语中的含义不完全等同，在此有其特定的含义。因此，不要受我们

日常用语的褒贬含义的误导。另外，在阅读每一种类型的特点描述时，要明白这些特点是一种理想的、典型的形式，不可能恰好符合个人的情况。

自我练习

霍兰德兴趣岛

假设你们是一群游客，正在大海上观光，但是由于轮船搁浅，你们必须上岛。未来可能没有救援的船只过来，因而这些岛屿有可能就是你们今后一辈子工作和生活的地方。如果只能待在一个岛屿上，你会如何选择？

A 岛——美丽浪漫岛。岛上有很多美术馆、音乐厅，弥漫着浓厚的艺术文化气息。同时，当地的原住民还保留了传统的音乐、舞蹈和绘画，很多文艺界的人士都喜欢来这里寻找灵感。

I 岛——沉思冥想岛。该岛僻处一隅，人迹较少，适合夜观星象。岛上有多处天文馆、科技博览馆及科学图书馆等。岛上的居民喜欢观察、学习、探索、分析，崇尚和追求真知，常有机会和来自各地的科学家、哲学家和心理学家等交换心得。

R 岛——自然原始岛。岛上保留有原始森林，自然生态环境保护得很好，有各种各样的野生动物。岛上居民的生活方式还相当原始，他们以手工见长，自己种植蔬菜和水果、修缮房屋、打造器物、制作工具，喜欢户外活动。

C 岛——现代井然岛。岛上十分现代化，秩序井然，以完善的户政管理、地政管理、金融管理见长。岛上居民个性冷静保守，做事有条不紊，善于组织规划，细心高效。

S 岛——温暖友善岛。岛上居民性格温和，乐于助人，各个社区自成一个个密切互动的高效网络，人们重视互助合作，重视教育，关怀他人，充满人文气息。

E 岛——显赫富庶岛。岛上的居民善于企业经营管理和贸易，能言善道，以口才见长。岛上的经济高度发达，处处是高级饭店、俱乐部、高尔夫球场等。来往者多是企业家、经理人、政治家及律师等。岛上曾数次召开财富论坛和其他行业巅峰会议。

你总共有 15 秒时间回答以下问题：

（1）如果你必须在上述 6 个岛中的一个岛生活一辈子，成为岛民的一员，你第一会选择哪一个岛？

（2）你第二会选择哪一个岛？

（3）你第三会选择哪一个岛？

（4）你绝对不愿意选择哪一个岛？

说明： 6 个岛屿代表 6 种典型的职业兴趣类型。第一个是主要兴趣，第二、三个是辅助兴趣。依次记下答案，并将结果与表 2-1 中的类型进行比较，分析自己的兴趣特点。

自我练习

探索自己的兴趣类型

阅读表 2-1，在符合自己情况的语句下做标记，并思考日常生活中有哪些事情使自己做出这样的判断。按照顺序选出你认为最符合自己情况的 3 种类型。它们可能就是你的兴趣类型。

案例

职业兴趣分析的启示

某公司人力资源部经过调查，发现一个奇怪的现象：销售部、售后服务部、咨询部 300 多名一线员工，上级主管评分较高的，大部分的顾客评分都较低；相反，顾客评分较高的，大部分的上级主管评分都较低。

人力资源部采用霍兰德职业性向测试工具和性格测试工具对每个员工进行了测试，再一对一地面谈，以掌握每个人的“霍兰德代码”和性格特点。调查结果显示，顾客评分较高的 121 位员工中，社会型的员工占 96%，企业型的员工占 89%；而上级主管评分较高的 130 位员工中，常规型的员工占 98%。这个结果说明：社会型的员工和企业型的员工容易受到顾客的好评，而常规型的员工则容易受到上级主管的好评。这一结果不难理解：社会型的人有自己的主见和特长，喜欢从事为他人服务的工作；企业型的人善交际，口才好，能影响他人；而常规型的人尊重权威，习惯接受他人指挥和领导，工作踏实，忠诚可靠，上级主管当然喜欢。

同时，人力资源部还发现了另一个有趣的现象：这 300 多名员工分别是由两个经理招聘录用的：李经理挑选的员工中，研究型的占 99%，常规型的占 82%、社会型的占 56%；张经理挑选的员工中，社会型的占 93%，常规型的占 68%，研究型的占 16%。而李经理本人是研究型的，张经理本人是社会型的。很明显，负责招聘的主管人员倾向于聘用与自己同类型的人。

（改编自 https://wenku.baidu.com/view/a759e93feefdc8d376ee3283.html）

第二节　性格认知——择己所适

一、什么是性格

通常，别人会用什么词形容你？是“沉静”“内向”，还是“活泼”“外向”？这些词往往与一个人的性格相关。关于性格（character），心理学家们有多种定义，但其中有两个基本概念是一致的：独特性及行为的特征性模式。具体而言，性格就是个人对现实的态度和习惯化的行为方式，是一种比较稳定的心理特征。每个人在其成长过程中，都可能受到遗传特征、家庭、社会、文化、生活和学习经验等因素的交互作用，从而形成自己的独特个性，在不同情境中表现出独特的气质。

性格对人的职业和事业成功具有重大影响。在职业生涯规划中，应根据自己的性格，确立适合自己的职业发展方向。

二、性格与职业选择的关系

性格与职业选择的关系极为密切，既彼此制约，又相互促进。性格中的意志特征对职业选择有很大的作用。例如，缺乏坚强意志的人常常不能顺利地选择职业或难以胜任工作，最终往往一事无成或成就平平。由于意志薄弱，他们一遇挫折、困难就会退缩，因而失去很多成功的机会。缺乏坚韧性的人无法成为科研人员、外科医生等，而缺乏自制和勇气的人也不适宜去做管理和社会工作。

一般来说，开朗、活泼、热情、温和的人，比较适合从事外贸、涉外、文体、教育、服务等方面的工作；多疑、好斗、倔强的人，比较适合从事科研、治学方面的工作；深沉、严谨、认真的人，比较适合做人事、行政、党务工作；勇敢、沉着、果断与坚定是新型企业管理者不可缺少的性格。

职业心理学研究表明，不同职业有不同的性格要求，虽然每个人的性格都不可能完全匹配某项职业，但人们却可以根据自己的职业倾向培养、发展相应的职业性格。按照人们对外部世界的感知和认识方法，可将工作者分为敏感型、感性型、想象型和思考型，如表 2-2 所示。

表2-2　性格的分类与特征

性格类型	特　征	相应职业
敏感型	精神饱满，好动，办事速战速决，但是行动常带有盲目性；与人交往热情，但受挫折时易消沉失望	运动员、公务员等
感性型	情感丰富，喜怒哀乐溢于言表，易受刺激，易感情用事；简单、易了解，对新事物很有兴趣，易冲动和反复无常	演员、活动家及政治家等
想象型	想象力丰富，憧憬未来，喜欢思考问题；在生活中不太注意小细节，有时行为刻板，不易合群，难以相处	科学家、发明家、科研人员、艺术家及作家等
思考型	善于思考，逻辑思维发达，有较成熟的观点，一切以事实为依据，重视调查研究和精确性；但有时思想僵化教条，缺乏灵活性	工程师、设计师、财务人员及软件开发人员等

在实际生活或工作中，单纯属于某一性格类型的人并不多，大多数人属于混合型。因此，上面提到的性格与职业的匹配，并不能简单地应用于每一个人。在实际择业过程中，应根据个人的性格和职业的要求，具体情况具体处理。

三、通过 MBTI 探索职业性格

MBTI（Myers-Briggs type indicator，迈尔斯-布里格斯人格类型测验）的理论基础是瑞典心理学家荣格有关知觉、判断和人格态度的观点，它由布里格斯和她的女儿迈尔斯发展成为心理测评工具。MBTI 根据 4 个维度、8 个向度，将人的性格分为 16 种类型。

（一）第一个维度：外倾型（extraversion）—内倾型（introversion）

个性类型的第一个维度同我们与周围世界的互动有关，解释能量释放到何处，从何处获得活力。个性类型的第一维度如表 2-3 所示。

表2-3　个性类型的第一个维度

E（外倾型的人）	I（内倾型的人）
与他人在一起时感到振奋	独自一人时感到兴奋
希望成为注意的焦点	避免成为注意的焦点
先行动，再思考	先思考，再行动
喜欢边想边说出声，易于被了解，愿与人共享	注重个人隐私，只与少数人共享信息
说的比听的多	听的比说的多
热情地交流，精神抖擞	不把热情表现出来，显得矜持
反应迅速，喜欢快节奏	思考后再反应，喜欢慢节奏
较之精深，更喜欢广博	较之广博，更喜欢精深

E ←——————|——————→ I

在上面的连续尺度上判断你的偏好。

你偏向于：________

（二）第二个维度：感觉型（sensing）—直觉型（intuition）

个性类型的第二个维度与我们平时接受信息和获取信息的方式有关。个性类型的第二个维度如表 2-4 所示。

表2-4　个性类型的第二个维度

S（感觉型的人）	N（直觉型的人）
相信确定而有形的事物，相信看到、听到的	相信灵感和推理，相信“第六感”（直觉）
喜欢具有实际意义的新主意	喜欢新主意和新概念，只出于自己的意愿
崇尚现实主义和常识	崇尚想象力和新事物
喜欢运用和琢磨已有的技能	喜欢学习新技能，但掌握之后容易厌倦
留心特殊的和具体的，喜欢细节	留心普遍的和有象征性的，使用隐喻和类比
循序渐进地给出信息	以一种跳跃式的、绕圈的方式给出信息

（续表）

S（感觉型的人）	N（直觉型的人）
着眼于现在	着眼于将来
只相信可以测量、能够记录下来的	相信字面之外的信息

S ←——————→ N

在上面的连续尺度上判断你的偏好。
你偏向于：________

（三）第三个维度：思考型（thinking）—情感型（feeling）

个性类型的第三个维度涉及我们处理信息和做决定、下结论的方式，如表 2-5 所示。

表2-5 个性类型的第三个维度

T（思考型的人）	F（情感型的人）
后退一步，客观分析问题	向前看，关心行动给他人带来的影响
崇尚逻辑、公正和公平，有统一标准	注重情感与和睦，看到规则的例外性
自然地发现缺点，有吹毛求疵的倾向	自然地想让别人快乐，易于理解别人
可能被视为无情、麻木、漠不关心	可能被视为过于感情化、无逻辑、脆弱
认为诚实比机敏更重要	认为诚实与机敏同样重要
认为合乎逻辑的感情才是正确的	认为所有感情都是正确的，无论是否有意义
受获得成就欲望的驱使	受被人理解欲望的驱使
按逻辑做决定	按爱好和感觉做决定

T ←——————→ F

在上面的连续尺度上判断你的偏好。
你偏向于：________

（四）第四个维度：判断型（judgment）—知觉型（perception）

个性类型的第四个维度关注的是一个人的行为方式，如表 2-6 所示。

表2-6 个性类型的第四个维度

J（判断型的人）	P（知觉型的人）
做完决定后感到快乐	因保留选择的余地而快乐
具有“工作原则”：先工作再玩（如果有时间的话）	具有“玩的原则”：先玩再工作（如果有时间的话）
确立目标并按时完成任务	当出现新情况时便改变目标
想知道自己的处境	喜欢适应新环境

（续表）

J（判断型的人）	P（知觉型的人）
注重过程	注重结果
通过完成任务获得满足感	通过接触新事物而获得满足感
把时间看成有限的资源，认真对待时间	把时间看成无限的资源，认为时间期限是灵活的
重条理性、计划性	重机动性、变通性

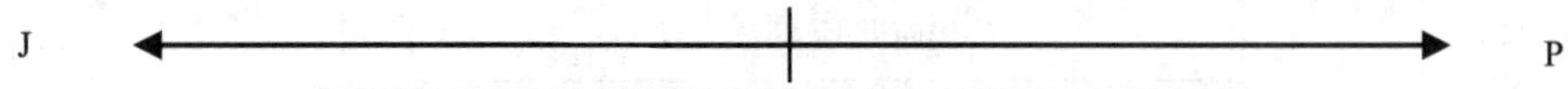

在上面的连续尺度上判断你的偏好。
你偏向于：________

经过以上 4 个维度的分析，你可以得到 4 种比较偏向的特性，这 4 种特性就代表了你的性格特征和职业偏好。如果你对自己的分析没有把握，可以通过有关网站参与 MBTI 量表测试，从而确定自己的性格类型。

将以上 4 个维度进行组合，便可以得到 16 种性格类型。每个人都可以通过专门的问卷、测试了解自己的性格特征，从而有针对性地选择适合自己的职业。下面简要列出 16 种性格类型及适合的职业类型，仅供参考。

1. ISTJ 型：内倾＋感觉＋思考＋判断

安静、严肃、认真、受人信赖而取得成功。讲求实际，注重事实，有责任感。不仅能够合情合理地决定应做的事情，而且能够坚定不移地把它完成，不会因外界事物而分散精力。在工作和生活中，做事都有次序、有条理，重视传统和忠诚。

比较适合的职业：工程师、审计员、医学研究者、后勤经理、预算分析员、证券经纪人、计算机程序员、信息总监、地质学者、会计、文字处理专业人士等。

2. ISFJ 型：内倾＋感觉＋情感＋判断

沉静、友好、谨慎、有责任感，能坚定不移地承担责任，做事有始有终、不辞劳苦、准确无误。忠诚、细心、替人着想，往往记得他所重视的人的种种微小事情，关心别人的感受，乐于努力创造一个有秩序、和谐的工作和生活环境。

比较适合的职业：图书管理员、教师、人事管理人员、电脑操作员、商品规划师、顾客服务代表、信贷顾问、零售业主、房地产代理或经纪人、艺术人员、室内设计师、语言病理学者等。

3. ISFP 型：内倾＋感觉＋情感＋知觉

安静、友好、仁慈、敏感。喜欢有自己的空间，做事能把握自己的时间，坚持自己的价值观，忠于自己所重视的人；不喜欢争论和冲突，不会强迫别人接受自己的意见或价值观。

比较适合的职业：室内/风景设计师、大客户销售代表、厨师、商品规划师、测量师、行政人员、海洋生物学者、旅游销售经理、职业病理专业人员等。

4. ISTP 型：内倾＋感觉＋思考＋知觉

容忍、冷静、有弹性。当有问题出现时，便迅速行动，找出可行的解决方法。能够分析哪些因素可以使事情顺利进行，也能够从大量资料中找出实际问题的重心。很重视事件的前因后果，能够以理性的原则把事实组织起来，重视效率。

比较适合的职业：软件开发商、证券分析员、管理顾问、电子专业人士、信息服务开发人员、海洋生物学者、银行职员、后勤与供应经理、技术培训人员、经济学者等。

5. INFJ 型：内倾＋直觉＋情感＋判断

寻求思想和物质之间的联系。希望了解什么能够激励人，对人有很强的洞察力。有责任心，坚持自己的价值观。对怎样更好地服务大众，有清晰的远景目标；在目标的实现过程中有计划，而且果断坚定。

比较适合的职业：艺术指导、事业发展顾问、营销人员、媒体特约规划师、企业组织发展顾问、企业培训人员、编辑、口译人员、人力资源经理、职业分析人员、社会科学工作者。

6. INTJ 型：内倾＋直觉＋思考＋判断

在实现自己的理想和达成自己的目标过程中，有创新的想法和非凡的动力，能很快洞察到外界事物间的规律并形成长期的远景计划。一旦决定做一件事，就会开始规划直到完成。多疑、独立，对自己和他人能力与表现的要求都非常高。

比较适合的职业：信息系统开发商、管理顾问、经济学者、国际银行业务职员、金融规划师、运作研究分析人员、综合网络专业人员等。

7. INFP 型：内倾＋直觉＋情感＋知觉

理想主义者，坚持自己的价值观，忠于自己所重视的人。能把外在的生活与内在的价值观匹配，有好奇心，能很快看到事情的可能性，能够加速对理念的实践。试图了解别人、协助别人发展潜能。适应能力强，有弹性。如果不违背他们的价值观，往往能包容他人。

比较适合的职业：娱乐业人士、人力资源开发专业人员、社会科学工作者、团队建设顾问、编辑、艺术指导、记者、口译人员、建筑师、研究工作者、顾问、心理学专家等。

8. INTP 型：内倾＋直觉＋思考＋知觉

沉静、容易满足、有弹性、适应能力强。对任何感兴趣的事物，都要进行探索以得到一个合理的解释。喜欢理论和抽象的事物，喜欢理念、思维多于社交活动。在他们感兴趣的范畴内，有非凡的能力去专注而深入地解决问题。有怀疑精神，有时喜欢批判，常常善于分析。

比较适合的职业：战略规划师、电脑软件设计师、系统分析人员、研究开发人员、金融规划师、信息服务开发商、变革管理顾问、企业金融律师等。

9. ESTJ 型：外倾＋感觉＋思考＋判断

讲求实际，注重现实与事实。果断，善于很快做出实际可行的决定；善于将项目和人组织起来完成事情，并尽可能以最有效率的方法达到目的；能够注意日常例行工作的细节。有一套清晰的逻辑标准，自己系统性地遵循，并希望他人也同样遵循，会以较强硬的态度去执行计划。

比较适合的职业：电脑分析人员、银行职员、项目经理、普通承包商、数据库经理、证券经纪人、信息总监、业务运作经理、保险代理、后勤与供应经理、工厂主管等。

10. ESFJ 型：外倾＋感觉＋情感＋判断

有爱心、责任心，忠诚，喜欢合作。希望周边的环境温馨而和谐，并果断又努力地营造这样的环境氛围。喜欢和他人一起精确、及时地完成任务，能体察到他人在日常生活中的需求并竭尽全力提供帮助。希望自己和自己的所为能受到他人的认可与赏识。

比较适合的职业：电信营销员、公关客户经理、个人银行业务员、信贷顾问、销售代表、房地产经纪人、零售业主、餐饮业从业者、营销经理、接待员、人力资源顾问、簿记员等。

11. ESFP 型：外倾＋感觉＋情感＋知觉

外向、友好、包容，热爱生活，追求物质享受，喜欢与别人共事。在工作上，讲究常识性和实用性，注意现实的情况，使工作富有趣味性。富有灵活性、即兴性，自然不做作，易接受新朋友和适应新环境。与别人一起学习新技能可以达到最佳的学习效果。

比较适合的职业：社会工作者、公关专业人士、劳工关系调解人、旅游销售经理、零售经理、团队培训人员、旅游项目经营者、表演人员、特别事件协调人、融资者、商品规划师、保险代理/经纪人等。

12. ESTP 型：外倾＋感觉＋思考＋知觉

实际、灵活、忍耐力强。觉得理论和抽象的解释非常无趣，喜欢积极地采取行动解决问题。注重当前，自然不做作，享受与他人在一起的时刻，追求物质享受和时尚。学习新事物最有效的方式是亲身感受和练习。

比较适合的职业：手工艺人、企业家、业务运作顾问、证券经纪人、银行职员、个人理财专家、预算分析者、综合网络专业人士、旅游代理、促销商、技术培训人员、新闻记者、土木/工业/机械工程师等。

13. ENFJ 型：外倾＋直觉＋情感＋判断

温和、有同情心、反应敏捷、有责任感，非常关注别人的情绪、需求和动机。善于发现他人的潜能，并希望帮助他们实现目标，能对个人或群体的成长和进步起到催化剂的作用。忠诚，对赞美和批评都能做出积极回应。友善、好社交，在团体中能很好地帮助他人、鼓舞他人，有领导能力。

比较适合的职业：公关专业人士、人力资源开发培训人员、销售经理、小企业经理、程序设计员、生态旅游业专家、广告客户经理、协调人、作家、记者、非营利机构总裁等。

14. ENTJ型：外倾＋直觉＋思考＋判断

坦诚、果断，有天生的领导能力，能很快看到公司/组织程序和政策中的不合理性及低效性，并采取有效和全面的措施来解决问题；善于做长期的计划和目标的设定。通常，该类型的人见多识广、博览群书，喜欢拓宽自己的知识面，并愿意与他人分享。在陈述自己的想法时非常坚定而有力。

比较适合的职业：国际销售经理、人事/销售/营销经理、技术培训人员、后勤/电脑信息服务和组织重建顾问、特许经营业主、程序设计员、环保工程师等。

15. ENFP型：外倾＋直觉＋情感＋知觉

热情洋溢、富有想象力，认为生活充满很多可能性，能很快地将事情与信息联系起来，很自信地根据自己的判断解决问题。很需要别人的肯定，又乐于欣赏和支持别人。灵活、自然不做作，有很强的即兴发挥能力，言语流畅。

比较适合的职业：环保律师、营销经理、人力资源经理、变革管理顾问、企业/团队培训人员、广告客户经理、战略规划人员、宣传人员、事业发展顾问、研究助理、广告撰稿员、播音员、开发总裁等。

16. ENTP型：外倾＋直觉＋思考＋知觉

睿智、反应快，有激励别人的能力，警觉性强，直言不讳。在解决新的、具有挑战性的问题时，机智而有策略。善于找出理论上的可能性，然后再用战略的眼光分析。善于理解别人，不喜欢例行公事，很少会用相同的方法做相同的事情，倾向于一个接一个地发展新的爱好。

比较适合的职业：营销策划人员、国际营销商、金融规划师、人事系统开发人员、广告创意指导、投资经纪人、后勤顾问、工业设计经理、投资银行职员等。

第三节 技能探索——择己所能

一、能力与职业发展的关系

“你有什么样的能力？”这是每一个人在求职中都要面对的问题，不管这个问题是不是被直截了当地提出来。能力是用人单位最关心的问题，也是我们最需要证明的。怎样发现、培养和表现自己的能力，从而在劳动力市场中拥有竞争力，是非常关键的。

心理学家洛夫奎斯特和戴维斯对个体的工作适应问题进行了多年的研究，并提出了明尼苏达工作适应论。他们认为，当工作环境能够满足个人的需求时，个人会达到“内在满意”；而当个人能够满足工作环境的要求时，个人能够达到“外在满意”（即令自己的雇主、同事感到满意）。当个人能够同时达到内在和外在满意时，个人与工作环境之间的关系就比较协调，个人的工作满意度会比较高，在该工作领域也能持久发展。

而在对“内在满意”和“外在满意”这两个指标的衡量过程中，能力都占有很重要的地位。洛夫奎斯特和戴维斯认为，“外在满意”主要可以通过衡量个人职业技能与工作的技能要求之间的匹配程度进行评估；而“内在满意”则主要可以通过衡量个人价值观与企业文化及奖惩制度之间的适配性评估。因此，做自己能够胜任的工作，培养和发展自己的能力，发挥个人的潜能，常常是个人选择职业时希望能够得到满足的需求，这些即与能力相关的价值观。由此可见，能力与个人的职业满意度、工作适应性及职业稳定性直接相关。

二、能力的分类

当一个人的能力与工作的技能要求相匹配时，最容易发挥自己的潜能，并且获得满足感。相反，当一个人去做自己力所不能及的工作时，就会感到焦虑，甚至产生挫败感。因此，在选择职业时，我们要寻求个人能力与职业技能的匹配性。我们要清楚能力有哪些类型，清楚自己具备哪些能力，而职业又要求哪些能力。

自我练习

夸夸自己

请在5分钟内尽可能多地写下自己所拥有的能力。与其他同学分享，看看谁写得多。大家写的一样吗？有什么不同？汇总大家写的能力，可以将它们分类吗？可以分为几类？

能力按照其获得方式的不同，可以分为能力倾向/天赋和技能两大类。

能力倾向/天赋（aptitude/gift）：是指上天赋予每个人的特殊才能（潜能），如运动能力、音乐能力等。它是与生俱来的，但也有可能因未被开发而荒废。

技能（skill）：是指经过后天学习和练习培养而形成的能力，如阅读能力、人际交往能力、表达能力等。

在现实生活中，个人的能力水平往往是能力倾向/天赋和技能两方面的结果。例如，刘翔取得110米跨栏比赛的奥运会冠军，既离不开他先天良好的个人身体素质，也离不开他后天勤奋刻苦的技能训练。

与能力相关的另一个重要概念，就是自我效能感（self-efficacy）。所谓自我效能感，是指个人对自己的行为能力及行为能否产生预期结果所抱有的信念。研究发现，在实际生活和工作中，对个人行为起决定作用的往往不是个人的实际能力，而是个人的自我效能感。

三、技能的分类

人们常常对技能和能力缺乏足够的了解，从而不能全面地认知自己。人们可能会说不知道自己到底能干什么，甚至只看到自己不如别人的地方，而从未认真分析过自己占据优势的一面。美国心理学家法恩和博尔斯的技能分类方法则为我们提供了自我认知的理论和指导方法。他们将技能分为3种类型：①知识技能；②可迁移技能；③自我管理技能。通常，人们比较容易想到自己的知识技能，但实际上，后两种技能更为重要。

（一）知识技能

知识技能又称为工作内容技能，是具体化、专业化的针对某一特定工作的基本技能，一般不能够迁移，这种技能用名词来表示。知识技能可以通过学校教育和培训获得，也可以通过课外活动、专业会议、学术报告、自学、在岗培训等获得。知识技能有数百种，如哲学、文学、外语、生物学、医学、计算机、金融、投资等专业的技能都属于此范畴。

自我练习

我具备哪些知识技能

对下面的经历进行分析，尽可能全面地列出你所掌握的知识技能，再从中分别挑选出自己感觉比较精通或者在工作中应用及希望应用的知识技能，最后排列出对你来说最重要的5项知识技能。

从学校课程中学到的，如物理、英语等。

从工作中学到的，如机械制图、三维动画设计等。

从课外培训、辅导班中学到的，如韩语等。

从专业会议中学到的，如社交礼仪等。

从暑期社会实践中学到的，如动物、植物的养护等。

从娱乐休闲、社团活动中学到的，如摄影等。

请家人或者同学帮你回忆，你在校内外都学习过哪些知识技能。

在盘点了自己现有的知识技能之后，想想有哪些知识技能是目前你还不具备，但希望自己拥有的。

要注意的是，与单个技能相比，技能的组合更为重要。通常我们所说的“复合型人才”，正是指具有不同知识技能的人。技能的组合使应聘者在人才市场上更具有竞争力，也更有可能将工作做好。例如，辅修平面设计专业的心理学系学生，更有可能在设计工作中运用自己的消费心理学知识与客户进行充分沟通，令客户更加满意。所以，不论你现在所学的专业是不是你喜欢的，不论你将来的工作会不会涉及专业知识，你所获得的专业知识总会在某个时候派上用场。

（二）可迁移技能

可迁移技能又称为通用技能，可以迁移应用于不同的工作之中。可迁移技能可以从生活和工作的方方面面，特别是在工作之外得到发展。在职业规划中，可迁移技能是最能持续和最能依靠的技能。这种技能是用动词来表示的，如认识、学习、沟通、教学、组织、说服、装配、管理、计算、调查、分析、决策、操作、设计及维修等。可迁移技能有数百种，每一项活动都可能用到多种技能，如果有意识地围绕某一件事或工作去拓展可能使用的技能，我们会发现原来自己已经具有的技能是如此之多。例如，与人打交道，就包括接受指示、服务、谈话或发信号、说服、娱乐、管理、教导、商讨或当导师等技能。

自我练习

圈出任何你所拥有的可迁移技能，在每个技能的后面试着用“什么”和“谁”来回答。如果需要，可以使用字典。如果某个技能使你回想起你的成就，请写下这项成就的名称。

达到 照顾 巩固 指导 执行 运送 建设 洞察 适应 制图 联系 发现
管理 选择 控制 拆除 分类 烹调 展示 劝告 打扫 协调 证明 攀登
复制 草拟 分析 训练 纠正 绘制 预测 收集 联络 申请 着色 咨询
驾驶 评价 交流 计数 编辑 安排 比较 创造 授受 装配 比赛 培养
鼓励 声称 编审 决定 忍耐 评估 完成 定义 加强 协助 构成 代表
提高 参加 领会 娱乐 审核 计算 建立 权衡 集中 设计 估计 详述

（三）自我管理技能

自我管理技能又称为适应性技能。这种技能经常被认为是人格特质或个人品质而不是技能，因为它们会被用来描述人或说明人具有的某些特征。这些特征能帮助你更好地调整自己，从而更好地适应周围的环境。自我管理技能与你如何与人相处、如何维持生活、如何管理和维护自己（在穿衣、吃饭、清洁、时间管理、睡眠和住房等方面）、如何应对权威及如何应对环境等相关。自我管理技能具有可迁移性，是雇主非常看重的技能。有数以百计的人格特质或个人品质可以作为自我管理技能，如学术性强的——勤学、博学；好分析的——逻辑、批判；雄辩的——鼓舞人心、精神饱满；认真的——可靠、负责等。

自我练习

我愿意与……样的人共事

请列出你愿意与之共事的人的特质，并在小组中讨论，看看大家最重视的特质有哪些。

____

____

思考：我是这样的人吗？我符合大家对理想同事的描述吗？我的个性特征会怎样影响到我的生涯发展？

____

____

你通常以什么样的态度从事工作或学习？你是怎样与人交往的？与你的同学或朋友相比较，你有哪些特点？根据你对自己的了解，试着写下可以用来描述自己的形容词，写得越多越好。

____

____

自我练习

他人眼中的我

通过他人对自己的评价了解自己是一个很好的方式。向你身边的亲朋好友询问一下：如果让他们用 3～5 个词来形容你，他们会说什么？你可以通过面谈、打电话、发短信或电子邮件等多种方式来完成这个练习。请询问至少 10 个人。

____

____

获得他人的评价以后，可以看一看他们对你的描述中有哪些是你知道的，有哪些是你以前没有想到过的。他们所说的符合你对自己的评价吗？哪些方面是你的长处？哪些地方你需要改进？

____

____

通过这个练习，你对自己有什么新的认识？

____

____

技能分类是我们认识技能的基础。然而，仅会找出我们已经具有的技能是不够的，更重要的是善于识别优势技能所在。只有这样，职业发展目标才会确定得更加准确，职业生涯规划才更加切实可行。最常用的技能识别方法是成就经历法，即通过撰写成就经历，分析在这个令自己引以为豪的事件中所使用的技能和使这个事件获得成功的优势技能。

案例

某学生设立了暑假目标，即读 15 本书，包括文学作品和非文学作品，每天为阅读留出 4～5 个小时。经过努力，他顺利地达成了目标，并感到暑假过得很充实。他的成就经历分析如下：

积极地设立阅读目标；

坚持不懈地阅读；

成功地达到了阅读文学和非文学作品的目标；

有效地管理时间；

有目的地丰富了文学和非文学知识；

优势技能识别——学习能力和时间管理能力。

通过分析可以看出，在这个很小的成就经历中，该学生使用了知识技能、可迁移技能和自我管理技能等多种技能，说明他具备完成这一实践的相关技能。

（改编自校园案例）

每个人都有很多值得骄傲和自豪的成就经历，并且在所有的成就经历中，最常用、最得心应手的技能往往十分相近。但是，如果不能以一种全新的视角去发掘，你可能永远都把那些成就经历当作平淡无奇的事情，甚至把它们尘封在记忆中，还会对自己拥有的技能表示怀疑。分析成就经历可以使我们沉浸于成功的喜悦之中，同时你会发现，将来的职业发展方向可能与过去的成就密不可分。

四、不同职业对知识与技能的要求

（一）对国家机关、事业单位工作人员的知识和技能的要求

在国家机关和事业单位工作的人员，首先，要求具有相关的业务知识，主要是与本职岗位有密切关系的业务知识，要掌握有关法律、经济、行政、管理、公关礼仪等基础知识；其次，还必须具备本职岗位所需要的各种能力，即理解能力、判断能力、语言文字表达能力、创造能力、协调能力、涉外能力、指导能力、统率能力、调查研究能力等。

（二）对工程技术人员的知识和技能的要求

我国现阶段对从事工程技术的人员在知识和技能上的要求主要有：牢固掌握专业基础知识并熟悉相近专业的知识；具有较强的实际动手能力，注重实践，善于理论联系实践，解决实际问题，善于将科技成果转化为生产成果；有系统的思维和抽象概括能力；虚心好学，勇于创新，注意把握本学科的新成果、新动向，善于掌握现代研究手段和方法；有较强的组织管理能力，有具体分析困难和解决问题的能力；有较高的外语水平和较强的计算机应用能力等。

（三）对经营管理人员的知识和技能的要求

对经营管理人员在知识和技能上的要求是：能够深刻理解党和国家的各项方针、政策，能很好地适应改革开放的形势；具有较强的创新意识和精神；有高度的事业心和责任感；有强烈的市场观念和用户观念；既是本行业生产的技术内行，又有较宽的知识面；具有较强的综合分析能力，果断的办事能力，良好的决策能力或辅助决策能力，良好的公关、谈判和社交能力，较强的应变能力；善于及时发现问题，并及时捕捉信息、沟通信息。

（四）对财会人员的知识和技能的要求

随着我国社会主义市场经济的逐步建立和完善，社会对财会人员的要求越来越高。一般来说，要求他们具备熟练的专业知识和较宽的知识面，掌握一定的经济学、营销

学和采购学等方面的知识，熟悉与本职工作相关的政策、规章、制度、法律，要诚实可靠，不得以权谋私、徇私舞弊，有较强的公关社交能力。

（五）对教育工作人员的知识和技能的要求

教育工作是培养人、塑造人的特殊职业，对从事此类职业的工作人员有具体的要求：掌握基本的哲学理论和深厚而扎实的专业知识，并了解本专业最新研究成果和最新发展趋势；掌握一定的与本专业接近的新兴学科知识、边缘学科知识，具有宽广的知识面；掌握教育科学的有关知识，如教育学、心理学、教育心理学、学科教材教法等。

（六）对公关工作人员的知识和技能的要求

在当今社会，公关工作越来越重要，也引起越来越多人的重视，从事此项工作的人员也日益增多。对公关工作人员知识和技能的要求主要有：具有良好的人格魅力，在公关活动中，能以自己的人格魅力征服他人，给人留下真诚、热情、可信的印象；善于学习，善于分析判断，善于把握机会，能为领导提供高质量的决策信息；随时能把本单位、本企业的利益、形象放在第一位；有广泛的社交能力、干练的办事能力，善于与各种人员打交道；要能说会写，能说就是要有较好的口才，会写就是要有较高的文字写作表达能力。

（七）对军事人才的知识和技能的要求

军事工作与其他工作相比有其特殊性。从事军事工作的人员，首先，要有良好的政治素质，能随时准备以生命和鲜血来捍卫祖国的领土完整与安全；其次，要有过硬的组织纪律性，必须做到令行禁止，保持高度的集中统一；最后，现代科学技术高度发展，高科技广泛运用到军事上，因此，军事人才必须要有较高的科学技术知识水平，只有这样，才能驾驭当今高科技的军事技术装备。

（八）对科研人员的知识和技能的要求

科研人员主要是指从事基础理论研究、信息情报研究、学科应用技术研究等职业的人员。对这类人员知识和技能的要求是：具有雄厚的基础理论知识和丰富、坚实的专业知识；有较强的逻辑思维能力和判断能力；有严谨的科学研究方法、实验方法、调查方法；善于发现问题，有较强的科研定向能力和创造能力；有较强的计算机应用能力、表达能力、科技鉴别能力，有较高的外语水平和掌握国外信息的能力。

（九）对文艺人才的知识和技能的要求

从事文学艺术工作的人员，主要是指从事文学创作、文艺表演、文艺理论研究等方面的专门人才。对这类人员知识和技能的要求是：要有良好的道德品质，能用马列主义的世界观和文艺观正确地观察社会、反映社会，全心全意为人民大众创作，以优秀的作品鼓舞人、教育人、引导人，必须具备各种专门文艺表演技能，掌握广博的社会、文艺史、文艺理论等知识，有丰富的生活阅历。

（十）对涉外工作人员的知识和技能的要求

涉外工作主要包括对外政治、对外经济、对外科技、对外贸易及对外文化交流与往来。对这类工作人员知识和技能的要求是：拥有较高的政治素质，热爱祖国，自觉维护祖国的利益和尊严；掌握外交政策，自觉遵守外事纪律，保护国家和企业的机密；有广博的知识，精通对外业务，熟悉古今中外的政治、经济、文化、风土人情、风俗习惯等；有较高的外语水平；在对外交往中，注意对外礼仪、社交礼节，注意自我形象，整洁利落、大方得体。

五、雇主最重视的技能

有些领域的职业需要专门的知识技能，部分职业却只需要一些更为普遍的技能（可迁移技能和自我管理技能）。根据美国全国大学与雇主协会（National Association of Colleges and Employers）的调查，美国雇主最重视的技能和个人品质按顺序排列如下：①沟通能力，②积极性、主动性，③团队合作精神，④领导能力，⑤学习成绩，⑥人际交往能力，⑦灵活性/适应能力，⑧专业技术，⑨诚实正直，⑩职业道德，⑪分析和解决问题的能力。

我们可以看到，其中的①④⑥⑦⑪都属于可迁移技能，②③⑨⑩都属于自我管理技能，而知识技能仅有⑤和⑧。

事实上，中国雇主所看重的同样是这些能力。很多企业在招聘人才时，不仅仅看其学习成绩，更重视其综合能力，尤其是团队精神。

第四节　职业价值观探索——择己所需

一、什么是职业价值观

价值观就是我们在生活和工作中所看重的原则、标准或品质。它既是我们一生中至关重要的方向标，也是一套自我激励机制。

职业生涯大师舒伯认为，职业价值观是个人追求的与工作有关的目标，亦即个人在从事满足自己内在需求的活动时所追求的工作特质或属性，是个人价值观在职业问题上的反映。

自我练习

有关工作的联想

请在纸上写下“我希望做……工作”，并在 1 分钟内尽可能多地写下你所联想到的任何内容。

____

____

思考：你在工作中寻找的是什么？你判断工作好坏的标准是什么？将你所写的内容、你的思考与同伴分享。

下面是一些大学生所写的内容：能激发我的灵感，具有创造性；有较大的成就感，不要总是重复、单调（多样性）；可以发挥自己的才能；能够从中学习到很多东西；受人尊重，有一定的社会地位；机会多；清闲，离家近，赚钱多，工作时间短，工作环境优越，单位领导正直，单位同事相处和睦，工作稳定，不用东奔西走。

注意画线的词语，它们都反映了个人在工作中所寻找的是什么、需要的是什么、用什么样的标准来判断工作的好与坏等。这些就是人们的职业价值观。

马斯洛提出，人有5个层次的需求：生理需求、安全需求、社会需求、尊重需求和自我实现需求。只有当低层次的需求得到基本满足后，个人才会关注并致力于满足高一层次的需求。这些需求是强大的内在驱动力，我们所做的事情正是为了满足这些需求。它们在生活中反映出来，就体现为我们的价值观，如有些人会比较重视工作带来多少收入，而有些人则可能更多地考虑要做自己喜欢的工作。在很大程度上，这两类人的价值观不同可以归因于他们所处的需求层次不同，前者是在“生理”“安全”的需求层次上，而后者是在较低层次的需求已经得到满足的情况下，追求对“社会”“尊重”“自我实现”需求的满足。

根据马斯洛的理论，个体成长发展的内在力量是动机。而动机是由多种不同性质的需求所组成的，各种需求之间有先后顺序与高低层次之分；每一层次的需求及其满足，将决定个体人格发展的境界或程度。图2-1标示了不同层次的需求所对应的价值观。

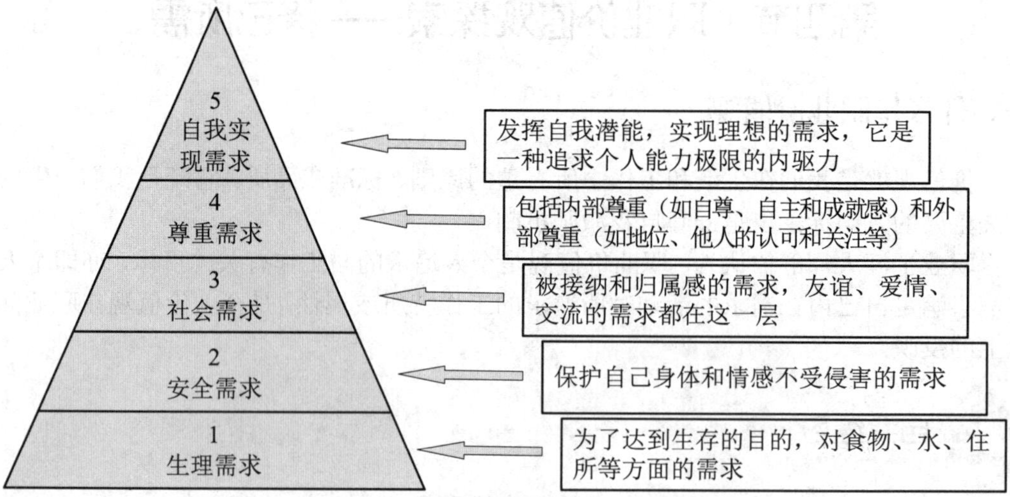

图2-1　马斯洛的需求层次模型与对应的价值观

二、职业价值观与职业选择的关系

很多职业方面的专家通过大量的调查，根据人们的理想、信念和世界观等因素把职业价值观分为6大类，即自由型职业价值观、小康型职业价值观、支配型职业价值观、自我实现型职业价值观、志愿型职业价值观和技术型职业价值观。不同职业价值观的特点与相应的职业类型如表2-7所示。

表2-7 不同职业价值观的特点与相应的职业类型

职业价值观	特　点	相应的职业类型
自由型	不受别人指使，凭自己的能力拥有自己的小“城堡”；不愿受人干涉，想充分施展本领	室内装饰专家、图书管理专家、摄影师、音乐教师、作家、演员、记者、诗人、作曲家、编剧、雕刻家、漫画家等艺术性职业
小康型	追求虚荣，优越感也很强，渴望社会地位和名誉，希望常常受到众人尊敬。欲望得不到满足时，由于过分强烈的自我意识，有时反而很自卑	记账员、会计、银行出纳、法庭速记员、成本估算员、税务员、核算员、打字员、办公室职员、计算机操作员、统计员、秘书等
支配型	想当组织的一把手，无视他人的想法，且因此而感到快乐	推销员、进货员、商品批发员、旅馆经理、饭店经理、广告宣传员、调度员、律师、政治家、零售商等
自我实现型	不关心平常的幸福，一心一意想发挥个性，追求真理。不考虑收入、地位及他人对自己的看法，尽力挖掘自己的潜力，施展自己的本领，并视此为有意义的生活	气象学家、生物学家、天文学家、药剂师、动物学者、化学家、科学报刊编辑、地质学者、植物学者、物理学者、数学家、实验员、科研人员、科技工作者等
志愿型	富有同情心，把他人的痛苦视为自己的痛苦；不愿干表面上哗众取宠的事，把默默地帮助不幸的人视为无上的快乐	社会学家、福利机构工作者、导游、咨询人员、社会工作者、社会科学教师、护士等
技术型	认为立足社会的根本在于一技之长，因此钻研一门技术，认为靠本事吃饭既可靠又稳当	木匠、农民、工程师、飞机机械师、自动化技师、机械工、电工、司机、机械制图师等

当然，随着社会的发展，上表所列出的某些职业的社会声望、实际收入、工作环境都发生了变化。另外，想确定自己的职业选择，还要综合考虑个人的性格、气质、兴趣等因素。

三、探索职业价值观的方法

探索职业价值观的方法很多，下面介绍一些简单常用的方法。

（一）职业锚测试

“职业锚”这一概念由沙因引入，他的目的是帮助人们认清各种不同的工作倾向。人们自我感知的才能、动机和价值观等构成了人们对自身的职业定位，而职业锚正是人们职业观念的核心。职业锚可为职业选择提供基础，因为人们起初在选择工作或组织时所做的决定往往与对自己的看法相一致，但只有经过若干年的工作及实际考验，才能完全清楚他或她自己的职业锚到底应该在哪里。沙因经过长期研究，发现了8种类型的职业锚。

1. 生活型

生活型（L）的人希望将生活的各个主要方面进行整合，从而平衡个人、家庭和职业的需要，因此，生活型的人需要的工作，其工作时间和环境必须具有“足够弹性”。生活型的人甚至可以牺牲职业的一些方面，如放弃职位的提升来换取三者的平衡。相对于具体的工作环境、工作内容，生活型的人更关注自己如何生活、在哪里居住、如何处理家庭事务及怎样提升自我等。

2. 技术/职能型

技术/职能型（T）的人追求在技术/职能领域的成长和技术/职能的不断提高，以及应用这种技术/职能的机会。他们对自己的认可来自专业水平的提升，喜欢面对专业领域的挑战。他们通常不喜欢从事一般的管理工作，因为这意味着他们不得不放弃在技术/职能领域的成就。

3. 管理型

管理型（M）的人追求并致力于工作晋升，倾心于全面管理，可以独立负责一个部门，可以跨部门整合其他人的努力成果。他们想去承担整体的责任，并将公司的成功看成自己的目标。

4. 挑战型

挑战型（O）的人喜欢解决看上去无法解决的问题，战胜强硬的对手，克服似乎无法克服的障碍等。他们参加工作的原因是工作允许他们去挑战各种不可能。他们需要新鲜、变化和困难，如果事情非常容易，工作就马上变得非常令他们厌烦。

5. 自主/独立型

自主/独立型（I）的人希望随心所欲地安排自己的工作习惯和生活方式，追求能施展个人能力的工作环境，希望最大限度地摆脱组织的限制和制约。他们宁愿放弃职位提升或工作发展机会，也不愿意放弃自由与独立。

6. 服务/奉献型

服务/奉献型（D）的人一直追求他们认可的核心价值，如帮助他人、改善人们的安全、通过开发新的产品消除疾病等。他们一直追寻这种机会，宁愿变换公司，也不愿接受不允许他们实现这种价值的工作变动或职位提升。

7. 创造/创业型

创造/创业型（C）的人希望运用自己的能力去创建属于自己的公司或开发完全属

于自己的产品及服务，而且愿意去冒风险，并克服面临的障碍。他们想向世界证明公司是他们靠自己的努力创建的。

8. 安全/稳定型

安全/稳定型（S）的人追求工作中的安全与稳定感，关心财务安全，如退休金和退休计划，为能够预测到稳定的将来而感到放松。尽管有时可以获取一个高的职位，但他们并不关心具体的职位和具体的工作内容。

（二）WVI 工作价值观量表

舒伯的工作价值观量表（work value inventory，WVI），可用来衡量价值观——工作中和工作外的，以及激励人们工作的目标。该量表将职业价值观分为 3 个维度：一是内在价值观，即与职业性质有关的内在因素；二是外在价值观，即与职业性质有关的外部因素；三是外在报酬。该量表可以对个人的 15 种工作价值观进行测量，共有 45 个项目。

工作价值观量表是用来测量与工作满意状况有关的价值观的。其实，在一般价值观中已经包含工作价值观，只是不够具体和细化。工作价值观是人生目标和人生态度在职业选择方面的具体体现，对一个人的职业目标和择业动机起着决定性的作用。对工作价值观的研究是职业生涯规划的基础。

（三）交互指导信息系统

卡茨的交互指导信息系统（system of interactive guidance information，SIGI）对 10 种工作价值观分别进行了阐述，具体内容如下。

（1）高收入：除了有足够生活的钱以外，还有可以随意支配的钱。

（2）社会声望：能得到人们的尊重。

（3）独立性：在工作中有更多自己做决定的自由。

（4）帮助别人：愿意把助人作为职业的重要部分，帮助他人改善其健康、教育与福利。

（5）稳定性：在一定时间内始终有工作，不会被轻易解雇，收入稳定。

（6）多样性：所从事的职业要参与不同的活动，解决不同的问题，不断变化工作场所，结识新人。

（7）领导力：在工作中可以控制事情的发展，愿意影响别人，承担责任。

（8）在感兴趣的领域中工作：坚持所从事的职业必须处在自己感兴趣的领域。

（9）休闲：把休闲看得很重要，不愿意让工作影响休闲。

（10）尽早进入工作领域：涉及一个人是否在意进入工作领域的早晚，是否希望节约时间和不支付高等教育的费用而尽早进入工作领域。

（四）罗克奇价值观调查表

罗克奇价值观调查表（Rokeach value survey）包括两种价值观序列（每个序列有18种价值观）。人们将各种价值观按照其在个人生活中作为指导原则的重要性进行排序，第一序列包括“目的”价值观，或者说，是与人们希望从生活中获得什么价值观有关；而第二序列则由“工具”价值观组成，即与人们为人处世方式有关的价值观。该调查表的一个重要特点是按价值观的相对重要性排序，这表明人们必须依照自身内部的价值观体系来指导他们做出选择。

四、职业价值观的完善

职业价值观一旦形成往往能够决定我们的职业追求，但它也会随着现实环境的变化而发生一些改变。大学生在进行职业生涯规划时，既要看到职业价值观的稳定性和长远性，也要看到它的可变性和现实性。

（一）职业价值观应符合社会现实

探索职业价值观之后，要将个人价值观与社会价值观在一定程度上相互结合。既要知晓“我想要什么”，也要符合“社会需要什么”。人是社会的人，不可能离开社会单独存在，社会价值是实现个人价值的基础，没有社会价值，个人价值就无法实现。

一些刚走出校门没有社会经验的大学生，对工作的要求是进国企、做管理，当白领、成精英，这似乎有些不符合实际。人才市场中，市场、销售是招人最多的职位，但也是很多人最不愿意选择的工作。所以，一个怪现象就很自然地出现了：招人的部门没人去，想去的部门不招人。调查显示，大学生最愿意去的是政府机关、事业单位、大型国企等。这表明大学生的职业价值观中对“声望地位”和“安全稳定”的看重，这些是个人发展的必然要求，追求这些无可厚非，但是现阶段就业形势非常严峻，职业追求与就业现实的落差要求我们及时调整观念。其实工作本无高低贵贱之分，声望地位、安全稳定并不是工作本身赋予你的，而是你自己争取获得的。

根据马斯洛的需求层次理论，大学毕业生更加现实的追求是找一个自己能够胜任的工作，不断积累经验，先满足低层次的需求，再追求满足高层次的需求。

（二）应经常审视和澄清职业价值观

随着我们所处的生涯发展阶段和社会环境发生变化，我们的职业价值观也在不断地改变。

我们应经常审视自己的职业价值观中是否有不太合理的地方。求职之前，我们一定要认真地问问自己究竟想要怎样的工作，过怎样的生活。如果愿意拼搏，追求成功，那留在大城市打拼是可以的；但如果只是受舆论或他人影响而“宁要城里一张床，不要乡镇一套房”，那想法可能就不太成熟。

此外，当今社会多元文化的冲击，也会导致原有的价值观体系出现混乱乃至发生改变。例如，商人曾经是士农工商的末者，如今是经济发展的重要推动者，可以说，“三百六十行，行行出状元”。因此，我们应不断地审视和澄清职业价值观。

与其他特质相比，价值观隐藏较深，不易被察觉和理解，却有重要影响。职业价值观最终形成于生活磨砺以及经历成败得失之后对职业的总结。由于缺乏生活阅历，大学生对价值因子难以有深刻的体验，因此，职业价值观的探索是有些难度的。这就要求大学生日后多磨砺、多思考、多反省，这样才能逐渐明确自己的职业价值观。

课后实训

请回答下列问题并填写职业锚类型调查简表（见表2-8），确定自己的职业锚：

（1）你在高中时期主要对哪些领域比较感兴趣（如果有的话）？你为什么会对这些领域感兴趣？你对这些领域的感受是怎样的？

（2）你在大学时期主要对哪些领域比较感兴趣（如果有的话）？你为什么会对这些领域感兴趣？你对这些领域的感受是怎样的？

（3）你毕业之后所从事的第一份工作是什么（如果相关的话，服兵役也算在其中。在校生可回答第一次打工的工作）？你期望从这种工作中得到些什么？

（4）当你开始自己的职业生涯时，你的抱负或长期目标是什么？这种抱负或长期目标是否曾经出现过变化？如果有，那么是在什么时候出现变化的？为什么会出现变化？

（5）你第一次换工作或换公司的情况是怎样的？你希望下一份工作能给你带来什么？

（6）你后来换工作、换公司或换职业的情况是怎样的？你为什么会做出变动的决定？你所追求的是什么（请根据你每一次更换工作、公司或职业的情况来回答这个问题）？

（7）当你回首自己的职业经历时，你觉得最令自己感到愉快的是哪些时候？那些时候的什么事最令你感到愉快？

（8）当你回首自己的职业经历时，你觉得最让自己感到不愉快的是哪些时候？那些时候的什么事最令你感到不愉快？

（9）你是否曾经拒绝过从事某种工作的机会或晋升机会？为什么？

现在请你仔细检查自己的所有答案，并认真参阅关于8种职业锚的描述。根据你对上述问题的回答，分别对每一种职业锚赋予1～5的某一分值（1～5的数字代表重要性程度），填入表2-8，其中分值最大的就是你倾向的职业锚类型。

表2-8 职业锚类型调查简表

职业锚类型	分　值
管理型	
技术/职能型	

（续表）

职业锚类型	分　值
安全/稳定型	
创造/创业型	
自主/独立型	
服务/奉献型	
挑战型	
生活型	

案例讨论

李开复：做最好的自己

2009 年 9 月，李开复离开谷歌，开始以创业者的身份面对大众。

从职业生涯发展的角度看，谷歌对李开复的价值定位已经锁定在中国市场之内，李开复个人在谷歌全球市场的发展空间其实并不大。根据职业规划中的职业锚理论，对某个职位十分精通、高度专业化，具有高度的不可替代性，个人的职业生涯发展反倒会因此受到阻碍——李开复对中国越熟悉，就越会被牢牢锁定在大中华区总裁这一职位上。从个人能力的角度看，谷歌未来 4 年的主要目标是提升中国市场份额，技术出身的李开复也清楚自己并不是此中的高手。谷歌显然已经不能够让李开复创造更多的价值。在个人声誉达到顶点，谷歌市场占有率由 2006 年的 16%回升到 2009 年的 30%的良好业绩背景下，离职显然是一个最好的选择。

离职后，李开复的职业核心价值是什么？正是在中国青年群体中巨大的号召力和影响力以及跨国企业职业经理人的工作经历。置谷歌千万美元的薪酬于不顾，去创办一家以青年创业为主的风险投资平台，恰恰使得他的职业核心价值得到了最大限度的“兑现”。

（改编自 http://blog.sina.com.cn/s/blog_7da122980102xjc0.html）

思考题：

结合本章所学职业锚的相关知识，谈谈李开复如何利用职业锚走出困境，做出正确的选择。

第三章　职 业 探 索

案例导入

小夏是一名高职院校建筑工程专业的大二学生，她因对财务管理感兴趣，一直想通过“专升本”进入财务管理专业学习。临近毕业，她感到困惑：“专升本”，专业跨度较大，挑战大，担心失败；找工作，也不知如何获取职业信息。辅导员觉得她适合从事建筑设计类型的工作，父母支持她“专升本”，亲朋好友也给出了很多建议，小夏听得越多，心里越乱，不知如何是好。

（改编自校园案例）

职业探索就是要进行职业环境分析，而所谓职业环境分析，就是认清所选职业在社会大环境中的发展状况、技术含量、社会地位、未来发展趋势等。进行职业环境分析的要求是：通过职业环境分析弄清职业环境对职业发展的要求、影响和作用；对各种影响因素加以衡量、评估并做出反应；关注当前热点职业有哪些，发展前景怎样，社会发展趋势对所选职业有什么影响，要求如何。总的来说，职业环境分析包括两大方面的内容：职业的外部环境分析和内部环境分析。本章主要对这两部分的内容进行阐述，同时告诉大家获取和分析职业信息。

第一节　职业外部环境分析

一、了解当前的职业世界与工作状况

（一）当前的职业世界

在过去的 20 年中，世界贸易的迅速发展，全球化、信息技术的突飞猛进，使工作世界发生了巨大变化，如表 3-1 所示。

表3-1　新旧职业世界的区别

类　别	旧职业世界	新职业世界
企业运作模式	雇员人数随着企业发展而日益增加，营造人才济济的大机构形象	企业的业务周期缩短，不断精简架构，削减不必要人员，期望员工自我增值以应付不断改变的顾客
就业结构	劳动密集型：人力主导。制造业和建造业等依赖员工体力劳动而主导生产过程的行业及职位是主流	知识型：资本/科技主导。沿海等发达地区经济开始向高技术、高增值的服务业转型。制造行业和低技术、低学历的基层职位在这些地区的部分机构减少
受聘形式	终身受聘制：以长期和全职工作为主	浮动制：全职、兼职、短工、合约制、临时工作、自由职业者及自雇等盛行
人力资源管理	普及制：企业直接聘用不同部门的所有员工	精英制：企业倾向聘用核心员工
工作地点	本地化：极少出差工作	全球化/全国化：定期在世界/全国各地工作
职责	职务清晰，雇主只期望雇员具备一技之长	多项不同任务集于一职，雇员要集多种技能于一身
薪酬制度	薪酬大多根据员工的工龄年限而按年递增	薪酬与公司营业额和员工工作绩效、工作表现直接挂钩

（二）当前的工作状况

如今，工作、工作场所、工作性质以及家庭性质的改变极大地影响着人们职业生涯的性质和结构。人们在进行职业决策时必须要考虑到的因素包括全球一体化，地域流动性导致的家庭（父母、亲戚）支持的缺失，高昂的教育支出、住房、退休制度等，所有这些因素以及人们希望能够兼顾上述因素（或应该努力做好这些事）的不现实愿望最终导致了巨大的压力和困惑。

职场中的任何人都深知这一显而易见的事实：如今，工作正处于史无前例的变革中。在当今组织中，改变是唯一不变的事实。即使是那些多年来墨守成规、一成不变的组织也在以前所未有的速度发生着改变。在很短的时间内，各种组织被创建，并经历着快速成长、兼并其他组织或被其他组织兼并、大幅度缩减规模、自我再造，甚至是被淘汰的各种变化。

此外，各类组织也正面临着前所未有的复杂局面。全球一体化的冲击，新技术的应用，合资企业以及战略联盟的形成，正在改变的劳动力结构，正在转变的雇员、客户、股东关系以及社会期待，都使组织管理变得更加具有挑战性。任何组织都面临着一项重大挑战，即在组织变革的背景下，更好地管理组织中不断变化的劳动力资源。

二、未来世界行业发展趋势

根据国内外关于未来职业发展趋势的调查，随着社会的快速发展，行业结构将发生很大变化，未来社会对人才的需求也会发生重大调整。未来世界将有 19 个主导行业，即执法、法律、信息服务、社会工作、医疗服务、公共事务、金融、技工、电信业、工程技术、科学研究、销售、医学、传媒、咨询业、广告业、艺术、娱乐和工程学。

（一）各行业职业发展前景

各行业职业发展前景如表 3-2 所示。

表3-2 各行业职业发展前景

行　业	推 荐 职 业
广告业	传媒策划、文案撰写
文化艺术与娱乐业	编辑、导演、演员、音乐制作
咨询业	企业咨询师
教育行业	教师、职业培训讲师
化学行业	研发工程师
医学行业	家庭保健医师、社区医疗服务和护理人员
市场营销行业	市场营销经理、销售工程师
生物制药行业	医药开发工程师
计算机技术行业	系统或数据管理员、软件工程师、计算机系统审计员
通信行业	管理、销售或技术开发人员
电子工程技术行业	电子工程设备安装、维护人员
金融行业	商业系统分析员、金融工程师、保险/证券代理人
信息与网络技术行业	通信工程师、网站策划开发人员、电子商务师
法律行业	家庭/企业律师
执法行业	犯罪分析家

（二）最有“钱途”的职业

最有“钱途”的职业如表 3-3 所示。

表3-3 最有“钱途”的职业

职　业	赚 钱 指 数	职　业	赚 钱 指 数
信息传输、软件和信息技术服务业	★★★★★	电力、热力、燃气及水生产和供应业	★★★★
科学研究和技术服务业	★★★★★	文化、体育和娱乐业	★★★
金融业	★★★★	教育业	★★★
卫生和社会工作	★★★★	—	—

（三）最紧俏的职业

最紧俏的职业如表 3-4 所示。

表3-4　最紧俏的职业

职　业	紧俏指数	职　业	紧俏指数
汽车维修、保养、管理人员	★★★	速录员	★★★★
软件工程师	★★★★★	注册会计师	★★★★
项目管理经理	★★★★★	高级电路工程师	★★★
游戏设计师	★★★★★	零售业店长	★★★
物流经理	★★★★★	广告创意人员	★★★★
保险中层主管	★★★★★	室内设计师	★★★★

（四）十六大新兴职业

近几年，我国新经济、新业态发展迅猛，很多新兴职业如同雨后春笋般涌现出来，不断改变着人们的生活。继我国人力资源和社会保障部、市场监管总局、国家统计局在 2019 年 4 月发布了 13 个载入《中华人民共和国职业分类大典》的新兴职业后，仅时隔一年，在 2020 年 3 月三部门又再次联合发布了 16 个新兴职业。

新制造方面：智能制造工程技术人员、工业互联网工程技术人员、虚拟现实工程技术人员、人工智能训练师、电气电子产品环保检测员、无人机装调检修工、铁路综合维修工、装配式建筑施工员。

管理、营销、消费升级方面：连锁经营管理师、供应链管理师、网约配送员、全媒体运营师。

大健康方面：健康照护师、呼吸治疗师、出生缺陷防控咨询师、康复辅助技术咨询师。

从中不难看出，新制造方面是包含新兴职业最多的方面，也是助推我国由制造大国向制造强国转变的具体的发力点。同时，管理、营销、消费升级等方面，随着社会科技水平、基础设施、商业理念的不断进步，也产生了不少新业态与新岗位。另外，在新型冠状病毒疫情暴发后，人们对健康的关注大幅超过以往，健康类岗位在数量、专业度方面都有所提升。

此外，我国正处在新旧动能转换的阶段，数字经济在国内生产总值（GDP）中的比重已超过 30%，且仍在继续增加。5G、IT、人工智能等方面的新技术不断涌现并日趋成熟，相关高科技人才需求旺盛。

在国家正式发布的职业目录之外，还有很多新兴职业也受到就业市场热捧，如小龙虾剥虾师、密室逃脱剧本设计师、衣橱整理收纳师、旅拍策划师等。

资讯

七大战略性新兴产业

——新能源，以绿色和低碳技术为标志。主要是指清洁能源和可再生能源，包括水电、核电、风力发电、太阳能发电、沼气发电，以及地热、煤的洁净利用等。

——节能环保，通过关键技术的突破，提高能源利用效率和优化能源消费结构。

——电动汽车，主要是指以新能源带动发动机运行的新兴汽车产业。

——新医药，把生命科学前沿、高新技术手段与传统医学优势结合起来，研发适应多发性疾病和新发传染病防治要求的创新药物，突破应用面广、需求量大的基本医疗器械关键核心技术，形成以创新药物研发和先进医疗设备制造为龙头的医药研发产业链。目前主要是在干细胞研究方面的再生医学发展。

——新材料，主要包括微电子与光电子材料和器件、新型功能材料、高性能结构材料、纳米材料和器件。

——生物育种，发展转基因育种技术，提高农业产量和改善产品质量，实现小麦、水稻等主要农作物和猪、牛、羊等主要牲畜的优良品种的显著改良。

——信息产业，以后的发展方向是物联网与互联网的结合，就是传感网在基础设施和服务领域的广泛应用。

第二节 职业内部环境分析

在探索职业环境时，如果涉及某个具体工作，则要了解更为细致的信息，通常包括以下几个方面：

（1）企业文化和规范。

（2）工作内容和职责。

（3）工作要求的知识、技能和素质。

（4）工作要求的资历和资格。

（5）工作时间、地点和环境。

（6）工作的可发展空间。

（7）薪酬待遇和福利。

有文章说“优秀企业应具备六大特征”，分别是工资待遇好、企业形象好、培训机会多、福利待遇完善、管理制度有序和升迁机会公平。这种看法并不全面，评价一个组织是否优秀，最核心的不是看它能够给你什么，而是看它鼓励怎样的价值观和行为。

总的来说，组织的核心信息可以分成 3 种——与职业价值观相关、与发展前景相关、与生活平衡相关的信息，如表 3-5 所示。

表3-5 组织的核心信息

与职业价值观相关	与发展前景相关	与生活平衡相关
组织的文化和部门的亚文化	过去的情况	工资结构和薪水范围
组织和部门雇员的类型	公司和分（子）公司生产的产品和提供的服务	工作对家庭的影响

（续表）

与职业价值观相关	与发展前景相关	与生活平衡相关
组织或部门的整体环境	在该领域、行业和地区中的地位	—
决策模式	公司、分（子）公司和部门的结构	—
员工的道德感	晋升制度，教育和培训的机会，组织和部门的未来前景	—

一、组织结构

关于组织结构的类型划分有很多种说法。从职能的角度划分，有直线制、职能制、事业部制、矩阵制等；从组织人际和管理风格的角度划分，有 A、J、Z、O 型等。不管怎么划分，传统的组织结构就是科层制和金字塔结构。

所谓科层制，是人们为了达到组织的共同目标，将成员的职位按等级依次排列，并明文规定每个人的岗位权限与职责；将权力依职能和职位进行分配；下级必须接受上级的领导和指挥，通常情况下只有一个直属上级；以制度、条例等规则为管理主体的组织体系。科层制的典型代表是国家公务员，中国公务员从国务院总理开始（1 级），到办事员（19～27 级），共划分了 27 级。与公务员类似的等级制度常常出现在传统国有企业中，划分的级别甚至比公务员更多。科层制和金字塔结构的主要特征是越往上层人数比例越低。

随着经济、科技和社会文化的变迁，传统的科层制已经不适应新的工作环境和管理要求。现在，工作的实质是由传统的非熟练工作到知识工作，由枯燥重复性任务到创新和关心，由个人工作到团队工作，由职能性工作到项目性工作，由单一技能到多种技能，由上司权力到顾客权力，由上级协调到同事协调。于是人们开始告别线性组织的那种多层级的金字塔结构模式，扁平化结构模式应运而生，两者的区别如表 3-6 所示。

表3-6　金字塔—扁平化组织比较

比较项目	金字塔组织	扁平化组织
层次与幅度	层次多、幅度窄	层次少、幅度宽
权力结构	集中、等级化	分散、多样化
决策权	集中在高层	分散到各个岗位
沟通方式	上下级之间沟通距离长	上下级之间沟通距离短
协调	通过等级结构和明确的管理程序	手段多样、注意部门间的直接沟通
持久性	倾向于比较固定	持续地调整以适应新的情况
员工工作方式	按照要求和指令办事	个人完成

组织结构扁平化之后的显著变化是中间层级日益增加，从上窄下宽的金字塔结构演变成中间宽两头尖的菱形结构。一方面，所谓的“管理者”数量保持在 5%～10%，

而处于底层的员工，如果无法成为核心员工，就会被淘汰；另一方面，大量的骨干不一定是管理者，而是专业人士，他们不是依靠行政级别获得尊重，而是以自身的专业能力赢得核心地位。员工可能成长为专家，而不一定成为管理者。

任何组织模式，都是时代的产物，同时又适应时代的要求，推动政治、经济、文化和社会的发展。

二、组织文化

（一）组织文化的特征

组织文化的特征包括以下几方面：

（1）创新和冒险。员工在很大程度上被鼓励进行创新和冒险。

（2）注意细节。员工在很大程度上被期望做事缜密、仔细分析和注意细节。

（3）结果取向。管理层在很大程度上重视的是结果和效果，而不是为了实现这些结果所使用的技术和经历的过程。

（4）人际取向。管理决策在很大程度上考虑到决策结果对组织成员的影响。

（5）团队取向。工作活动在很大程度上是以团队而不是以个体的方式进行组织。

（6）进取心。管理层组织成员的进取心和竞争性（而不是随和性）。

（7）稳定性。组织活动在很大程度上强调的是维持现状，而不是成长和发展。

（二）组织文化的内容

考察组织文化时，应注意以下几方面：

（1）常规行为。例如，成员间互相问候的常见方法，对待组织高级成员的礼仪，人们开会或者就餐时坐的位置，以及成员的衣着等。

（2）规范。例如，在组织中个人如何努力，个人是否愿意在晚上或周末工作，每周工作 40 小时以上是否表现正常。

（3）主导价值观。例如，顾客至上，员工的家庭生活很重要，或者成员应该有业余学习时间。

（4）哲学观。针对员工、社会、服务他人、赚钱、努力工作的整体指导性观点。

（5）规则。例如，新员工如何学习各种诀窍，理解并接受导师的反馈，管理时间，与同事相处。

（6）情感或氛围。例如，员工对待顾客和合作者的礼仪、员工相互信任的程度。

（三）不同类型雇主的组织文化

（1）国有企业的企业文化：第一，在经营战略上，国企树立了“靠天靠地不如靠自己”的经营理念；第二，国企对人才越来越重视；第三，国企越来越注意人才结构的优化组合。

（2）民营企业的企业文化：第一，民营企业注重以人为本；第二，民营企业具有大胆创新的企业机制；第三，民营企业主张员工与企业共享成果。

（3）外资企业的企业文化：第一，外企整体上注重对人才的充分利用，给员工提供一个展示才能的舞台；第二，外企往往有良好的工作环境；第三，外企拥有良好的管理机制。

三、用人单位的用人要求

（一）国有企业的择才标准

由于国企规模相对较大，人事部门在择才时更加注重对人才的全面考核，具体要求如下：

（1）比较看重学历与专业。

（2）对应聘者的道德修养要求较高。

（3）对实际经验较为看重。

当然，还有一部分优秀的国企，其择才标准往往不仅局限于此，在不少方面与民营企业、外资企业比较接近。

（二）民营企业的择才标准

民营企业的领导往往是企业的创建者，是改革开放中的弄潮儿，所以他们的择才标准既灵活大胆，又严格有加。他们在择才时一般不受条条框框的限制，所以往往能够设身处地为企业着想，以便于招聘到优秀的人才，其具体要求如下。

（1）要有强烈的敬业精神，与公司同呼吸、共命运。

（2）要有艰苦奋斗的激情。

总体而言，民营企业在人员录用上，重学历而不唯学历，重在创造和贡献。在招聘毕业生和高层次人才时，除要求应聘者有一定的专业背景知识外，还要求有一定的协调、管理能力，以便将来在企业中挑起大梁。

（三）外资企业的择才标准

外企选择人才时也有其独特之处，通常要求如下：

（1）非常注重个人素质。

（2）应该具有强烈的进取意识和竞争精神。

（3）在精通业务的基础上能发挥创造力，不断追求新的目标。

（4）员工须做好全球作业的准备。

总之，不同的企业类型造就了不同的企业文化氛围，从而也导致了对人才的不同认识，形成了各具特色的择才观。对于每个即将走向工作岗位的毕业生而言，对不同企业有适当的了解，自然会在求职过程中少走弯路，并做到有的放矢。

第三节 职业信息的获取与分析

一、了解职业信息的作用

（一）帮助大学生进一步认识和了解自己

在探索工作环境的过程中，学生经常会陷入进退两难的境地。例如，留在大城市暂时只能找一份不太稳定也不太理想的工作，但是未来的学习和发展机会可能较多；回到家乡可以有一份待遇不错也比较稳定的工作，但是发展前景有限，缺乏挑战性。世间的事情没有完美的，外部条件总会给我们设置这样或那样的限制，但是经过深入思考，我们就会在两难中发现什么才是自己真正需要的，越来越了解自己是谁，从而调整自己的行动，走出属于自己的生涯道路。

（二）培养和提升大学生的能力

很多学生寄希望于学校、职业辅导老师或者其他的专业辅导人员告诉他们工作环境是什么样的，但结果常常令人失望，因为每个人由于个人知识、经验的局限，不可能完全掌握所有的职业信息，所以对职业信息的探索还是要学生自己来做。在探索过程中，学生可以培养和提升自己的很多能力，如自我管理能力、可迁移能力等。

（三）帮助大学生预测未来发展

探索职业信息可以帮助学生预测未来可能发生的情况，以便预先做好准备，但也要知道预测不可能绝对准确，因此不可以完全依赖预测。

二、职业信息探索的策略和方法

（一）网络资源

在计算机网络技术高度发达的今天，掌握了计算机网络技术的现代大学生可以利用网络资源全面了解职业环境。

显而易见，现在很多大学生是通过浏览网页来了解天下大事的，有关社会政治、经济、法制、科技、军事、文化等的新闻、报道，在网络世界俯拾皆是。大学生从网络中了解这些社会环境方面的信息极为方便快捷。

随着信息技术的发展，各行业都建立了网络信息交流平台。各行业网站成了了解行业信息的重要渠道。另外，每个行业都有自己的论坛，大学生到相关行业的论坛上，也能找到很多行业信息。大学生也可以先搜出某个行业的企业，从它们的网站里了解行业。不过，通过这种方式了解到的行业信息往往支离破碎，有的还有失偏颇。

通过网络了解用人单位也很便捷。用人单位作为一种社会组织，必然要同其他社会组织和个人进行信息交流。这些交流信息有很多是公开的，如行政机关的对外宣传资料、学校的招生招聘广告、企业的产品推介和服务信息等，无不包含着丰富的用人单位信息。

利用网络资源收集职业信息，不仅途径广，而且不受时间、空间的限制，因此是大学生最常用的方法。

（二）生涯人物访谈

在进行职业探索时，与他人谈论工作是一种很好的方法。一般应找一位以上从事相关职业的资深人士或工作三年以上的工作者。这种获取工作信息的方式有很多好处：一是通过与从事相关工作的人员进行交流，可以检验以前通过其他方式获取的信息是否准确、及时；二是可以了解到从业人员对自己的工作有什么样的感受——这些信息是在其他职业信息文献中找不到的。如果是在从业人员工作的地方与他们进行交流，则能够直观地获取他们的工作信息并了解他们的工作环境，这也是其他方式所达不到的。当然，还可以与自己感兴趣领域内的从业人员建立个人联系，这样的联系在以后求职时有可能助你一臂之力。

但要注意，访谈对象的经历和感受在该行业中可能并不具有典型性或代表性，也可能过于主观，因此访谈得来的信息有可能比通过其他渠道得到的信息更片面或偏激。你可以通过采访同一行业内的多个人员弥补这一不足，也可以通过查询其他渠道的信息进行验证。因此，职业规划师要在事前向咨询者说明采用这一方法进行职业探索的利弊。

（三）参观、实习、社会实践、职业体验和角色扮演

1. 参观

要想深入地了解职业环境，就必须深入一线企业，获得第一手资料。如果条件允许，大学生可以到企业所在地参观，进行现场考察。如果条件不允许，展览会也是提供一线企业信息的好场所。亲自去参加一个行业展览会，很多事情就都了解了。

2. 实习

很多规模比较大的用人单位，如跨国公司、行政机关、高校等常常会招聘实习生。大学生去用人单位实习是一件对双方都有利的事情。从大学生的角度来看，实习不仅是从理论学习走向实际应用的必要环节，也是对职业环境进行实际了解的重要途径。通过实习，大学生不仅可以深入了解用人单位的管理体制、发展潜力等情况，还可以学习用人单位的管理经验、技术方法，为毕业设计等提供素材，为就业创造条件。如果用人单位要招聘人员，而你在实习期间的表现又不错，那你就可能成为拟招聘的最佳人选。可以说，通过实习，大学生可以更为全面和深刻地了解职业环境、企业环境以及岗位环境。

大学生选择实习单位，要结合自己的职业生涯规划目标，锁定与自己专业对口的

单位范围，同时应从是否有利于实现自己的职业生涯规划目标和发挥自己的专业特长着手，而不能一味追求名气、规模。同时，还应重视实习单位的“软环境”，特别是有意向去企业实习的大学生，要把企业是否建立了完善的现代化管理机制作为选择标准之一。

3. 社会实践

要想真正了解一个职业，最好的办法就是亲自去体会。而对于在校大学生而言，参加各种形式的社会实践则是最好的选择。当然，所做的应该是经过选择之后与自己想从事的职业相符或相关的工作。这种不同于正式就业的体会方式，不仅可以帮助你更清楚地认识到该职业是否真的适合自己，也为自己以后真正从事该职业积累了经验和感悟。

4. 职业体验

职业体验，是指大学生结合专业特点和自己的职业兴趣，以职业认知、体验为目标，通过对自己希望从事的职位、岗位的了解、观察、体会，深入客观地认识该职位、岗位。职业体验的内容主要有两大方面：一方面是对该职位、岗位具体工作内容的了解；另一方面是对该职位、岗位对人才专业知识、技能和职业素质要求的认识。

通过职业体验，大学生可以增加对职业的了解，并根据职业体验的结果判断自己是否适合从事该职业。

5. 角色扮演

如果能找到好的合作伙伴，可以就各自喜欢的职业角色编练话剧和小品。这种带有游戏性质的方法其实也是一个很有效的职业体验和了解过程。因为在角色扮演的过程中，你只有深切体会到人物的内心活动，感受到职业要求对其的向导性作用，才能比较传神地表现出该角色。

自我练习

生涯人物访谈

访谈内容可以考虑以下几个方面：

- 工作性质、任务或内容；
- 工作环境、就业地点；
- 所需教育、培训或经验；
- 所需资格、技巧和能力；
- 收入或薪资范围、福利；
- 工作时间和生活形态；
- 相关职业和就业机会；
- 组织文化和规范；

- 未来展望。

在访谈前要准备好将提的问题。例如：

- 在这个工作岗位上，每天都做些什么？
- 最近，这项工作因科技、市场、竞争等发生变化了吗？
- 您是如何找到这份工作的？
- 您是如何看待该领域工作的未来变化趋势的？
- 您的工作是如何为实现组织的总体目标或使命贡献力量的？
- 您所在领域有“职业生涯道路”吗？
- 本职业需要什么样的人？
- 到本领域工作的基本前提是什么？
- 就您的工作而言，您最喜欢什么？最不喜欢什么？
- 什么样的初级工作最有益于学到尽可能多的知识？
- 本领域初级职位和略高级职位的薪水范围分别是多少？
- 工作中采取行动和解决问题的自由程度如何？
- 本领域有发展机会吗？
- 本工作的哪部分让您最满意，哪部分最有挑战性？
- 什么样的个人品质或能力对本工作的成功来讲是重要的？
- 您认为将来本领域潜在的不利因素是什么？
- 依您所见，在本领域工作，您遇到了什么样的问题?
- 对一个即将进入该领域的人，您愿意提出特别建议吗？
- 本工作需要特别的知识、技能和经验吗？
- 这项工作需要什么样的教育或培训背景？
- 公司为刚进入该领域的员工提供哪些培训？
- 哪个职业杂志或组织能帮助我深入了解该领域？
- 您的熟人中有谁能够成为我下次采访的对象吗？当我打电话给他（她）的时候，可以提及您的名字吗？
- 根据您对我的教育背景、技能和工作经验的了解，您认为我在做出最终决定之前，还应在哪个领域、对什么样的工作进行深入调查研究？

课后实训

访谈与你同专业或专业相近的5位学长、5位职场人士，了解职业世界。将访谈结果制作成手抄报，并举办一次手抄报展览或比赛。下面是访谈提纲，仅供大家参考。

- 您现在在哪里工作？从事什么工作？您觉得现在的工作岗位如何？
- 毕业后，您先后做了哪些工作？对这些工作的感受是什么？收获是什么？
- 您对职业生涯有明确的规划吗？您是如何规划的？

- 您找工作困难吗？有什么感受？
- 您觉得自己的大学生活对现在的工作有什么影响？
- 请给我们提出一些建议。

案例讨论

访谈的实施

小王通过老师联系到一位已毕业的学姐，希望通过访谈对意向职业进行了解。在约定访谈时间和地点时，却出了问题。以下是小王和学姐的对话过程。

学姐：我最近工作比较忙，每周只有周一、周三晚上有时间。

小王：学姐，我们周一到周五要上晚自习。

学姐：既然你没时间，那就周六下午 2 点吧。

小王：嗯嗯，好的，周六可以的。周六下午 2 点到您单位找您？

学姐：周六不上班的。

小王：那……

（改编自校园案例）

思考题：

如果不是老师从中帮忙，学姐恐怕就不再接受小王的访谈了。小王的问题出在哪里？

第四章　决策与行动计划

案例导入

小孙，女，21 岁，高职院校市场营销专业的大三学生。她乐观、外向、健谈、热情，喜欢结识新朋友，人缘好，学业成绩优秀，多次获得奖学金。小孙的相关测评结果：MBTI 的性格类型是 ENFJ，霍兰德职业兴趣量表的结果是社会型，工作价值观量表显示她看重的是职业中的社会交往，认为工作的目的和价值在于能与各种人交往，建立比较广泛的社会联系和关系。因此她想从事跟人打交道的工作。经过考虑后，她觉得销售、咨询、培训和人力资源管理这四种工作都可以列入自己的考虑范围。但究竟哪一种职业更适合自己，她难以做出决定。

（改编自校园案例）

在自我探索和职业探索之后，大学生还要综合这两方面的信息，做出初步的决策，为自己的职业生涯制订行动计划，确定大体的发展方向。本章主要介绍决策和目标设立的基本知识，分析在职业决策中存在的挑战和困难，以及一些常用的应对方法。希望通过相关的讨论，帮助大学生树立信心，让大学生学会承担责任和自主决策，掌握决策的方法，为自己的职业生涯设立长远和近期目标，并制订切实可行的行动计划。

第一节　职业生涯目标

很多人埋头苦干，到头来却发现通往成功的阶梯搭错了边。职业生涯目标就像茫茫大海上的灯塔，为我们的人生之航指明了方向。职业生涯目标，也就是我们的人生目标。我们谈论人生目标实际上就是探讨人最终要成为什么样的人，人的一生该如何度过，怎样才能使人生过得有意义、有价值，怎样才算取得成功，怎样才能拥有幸福的生活。职业生涯目标是指引人成长和发展的导航标。

案例

穿越玉米地

请你想象以下场景：

田野上，清新的风徐徐地吹来。铺展在你眼前的，是一片果实累累的玉米地。今天，你和对手们将要进行一场有趣的竞赛——看谁最早穿越玉米地，到达神秘的终点，并且拿到最多的玉米。

其实，人生就像穿越玉米地。

有一年，一群意气风发的天之骄子从美国哈佛大学毕业了，他们即将开始穿越各自的玉米地。他们的智力、学历、环境条件都相差无几。在临出校门时，哈佛对他们进行了一次关于人生目标的调查。结果是这样的：

27%的人，没有目标；

60%的人，目标模糊；

10%的人，有清晰但比较短期的目标；

3%的人，有清晰而长远的目标。

25 年后，哈佛再次对这群学生进行了跟踪调查。结果是这样的：

3%的人，25 年间他们朝着一个方向不懈努力，几乎都成为社会各界的成功人士，其中不乏行业领袖、社会精英；

10%的人，他们的短期目标不断地实现，成为各个领域中的专业人士，大都生活在社会的中上层；

60%的人，他们安稳地生活与工作，但都没有什么特别成绩，几乎都生活在社会的中下层；

剩下的 27%的人，他们的生活没有目标，过得很不如意，并且常常抱怨他人、抱怨社会、抱怨这个“不肯给他们机会”的世界。

其实，他们之间的差别仅仅在于：25 年前，他们中的一些人知道为什么要穿越玉米地，而另一些人则不清楚或不很清楚。

目标对成功的影响和对一个人一生的重要性，上面的故事讲得再清楚不过了。

（改编自 http://www.chinawriter.com.cn/bk/2010-12-14/50102.html）

一、设立目标的指导原则

下面我们来谈谈目标设立的 SMART 原则，以及如何运用这些原则来设立职业发展目标。SMART 原则示意图如图 4-1 所示。

（一）S（specific）原则——具体、明确

目标必须具体、明确而不笼统。例如，很多人想减肥，但减肥不是具体目标，它

太抽象，人们常不知如何达成，所以无功而返。其实人们可以要求自己一星期少吃两次肉、每天少吃一碗饭，这就是一个具体的减肥目标。

（二）M（measurable）原则——可测量的

设立目标时，要注意目标的可测量性。因为目标只有可测量，才能计算程度。例如，每月减 2 千克的目标，就比抽象的减肥这一目标要好，因为它可测量、可被检验，可让人知道要做到什么样的程度。

（三）A（achievable but challenging）原则——可达到但具有挑战性

目标必须是自己可达到的且对自己有挑战的；否则，目标就难以给人动力。让目标有吸引力的两个诀窍：第一，不贪多，有太多目标等于没有目标；第二，不畏难，要想达成目标，就先不要想达成的困难，不然热情还没点燃就先被畏惧给打消了。

（四）R（realistic）原则——切实可行的

目标必须是切实可行的。有些人到某个年龄会对自己所做的一切事都感到厌烦，希望能有 180°的大改变。但改变也要与自己的经验、专长有关联，否则成功机会不大，徒增挫折。目标必须务实，才有可能实现，不易使人打退堂鼓。

（五）T（time-bounded）原则——有明确的时间限制

目标必须是可记录、追踪、反省的。例如，你打算在大学期间通过英语四级考试。同学平时问你，有没有在学呀？你说，一直在学。到了毕业季，你发现自己还在学，却没有参加考试，这就没有意思了。因此，目标一定要有明确的时间限制，如你必须在大二第一学期通过英语四级考试。要给目标设定一个大家都同意的、合理的完成期限。

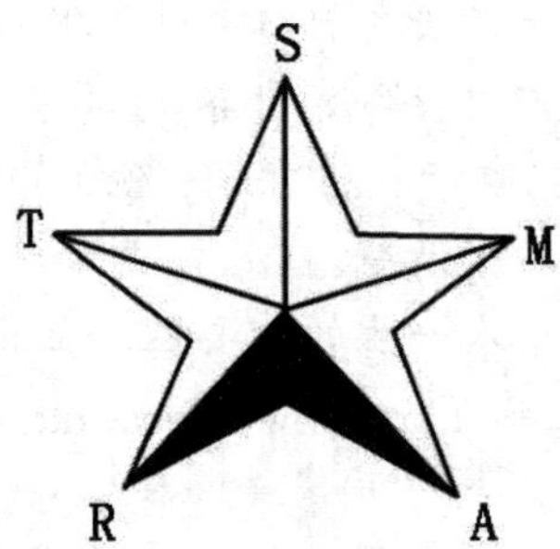

图 4-1　SMART 原则示意图

二、目标和行动

职业生涯目标可以分为长期目标、中期目标和短期目标。当我们把自己的中长期目标分解为一个个短期目标时，就有了具体的行动计划和步骤，这样有助于对自己的职业生涯进行管理。

举例来说，如果你现在刚上大二，专业是软件技术专业，希望5年后成为一名知名计算机公司的软件工程师。那么，对这个目标进行倒推，4年后一定要跟一家知名计算机公司签订劳动合同，2年后大学毕业时应当获得一家计算机公司程序设计的初级职位，1年后应当通过计算机技术与软件专业技术资格（水平）考试（高级资格），半年后就要开始投递简历，寻找就业机会。因此，这个学期你就应该着手复习，准备考试，并且写好自己的简历。

有了目标，要想实现，还要采取行动、不断努力。在职业生涯目标的建立及实现过程中会凸现出4种人：一是没目标、没行动的人，这种人不但没有职业规划的意识，也没有实干的精神；二是没目标、有行动的人，这种人信奉计划没有变化快，走一步算一步，所以他们用实践打拼未来；三是有目标、没行动的人，这种人整天活在梦里，是颓废的代表；四是有目标、有行动的人，这种人想不成功都不行，老天不会辜负这种人。你是哪种人呢？这由你的选择和努力而决定。

第二节　职业生涯决策

一、职业生涯决策的类型

决策是一件不容易的事情，同时又是一件无法回避的事情。通常，一个决策对你越重要，考虑的因素越周全，决策难度就越大。根据决策时的角度不同，可以对职业生涯决策做不同的类型划分。

（1）按照对职业和自己的了解，可以将决策分为以下4种典型类型。

① 犹豫型：对自己不了解，对职业世界也不清楚，因此在做出决策时会觉得什么都好，又觉得什么都不理想。

② 直觉型：对自我认识比较清楚，但对职业环境比较陌生，仅仅靠对自己的了解做决定，犹如盲人摸象。

③ 顺从型：对自己的特点不是十分了解，对职业世界比较了解，但容易受亲朋好友的影响，一遇风吹草动就改变初衷。

④ 逻辑型：对自己的特征一清二楚，对职业世界的情况也了如指掌，因此能按程序分析各种利弊得失，做出最适当的决定。

（2）按照在决策时的价值追求，也可以将决策分为以下4种类型。

① 期望型：选择自己最希望得到的东西，将自己最看重的东西放在首位，如自己最看重权力或领导他人，就将此作为决策的主要依据，至于是否稳定、是否有成就、自主性强不强等，则较少考虑。

② 安全型：注重安全、有保障、比较容易成功、不容易被辞退的职业，如教师、

公务员等，至于薪酬待遇的高低，考虑相对较少。

③ 逃避型：不明确自己最喜欢的，但否定自己最不喜欢的东西。尽管这样会避免一些直接风险，但这并不意味着就彻底避免了风险，因为有些没有被否定的职业差异也非常大。

④ 综合型：会考虑多方面的因素，而不只是突出其中的某个因素，如价值观或能力、性格等。

事实上，很多重要的决策与其他方面是有联系的。例如，敢于冒险的人，大多承受力较强，能力也不错。抓住一个方面决策，尽管风险大，但难度小，时间短。大学生的职业生涯决策科学、合理，就为其进入组织奠定了良好的基础。当然，随着社会经济的发展和变化，大学生的职业生涯道路并不是立即固定下来的，还是会出现一些变化。要想在职业生涯中少走弯路，取得较高的职业生涯成就，大学生还要不断努力。

二、职业生涯决策的误区

职业理想和现实之间往往存在着明显的冲突，个人的性格、价值观也都存在很大的差异。大学生在选择一个切实可行的职业生涯目标时，首先要走出自己思想上的一些误区，以利于职业选择和发展。

根据经验，大学生在进行职业生涯决策时经常出现的误区主要有以下几种：

（1）只求目前稳定或经济效益，不求长期的发展机会。求职时过于注重选择那些经济效益好、收入稳定的单位，而不愿到那些目前经济效益差但有发展潜力的企业。大学生常偏重眼前利益，忽视长远发展，这也许会使他们失去很多重要的人生机会。要提醒大学生的是：目前稳定不代表安全，只有不断获得发展才有安全基础。

（2）过于求全，脱离实际。把择业想得十全十美，忽视自身条件和环境因素。脱离实际，片面追求完美也是当代大学生经常犯的错误。

（3）意气用事，随意跳槽。有的大学生常常以“不喜欢这份工作”为理由频频跳槽。他们没有分清哪些是自己喜欢的事情，哪些是自己虽然不喜欢但是应该做好的事情。有能力做好一件事后再换工作，有助于职业生涯的进步。

（4）依赖企业安排，等待上级提拔。职业生涯规划虽然是企业和个人双方都参与的事情，但最终的实现者是个人。因此，大学生不能将自己的未来交给别人来主宰。

（5）认为成功的关键在于运气。很多大学生坚信成功只是由于有好的机遇及命运，他们被动等待命运的安排，而不去主动地计划、经营和努力把握自己的生活。

三、职业生涯决策的原则

在职业选择之前，全面地考虑影响决策的因素是进行科学决策的前提。在决策时，学会正确处理以下几方面的问题是十分重要的。

（1）处理好个人职业心理特性的冲突。通常，个人在进行职业选择时，往往会面临两种主要的冲突：一是能力与职业兴趣和价值观的冲突，即有感兴趣的职业，但能力较低甚至不具备能力，如想从事音乐创作，但缺乏乐感，音乐基础较差，这时应以能力为基础来选择；二是性格和气质与职业兴趣和价值观的冲突，如果这种冲突出现，应以职业兴趣和价值观为重，因为性格和气质的可塑性相对于能力要强得多。

（2）确定外部的影响因素和力量。认识了自我和职业后，便可以确定一个相对适合的职业范围。经过进一步分析，可以找出可能的促进因素或冲突因素。在此基础上，进一步找到解决冲突的办法，这样就可以做最后的选择了。

（3）对不同选择的利弊得失进行分析。如何做决定，不同的人有不同的方式和方法。有的人没有面临冲突，按部就班地做决定；有的人靠直觉，草率地做决定；有的人寻求专家的帮助做决定……决策是否科学、合理，可以通过对选择的利弊得失分析判断。得失主要包括个人、家庭、亲友及社会各方面的得失。

为了更好地实现就业，在择业决策中必须遵循以下原则：

（1）实事求是原则。客观了解不同职业对就业者素质的要求，并对自己的职业素质状况做出客观评价。把两者结合起来，做出择业决策。

（2）满足客观动态需要原则。社会需要什么样的就业者是动态的，如前几年社会上紧缺财会人员，而现在则供大于求。只有按动态需要选择职业，才能更顺利地实现就业。

（3）扬长避短原则。即按自己的长处择业，以便在工作中发挥自己的特长。

（4）就低不就高原则。也就是先就业，后择业。

（5）综合评价职业条件原则。在选择职业时，对具体单位、职业岗位各方面的条件，如职业的劳动强度、劳动时间、工资报酬、福利待遇、单位距离远近等要综合考虑，不能要求每项条件都理想，只要主要条件符合预期，就可以考虑应聘。

四、职业生涯决策的要素

做出任何一个合理的职业生涯决策时，都要考虑和分析决策的目标、选择、结果、评价，它们被称为职业生涯决策的 4 大要素。

目标是指要达到的目的，这是职业生涯决策的根本所在；选择是指对达到目标的途径做出选择；结果是每一种选择的产物；评价是对各种结果的评估。

在进行职业生涯决策时，还要考虑以下几个问题以确保 4 个要素的合理性。

（1）我想要做什么：个人的价值取向、兴趣爱好等。

（2）我能够做什么：自己的优势与劣势。

（3）我可以做什么：环境中的挑战与机遇。

（4）我应该做什么：社会价值、家庭期望、个人期望等。

职业生涯决策的思考框架如图 4-2 所示。

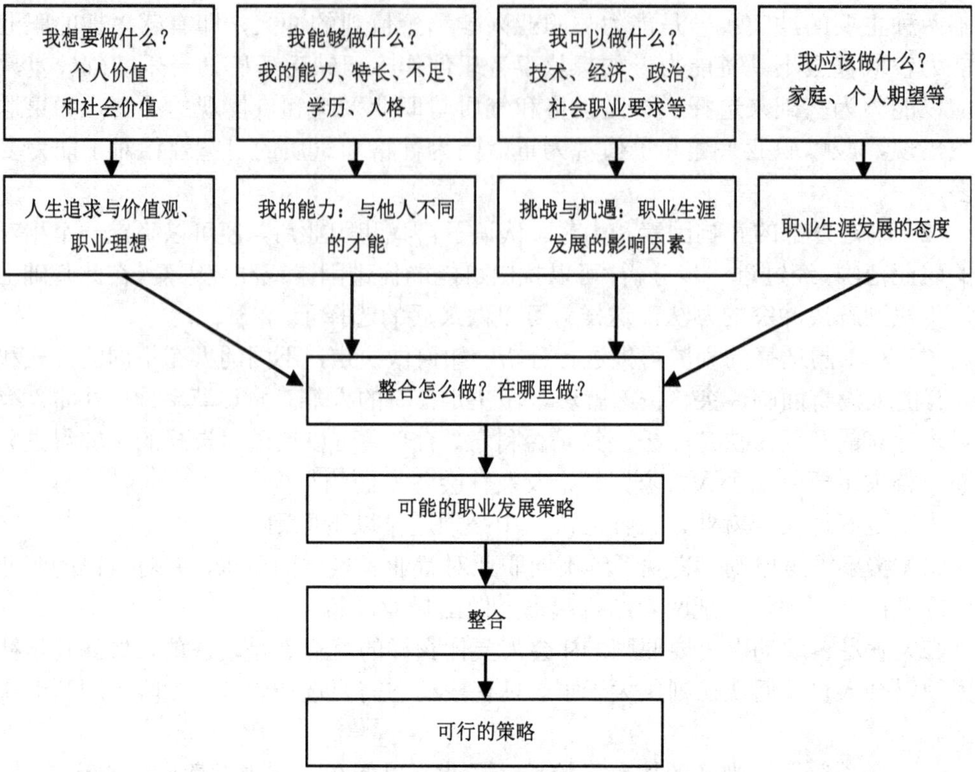

图 4-2　职业生涯决策的思考框架

五、应对职业生涯决策中的挑战

在就业竞争日益激烈的情况下，职业选择是一个严肃而复杂的问题。有时候职业理想和现实之间的冲突比较明显，所以职业选择很困难。具有多种潜能的人往往有较多的职业选择，反而难于决断，更有一些人因找不到个人的职业兴趣，觉得干什么都差不多，在职业选择时表现得过于轻率。对上述职业生涯决策中的挑战，可以通过多种方法进行调节和改善。

（一）计划型决策——CASVE 循环

CASVE 循环体现了决策过程最大的一个特点，即职业生涯决策是一个持续不断的过程，不是一个事件，而是整个事件的循环往复。

CASVE 循环包括 5 个阶段：沟通（communication）—分析（analysis）—综合（synthesis）—评估（evaluation）—执行（execution），如图 4-3 所示。

1. 沟通

这是一个已经意识到要做出选择的阶段。在这个阶段，大学生已经收集到大量的个人信息和职业信息，感觉到了理想与现实之间存在差距。

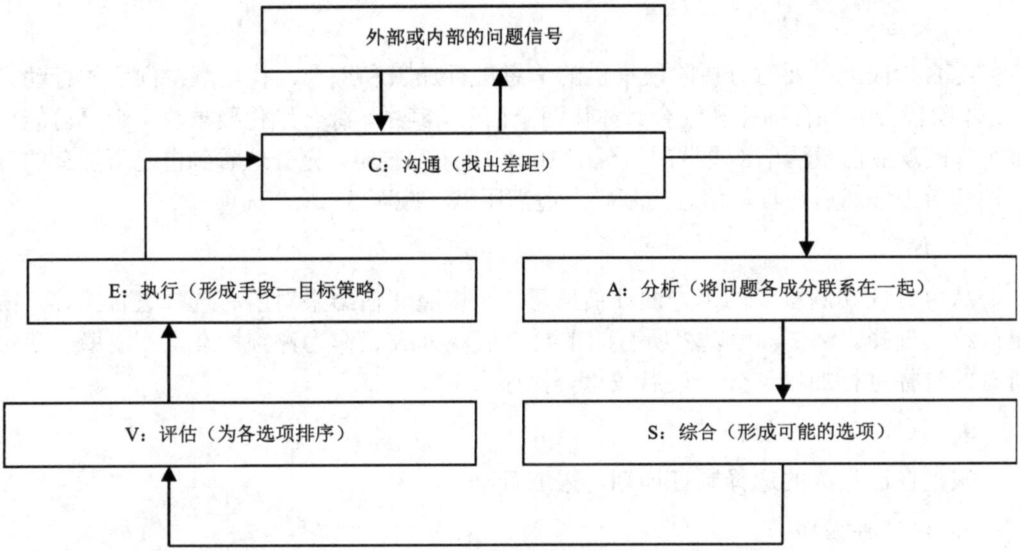

图 4-3　CASVE 循环

沟通包括内部沟通和外部沟通两部分：内部沟通是自己对自身的情绪信号（不满、厌烦、焦虑和失望等）和身体信号（昏昏欲睡、头痛、胃部疾病等）所做出的反应；外部沟通是自己对学校、家庭和社会等外部信息（如父母对自己将来打算的询问、各种招聘单位对自己专业的需求程度等）所做出的反应。

2. 分析

在沟通阶段，大学生体验到的往往是压力和痛苦。此时如果不认真分析问题或差距，冲动、盲目行事，职业生涯规划就会是低效率的，甚至可能导致问题的恶化或差距的增大。

因此，在这个时候应该花费一些时间去思考、观察和研究，充分了解问题或差距，给自己提出以下一些问题：

（1）如果要解决这个问题，应该了解自己的哪个方面、了解环境的哪个方面？

（2）我要做些什么才能解决这个问题？

（3）为什么我有这样的感受？

（4）我的家人、朋友、同学、师长如何看待我的选择过程？

（5）做出选择的压力从何而来？

接下来，要对这些问题进行分析，从而了解自己和自己的各种选择；了解如何把自我知识（个性因素）与各种选择（职业因素）联系起来，即实现人职匹配；了解自己做出重要决策的方法。这一阶段需要自我对话和自我觉察。大学生应该问问自己：我进行职业生涯决策时，持何种态度？我是如何考虑的？通过分析，可以找出自己职业生涯决策过程中差距的根源和成因。

3. 综合

综合阶段就是要对分析阶段提供的信息进行加工和综合，找出解决问题的行动方案。本阶段分为综合细化和综合具体化两个部分。其中，综合细化要求决策者尽可能扩展个人的职业前景清单（通常列出至少 10 个），拓宽视野，充分地看到自己所拥有的可能性和潜力，然后在收集信息的基础上适当压缩（减至 3～5 个选项）。

4. 评估

从可行性和满意度两个方面评估信息，并按照评估结果对所有选择进行排序，得出最终的选择。例如，可以将所有的重要价值观列成表作为评判标准，并按每一项对所有的选择进行加权计分，最后按总分排序。

5. 执行

根据自己最终的选择制订计划，采取行动。

6. 沟通再循环

CASVE 循环是一个自身不断循环的过程。经过执行阶段之后，个体又回到沟通阶段，以确定自己的选择是否是最好的——理想与现实之间的差距是否已经消除。这时候，要回答以下一些问题。

（1）事情是否已经发生了改变？

（2）我的朋友和亲戚对我的选择有何反应？

（3）我现在感觉怎么样？

（4）我是否回避了某些应该做的事情？

如果原先在沟通阶段体验到的消极情绪转化为积极情绪了，那么证明 CASVE 循环的问题解决过程是成功的。本阶段是了解自己是否做了一个良好选择的阶段。

（二）SWOT 分析法

SWOT 分析法又称为态势分析法，是一种能够较客观而准确地分析和研究一个企业现实情况的方法，SWOT 因其良好的分析模式而被广泛用于个人分析中。

在确定生涯目标时，一要考虑内部个人因素，二要考虑外部环境因素。SWOT 分析法是一种有效的自我诊断方法，可以帮助你分析个人的优点和弱点在哪里，并且教你评估自己感兴趣的不同职业道路蕴含的机会和威胁有哪些。SWOT 中，S 代表 strength（优势），W 代表 weakness（劣势），O 代表 opportunity（机会），T 代表 threat（威胁）。其中，S 和 W 是内部因素，O 和 T 是外部因素。从整体上看，SWOT 可以分为两部分：上半部分为 SW，主要用来分析内部条件；下半部分为 OT，主要用来分析外部条件。利用这种方法可以找出对自己有利的、值得发扬的因素，以及对自己不利的、要避开的东西，发现存在的问题，找出解决办法，并明确以后的职业发展方向。

职业生涯决策的 SWOT 分析模型如表 4-1 所示。

表4-1 职业生涯决策的SWOT分析模型

SWOT 分析法		
内部个人因素	优势/优点（strength）：你可以控制并利用的内在积极因素 ● 什么是我最优秀的品质 ● 我曾经学习了什么 ● 我曾经做过什么 ● 最成功的是什么 ……	劣势/缺点（weakness）：你可以控制并努力改善的内在消极因素 ● 我的性格有什么弱点 ● 经验上还有哪些不足 ● 最失败的是什么 ……
外部环境因素	发展机会（opportunity）：你不可以控制，但可以利用的外部积极因素 ● 社会环境对你的发展目标的支持 ● 地理位置优越 ● 专业发展带来的机会 ● 就业机会增加 ……	阻碍/威胁（threat）：你不可以控制，但可以弱化的外部消极因素 ● 名校毕业的竞争者 ● 同专业的大学生带来的竞争 ……
自己真实的卖点：		
总体鉴定：（评估你确定的生涯发展目标）		

进行 SWOT 分析时，要对个人的优势和劣势有客观的认识，不要过分夸大自己的优势，也不要过于自卑，把自己看得一无是处，而应客观全面；同时要区分个人的现状与前景。进行 SWOT 分析时，还要简洁化，避免复杂化与过度分析。

案例

小俊的 SWOT 分析情况

姓名：小俊。

性别：男。

基本情况：某高校大三学生，在校期间学习了人力资源管理等方面的相关理论知识，性格开朗、勤奋好学、吃苦耐劳，敢于面对挑战并喜欢从事有挑战性的工作。

短期生涯目标：大学毕业后成为人事助理。

小俊的 SWOT 分析情况如表 4-2 所示。

表4-2 小俊的SWOT分析情况

SWOT 分析法		
内部个人因素	优势/优点（strength）： ● 做事比较认真、踏实，有浓厚的学习兴趣和一定的实力，尤其在人力资源管理方面有着浓厚的兴趣 ● 生活态度乐观、积极，善于发现事物或环境乐观、积极的一面 ● 富有责任心和耐心，且喜欢做相关的工作	劣势/缺点（weakness）： ● 性格偏内向，在管理工作中具有先天的劣势 ● 做事不够细致，有时考虑问题不全面

（续表）

SWOT 分析法		
内部个人因素	● 办公软件运用能力强，业余加强办公自动化训练 ● 英语书面表达能力强，有一定的口语表达能力 ● 对社会现象有自己的思考，有一定的分析能力 ● 有一定的书面表达能力，逻辑思维性和条理性较强	● 做事不够果断，尤其做决定的时候老是犹豫不决 ● 做事有时拖拉，不够雷厉风行 ● 工作、学习有些保守，冒险精神不够，创新能力有待提高
外部环境因素	发展机会（opportunity）： ● 外企提供了广阔的发展机会 ● 在学校里有构建良好人际关系的条件 ● 就专业知识方面来说，人力资源管理的发展已经是大势所趋，这方面的人才需求正随我国经济高速发展而不断扩大 ● 有亲戚从事人力资源工作	阻碍/威胁（threat）： ● 距离毕业还有一年的时间，各种准备相当不充分，相比于其他重点大学的学生来说，自身实力不够突出 ● 用人单位对员工个人素质的要求不断提高，特别是对英语水平的要求有所提高，不能只满足于听、写，口语表达能力也至关重要 ● 用人单位更需要有经验的人才，个人经验不足
自己真实的卖点：对人力资源管理方面有着浓厚的兴趣；办公软件应用能力强；英语口语表达能力较强		
总体鉴定：通过上述分析，可以看出小俊从事人力资源管理工作的优势和机会大于劣势和威胁，具有专业优势、个性优势、能力优势、发展条件优势等。建议他在今后的一年中寻找相关实习机会，为就业做好准备		

（改编自校园案例）

（三）平衡单法

在进行职业选择时，有时会碰到在两个甚至两个以上不同职业方案之间进行选择的问题。此时，如果能进行直观量化，可能会使你对自己的职业生涯目标看得更加清晰。职业决策平衡单法可以通过打分的方式，量化各项职业选择，帮助你进行职业生涯决策。职业决策平衡单法的操作步骤如下。

（1）确定你的职业方案。可以从以下两方面考虑。

① 自我部分（精神与物质）。本部分可以分为两方面：一是自我精神部分，包括自己的能力、兴趣、价值观、心理需求（自尊、自我实现）、生活方式的改变、成就感、自我实现的程度、兴趣的满足、挑战性、社会声望的提高、个人才能的发挥等；二是自我物质部分，包括升迁机会、社会地位、工作环境、工作发展前景、工作内容、休闲时间、生活变化、对健康的影响、足够的社会资源、能提供的培训机会及就业机会等。

② 外在部分（精神与物质）。本部分也可以分为两方面：一是外在精神部分，包括父母、师长、家人的支持等；二是外在物质部分，包括家庭经济收入、择偶及建立

家庭、与家人相处的时间、家庭地位等。

（2）利用职业决策平衡单进行职业生涯决策。具体方法如下。

① 列出你的 3 个职业发展方向，分别填入表 4-3 的“职业方案”栏中。

② 在“职业决策时考虑的因素”栏中，填入你所考虑的因素。

③ 根据你对各个因素重要性的判断，分别赋予它们权数，填入“重要性的权数（1～5）”栏中。

表4-3　职业决策平衡单

职业决策时考虑的因素		重要性的权数（1～5）	第一职业方案（　　）		第二职业方案（　　）		第三职业方案（　　）	
			得（＋）	失（－）	得（＋）	失（－）	得（＋）	失（－）
自我精神方面得失								
自我物质方面得失								
外在精神方面得失								
外在物质方面得失								
加权后合计								
加权后得失差数								

④ 打分。根据“职业决策时考虑的因素”给每个职业方案打分，每个方案的得分或失分，可根据该方案具有的优势（得分）、劣势（失分）确定，计分范围为 1～10 分。

⑤ 计分方法。将每一项的得分或失分乘上权数，得到加权后的得分和失分，并

分别计算出总和（“加权后合计”）；再计算“加权后得失差数”，并据此做出最终决定。分值越大，该职业方案越适合你。

在职业生涯决策过程中，你遇到的问题常常是多种多样、交错混杂的，但其中有的是具有长远性、决定性的主要矛盾或迫在眉睫、必须马上决断的关键性问题，有的只是一般的、随主要矛盾的转移而变化的次要矛盾或缓和一下就有可能自行解决的问题。面对五花八门的职业世界、包罗万象的职业问题，你首先要确定职业生涯决策的重点内容。

案例

小璇的职业决策平衡单

小璇，女，2000 年出生，现为某高校计算机专业的学生。她性格外向，活泼开朗，爱与人交往，口头表达能力很强，组织能力强，是学生干部和社团的活跃分子。目前，她有 3 个职业方案：成为市场销售总监、成为对外汉语教师或从事与计算机专业相关的工作。以下是她的考虑。

1．成为市场销售总监

她希望用 10 年的时间实现此目标。她认为该职务符合自己的性格、兴趣需要。她在课余兼职中有一些销售的经历。她认为能很好地运用计算机作为辅助工具，也是帮助她成为市场销售总监的优势。

2．成为对外汉语教师

她认为这是一个新兴的职业，目前的市场潜力很大，符合自己爱与人交往的性格特点，也可以满足自己的职业兴趣需要。缺点是入行难度较高，需要相关资格证书。

3．从事与计算机专业相关的工作

她认为本专业毕业生目前的社会需求量大，职业机会最多，而且计算机毕竟是自己的专业，相比于前两个职业来说，入行难度会相对较小。但是她对计算机专业性、技术性的工作并不喜欢。

小璇的职业决策平衡单，如表 4-4 所示。

表4-4　小璇的职业决策平衡单

职业决策时考虑的因素		重要性的权数（1～5）	第一职业方案（市场销售总监）		第二职业方案（对外汉语教师）		第三职业方案（与计算机专业相关的工作）	
			得（＋）	失（－）	得（＋）	失（－）	得（＋）	失（－）
自我精神方面得失	1．符合自己的能力	4	8			6	7	
	2．符合自己的兴趣	5	9		8			8

（续表）

职业决策时考虑的因素		重要性的权数（1～5）	第一职业方案（市场销售总监）		第二职业方案（对外汉语教师）		第三职业方案（与计算机专业相关的工作）	
			得（＋）	失（－）	得（＋）	失（－）	得（＋）	失（－）
自我精神方面得失	3．符合自己的价值观	5	8		8		8	
	4．符合自己的个性	4	10		9			8
	5．未来有发展空间	5	10		10		6	
自我物质方面得失	1．较高的社会地位	3		3	8		6	
	2．符合自己对理想生活的预期	5	9		8			7
	3．符合个人的目前处境	4	8			8	8	
外在精神方面得失	1．带给家人声望	2	6		8		6	
	2．有利于择偶以组建家庭	4	7		9			5
外在物质方面得失	1．优厚的经济报酬	4	7		9		5	
	2．足够的社会资源	5	10		8			4
加权后合计			402	9	358	56	180	147
加权后得失差数			393		302		33	

在进行职业选择时，小璇最为看重的是：职业是否符合自己的兴趣、职业价值观，是否有发展空间，是否符合自己对理想生活的预期等。按照“加权后得失差数”分值高低排序，小璇3个职业方案的排列顺序是：市场销售总监>对外汉语教师>与计算机专业相关的工作。综合分析后，小璇发现成为市场销售总监较为符合她的职业生涯目标。

（改编自校园案例）

第三节　职业生涯设计

一、职业生涯设计的主要内容

职业生涯设计是职业生涯规划的主体部分，包括职业目标和路径的确定、行动计划的制订、动态反馈调整、备选职业生涯规划方案和生涯准备策略等内容。职业生涯设计是做好职业生涯准备、进行职业生涯管理和职业生涯发展的行动纲领。

（一）职业目标和路径的确定

职业目标包括短期、中期、长期和人生目标。确定时必须注意目标之间的统一性和协调性，必须在突出挑战性的同时，防止过度脆弱性导致恶性连锁效应，造成人生目标的“多米诺骨牌”坍塌。

任何好的职业目标和职业规划，必须有明确的路径规划和具体的措施保证，否则只可能是“空中楼阁”。

（二）行动计划的制订

行动计划包括短期、中期和长期计划。它对职业目标的时间阶段进行了划分，也对目标任务进行了具体分解，其时效性更强。

（三）动态反馈调整

职业生涯规划仅仅是对现有因素的判断，对未来的预测安排。在具体实施过程中，肯定会遇到无法预见的阻力或助力，有可能延缓或加速。因此，建立一个动态评估、及时反馈和相继调整的系统是十分必要的。

（四）备选职业生涯规划方案

世界上不存在具有唯一性的职业生涯规划书，职业生涯发展的成败也不完全取决于职业生涯规划书的优劣。由于主客观因素的变化及各种不可预测因素的影响，一个人的职业生涯发展往往不会一帆风顺、一成不变。古人云：“失之东隅，收之桑榆。”大学生拟订一份备选的职业生涯规划方案来主动把握人生，适应千变万化的职场世界是十分必要的。

（五）生涯准备策略

通常，职业生涯规划书是指即将步入职场的人所做的规划。在校大学生在学习期间应将完成学业作为生涯准备的重要部分，纳入整个职业生涯规划当中，并重视生涯准备策略。

二、职业生涯设计的实施步骤

（一）自我评估，明确职业生涯方向

自我评估是对自己做出全面的分析，主要包括对个人的需求、能力、兴趣、性格、气质等的分析，以确定什么样的职业比较适合自己和自己具备哪些能力，找出自己的专业特长和兴趣，这是职业生涯设计的第一步。在这个环节中，大学生常常要使用心理测验量表，以帮助明确自己的职业和岗位兴趣，明确自己喜欢在怎样的环境中工作。

（1）明确自身的优势。明确自己的能力大小、优势和劣势，彻底解决“我能干什么”的问题。明确自己学习了什么，促使自己尽最大努力学好专业课程，并将知识转化为自己的智慧。明确自己曾经做过什么，利用已有的人生经历和体验选择职业方向。明确自己最成功的是什么，分析是如何成功的，是偶然的还是必然的，发现自我优越的一面，形成职业规划的有力支撑。

（2）了解自己性格的弱点和自己的其他不足，尽量减少它们对自己的影响。多与自己相熟的人交谈，找出偏差，有助于自我提高。了解经验的欠缺，要善于从经验中学习。

案例

杨澜：人生需要规划

第一次转型：央视节目主持人；

第二次转型：美国留学生；

第三次转型：凤凰卫视主持人；

第四次转型：阳光卫视的当家人；

第五次转型：重回电视圈。

杨澜大学毕业后进入中央电视台，主持《正大综艺》节目；后赴美留学，获得哥伦比亚大学国际传媒专业硕士学位；回国后加入凤凰卫视，做名人访谈节目《杨澜工作室》；2000 年 3 月，成立阳光文化网络电视有限公司并出任主席；2006 年底，正式宣布重回电视圈。回归之后，她又相继和东方卫视、凤凰卫视、湖南卫视合作，主持了《杨澜视线》《杨澜访谈录》《天下女人》等节目。

有人说，杨澜是这个转型时代的一个符号，是一个有“大智慧”的“小女人”，是职业女性的典范。杨澜说：“在各种角色不断转换的过程中，我就是想看看自己到底能飞多高。做好主持人，就想做好制片人，做好制片人，就想做传媒公司。”在职业发展中，存在飞多高和飞多远两个维度：飞多远是基础，是你的能力和兴趣所决定的，飞多高则往往是个人努力和客观环境综合作用的结果，尤其是外界环境作用的结果。杨澜的职业生涯规划是建立在她自身所处的职业环境基础上的，是针对未来职业发展方向做出的。杨澜的故事告诉我们，要想获得职业发展，必须要先认识自己，认识自己的能力和兴趣与外界环境作用的关系，力争主导环境，而不是被环境所主导。

（改编自 https://www.yjbys.com/qiuzhizhinan/show-170975.html）

（二）职业环境评估，发掘职业生涯机会

环境是个体成长与发展的条件。职业环境评估主要是评估各种环境因素对自己职业生涯发展的影响，确定自己是否适应组织环境、社会环境的变化及怎样来调整自己以适应组织和社会的需要。收集相关职业信息，鉴别出最符合自己兴趣、价值观和个

性特征的，同时也是自己力所能及的职业。

（1）组织环境分析。关于职业发展有一句名言：“你选择了一个组织，就是选择了一种生活。”现代组织越来越强调组织文化的建设，详细了解自己将寄身其中的组织的各个方面，才是个人融入组织的最佳选择。对组织的了解包括组织特色、经营战略、人力评估、工作分析和人力资源管理 5 个方面。

（2）社会环境分析。社会在不断变革、不断进步，即将走向社会的大学生们，应该善于把握社会发展的脉搏，分析当前社会政治、经济发展趋势；社会热点职业门类分布及需求状况；所学专业在社会上的需求形势；自己所选择职业在目前与未来社会中的地位；自己所选择的单位在未来行业发展中的变化情况等，从而使自己的职业选择紧跟时代脚步。

在进行个人职业生涯规划时，要分析环境条件的特点，环境的发展变化情况，自己与环境的关系，自己在这个环境中的地位，环境对自己提出的要求及环境对自己有利和不利的条件等，这样才能做到在复杂的环境中趋利避害，使职业生涯规划具有实际意义。例如，通过对社会环境的分析，评估自己有哪些长期的发展机会；通过对组织环境的分析，评估有哪些短期的发展机会；通过对职业生涯机会的评估，确定职业和职业发展目标。

（三）确定职业目标，分解职业生涯任务

职业目标的确定，是职业生涯规划的核心。一个人事业的成败，很大程度上取决于有无适当的目标。据统计，在选错职业的人中，有 80%的人在事业上是失败者。由此可见，选择职业目标是至关重要的。

案例

出租车的故事

一位乘客坐在出租车上，看到旁边一辆空出租车违规撞车了，就抱怨说：“空车没有载客，还跑那么快，跟抢命似的。”

正在驾驶的司机看了他一眼说：“其实我们司机都说，空车才容易出事！空车的驾驶员因为急于找客人，总是东瞅西看，不能安心开车。而我们有了客人，虽然速度比较快，但是心里踏实，奔着目的地开就是了。”

（改编自 https://wenku.baidu.com/view/1fb3f703747f5acfa1c7aa00b52acfc789eb9fa2.html）

无论做什么事情，都要先明确目标。

确定目标就是明确自己想成为一个什么样的人，这样才知道该如何去做，以及如何在实施的过程中及时调整，让自己更靠近成功。职业目标包括人生目标、长期目标、中期目标与短期目标。一般情况下，我们首先要根据个人的专业、性格、气质和价值观及社会的发展趋势确定自己的人生目标和长期目标，然后再把人生目标和长期目标

加以分解，根据个人的经历和所处的组织环境确定相应的中期目标和短期目标。

确定目标时要注意以下问题：

（1）目标应该与自己的信仰一致，与组织目标协调。

（2）目标应该明确具体，数量不可太多。目标应该是可以测量的，要有定量数据，如数量、质量及时间等。

（3）挑战性与现实性相结合，既要心存高远，又要脚踏实地。

（4）长期目标与短期目标相结合。人生的每一个发展阶段都是连贯衔接的，大学生各个阶段的具体规划与人生的总体规划一致，才不会浪费各个发展阶段的人力资本积累。

（5）职业目标与家庭目标、健康状况结合。家庭幸福、身体健康是事业成功的保证。

（6）展望自己的目标并奖励自己。奖励自己，也就是鼓舞自己，可以帮助克服诸如拖延之类的缺点。可以预先设想完成目标后奖励自己的办法，如一天假期或一次聚会。

（7）应该把目标写出来。这是一种做出承诺的象征，它可以刺激大脑，对大脑具有巨大的潜在影响。

（8）确定职业目标，并不是说目标就是一成不变的，它还要经过多次调整才能明确。

（四）选择发展道路，确定行动方案

在确定了职业目标后，就要确定相应的行动方案，以便把目标转化成具体的行动和措施。行动是更为关键的环节。行动方案一般包括选择职业、选择职业生涯发展路线和制订相应的教育及培训计划。

职业选择正确与否，直接关系到人生事业的成败。在选择职业时，应考虑：性格与职业所需特质的匹配，兴趣与职业内容的匹配，特长与职业所需能力的匹配，以及价值观与职业报酬率的匹配。

选择职业生涯发展路线，是指在确定职业后就要计划职业发展的大致路线。一般来说，选择职业生涯发展路线时要考虑3个问题：一是我想发展哪一条路线，二是我能发展哪一条路线，三是我可以往哪一条路线发展。只有经过综合分析，才能确定最好的职业生涯发展路线。发展路线不同，对职业发展的要求也不相同。因此，在职业生涯规划中必须先做出选择，以使自己的学习、工作及各种行动能够沿着预定的职业生涯发展路线或方向前进。对于大学生来说，比较顺利的、典型的职业生涯发展路线图是一个“V”形图，如图4-4所示，此图提供了两种职业发展途径。

知识是知识经济时代的生产要素，只有具备丰富、广博的知识和较强的学习能力，才能在从事的各项工作中做到胸有成竹、游刃有余，才能更有利于职业目标的实现。现在很多下岗人员再就业困难，不仅是因为知识技能陈旧，更主要的是因为缺乏学习能力。因此，大学生应该利用有利条件和有利时机，扎实地学习基础知识，同时特别重视学习能力的提高。

选择合适的培训渠道和方法，是提高能力水平的根本。大学生应通过不同的角色扮演和横向锻炼，全方位地开发自己的个人潜力，从而使工作的范围更广泛和类型更多样化。

65 岁	65 岁
（局长）55 岁	55 岁（院士）
（副局长）46 岁	46 岁（正高级职称）
（处长）41 岁	36 岁（副高级职称）
（副处长）36 岁	31 岁（中级职称）
（正科级）31 岁	26 岁（初级职称）
（副科级）26 岁	

22 岁开始职业生涯

图 4-4　职业生涯发展路线图

（五）评估与反馈，及时修正职业生涯目标

在实施职业生涯规划的过程中，经常自觉地总结经验和教训，评估职业生涯规划，并通过反馈与修正，消除最终职业目标与分阶段职业目标的偏差，这是保证职业生涯规划行之有效的重要环节。

影响职业生涯规划的因素有很多，有的变化因素是可以预测的，而有的变化因素难以预测。所谓计划赶不上变化，经过一段时间的工作后，就应该有意识地对职业生涯规划进行评估，并做出相应的调整，以便更好地符合自身发展和社会发展的需要。修正的内容包括：职业的重新选择，职业生涯发展路线的重新选择，人生目标的修订、实施措施与计划的变化等。

三、职业生涯规划中的常见问题及对策

（一）职业生涯规划中的常见问题

1. 大学生存在职业认知障碍

大学生的职业期望普遍偏高，理想与现实存在一定差距。大多数人不愿到基层从事一般工作，而是希望从事高起点、高回报的工作，这与当前大学生所面临的就业市场中理想工作“僧多粥少”的客观事实很不吻合。

大学生又缺乏实践经验，在求职过程中往往把一切挫折归因于外部社会因素，缺乏对自己、对他人、对事物的客观而全面的分析。

2. 大学生存在职业情绪障碍

很多大学生在求职过程中，稍微遇到挫折和失败，就容易心态失衡，表现出明显的消极情绪，如情绪低落、忧郁、沮丧、愤怒，甚至于大声喊叫，以宣泄内心的压抑情绪。调查结果表明，与男生相比，女生表现出更明显的心理脆弱性、情绪的不稳定性、情感的起伏变化性等特征。

3. 大学生存在职业行为障碍

当代大学生暴露出一种令人担忧的价值和行为趋向——害怕吃苦、追求安定舒适的生活、讲究物质享受。工作的外部环境条件是制约学生职业行为趋向的重要因素。大学生努力取得好成绩和工作成就的动机，与其个人的理想、成就目标级别高低有关，更与其周围人对自己的支持、鼓励及期望程度密切相关。研究发现，大学生在求职理想、职业发展目标方面普遍希望当管理人员。男、女性别不同，成就动机水平也有差别，男生更有兴趣发展与事业有关的工作和活动，而女生则更有兴趣发展与情感、家庭生活有关的活动。但是，他们都反映出一种普遍趋势：其成就动机水平偏高，与客观实际有一定距离。择业以个人利益为先，凸显职业行为利己倾向。其生活目标是注重追求一种比较安逸的、舒适的、稳定的生活方式。希望有一个宽松的工作环境，能够充分发挥个人的各种潜能，获得较高的报酬，并能够满足个人需要，这是大学生变换职业时首先考虑的基本条件，而国家和集体的利益与需要则是其次考虑的因素。同时，由于中国处在社会转型时期，商品经济的物质观已广泛渗透于人们的思想和价值观中，经济收入高低、生活安定舒适与否都已构成当代大学生职业价值观的重要组成部分。至于专业是否对口、能否服从国家和集体利益等都变成第二位的因素。

（二）职业生涯规划中常见问题的对策

大学生价值观的变化是整个社会观念变化中最敏感、最活跃、最超前的部分。由于这种变化来得太快，我们对这种变化掌握得不够及时和深刻，使得以往的高等教育在不同程度上脱离大学生思想的实际状况。因此，要对大学生职业价值观进行有的放矢的教育和引导，就应该认真研究大学生的价值观，以充分调动大学生的积极性和创造性为宗旨，尊重大学生的特点，切合实际，在此基础上努力做好以下几点工作。

1. 改变职业价值观，提高心理认知水平

职业价值观是个体人生价值观的重要成分，与个体的世界观、道德意识及心理认知水平相互影响、相互制约。大学生择业中反映出的自卑心理、功利心理、追求享受心理、个人主义、利己倾向等在一定程度上影响了他们的职业发展，错误的职业价值观约束了个体认知水平的提高。

我们要加强职业价值观和思想道德教育，引导学生正确处理国家、集体和个人的利益关系，把个人职业发展与社会要求有机结合起来，树立自尊、自强、自立、自爱意识，发扬艰苦创业精神，在正确的职业价值观指导下促进大学生心智能力的发展，在现代化经济建设中充分发挥其聪明才干。提高大学生心理认知能力就是要发展其观察力、注意力、语言表达能力、记忆力、思维力和想象力，提高心智水平和辨别是非美丑的能力。通过职业训练和工作岗位实践，训练他们逐渐形成敏锐而细腻的观察力、稳定而持久的注意力、清晰而准确的语言表达能力、精确而长久的记忆力、复杂而抽象的逻辑思维能力、广泛而丰富的想象能力等，以促进他们智力因素的发展，充分发挥大学生的智力优势，帮助他们增强自信心，适应现代社会发展要求。

2. 运用心理疗法，减少焦虑情绪

个体的情感和情绪是伴随认知过程而产生的内心感受和态度体验，情感和情绪是个体职业行为的动力系统。个体如果长期处于焦虑状态，必然制约其行为方式，影响职业行为效果。我们要及时针对大学生在就业过程中存在的焦虑情绪实施心理辅导，运用心理学有关方法，降低焦虑程度，恢复情绪平衡。在此调整过程中，可运用以下几种方法。

(1) 支持性心理辅助。焦虑情绪产生的主要原因在于对就业的可能性、职业发展的稳定性和理想化问题过于担心，对将要发生的事情过于担忧。因此，可以从认识上帮助学生分析自己的能力特点和个性优势，寻找适合自己的工作岗位；从情感上提供支持和鼓励，减少或消除他们的担忧，增强自信心和勇气。

(2) 认知性心理调整。大学生的社会生活经历较少，对社会现实的认识并不全面或成熟，尤其对某些与自己密切相关事件的认识和分析往往较极端，过于关注对己不利的方面，也容易低估自己的应对能力。我们要引导大学生客观认识面临的问题，全面分析自己周围和社会环境中的资源，既要看到事物的不利方面，也要充分认识有利方面。大学生的个体认识提高了，就会调整消极情绪。

(3) 行为性心理放松。这是一种应用较广泛的心理调整法，是利用身心互相影响、互相作用的原理，直接针对焦虑情绪而实施的。通常，利用情绪产生（或存在）的生理基础或行为表现来调整情绪，主要通过心理暗示、主观想象、肌肉放松等手段达到身体放松，从而缓解焦虑情绪的目的。

(4) 改变参照物，化压力为动力。要鼓励大学生知足者常乐，不盲目与他人比较，不嫉妒他人或自怨自艾，而是要脚踏实地，用行动证明自己、超越自己。

3. 更新职业行为模式，建立完善职业培训机制，实施职业生涯教育

要尽快建立一套科学、有效的职业培训机制，实施职业生涯教育，强调终身教育。要强化对学生的职前培训、职中培训等职业技能培训，建立科学的能力评价标准与人才评估体系，不仅要重视学生的理论与职业技术培训，而且要强调终身学习。

(1) 要让学生自觉学习马列主义、毛泽东思想、邓小平理论和“三个代表”重要思想、科学发展观、新时代中国特色社会主义思想，提高理论素质与思想水平，提高政治鉴别力和政治敏锐性。

(2) 高校在进行学历教育的同时，要逐步完善职业教育培训制度。充分利用青年

人智力发展的优势，加强大学生专业理论和技能的培训，鼓励申读硕士、博士学位，提高专业理论素养和实践能力。

（3）要重视大学生的职业生涯教育，加强对其职业生涯规划的辅导。每所院校都应指派专任教师指导毕业生根据自己的专业特色、能力特点和优势做好职业生涯规划。

（4）各高校应设立学生就业辅导中心，负责与社会各用人单位沟通，提供就业信息，拓宽就业渠道。

4. 建立心理咨询机构，引导学生提高心理承受力

心理咨询与心理治疗是运用心理学有关理论和知识帮助来访者解决各种心理问题，排遣各种负面情绪，调整心态、调适行为，恢复正常心理行为的一种专业技术和手段。很多大学生在求职过程中出现了各种心理障碍，若得不到及时辅导与调整，将会导致心理障碍与心理疾病，影响他们的身心健康。社会和学校都应设立相应的心理咨询机构，及时为大学生提供心理咨询服务，引导他们改变错误或存在偏差的认知观念，提高应对挫折的承受力，掌握自我防御机制，增强心理调整能力，提高生活质量。

四、职业生涯规划书的撰写

（一）职业生涯规划书的概念和意义

职业生涯规划书是指运用职业生涯规划的相关理论，在全面认识自身素质和职业志向的基础上，通过对未来职业生涯展望的描述确定职业发展的具体规划。职业生涯规划书既是一份职业生涯的可行性报告，又是一个实施职业生涯规划的行动指南。

职业生涯规划书的主要内容是职业目标实现的可能性和可行性论证。职业生涯规划是对个体理想职业的谋划。为了使这一理想的职业成为现实，职业生涯规划书中必须充分进行自我认知，立足于个人的性格、兴趣、特长和潜能，结合对社会环境的分析，说明理想职业实现的可能性和必要性。

一份客观、全面的职业生涯规划书，就是一部好的人生计划书，是人生的蓝图。有了这样一幅蓝图，就是有了航行的目标，从此人生之舟便可劈风斩浪，勇往直前。

案例

小何的职业生涯规划书

回首我走过的 20 年人生路，我得到了自己应该得到的，也得到了自己想要得到的。在这份自信与从容的背后，我要谢谢我的父亲、母亲和我的师长们，是他们在我还不谙世事的时候给了我很多指导，并为我规划好了早期的人生旅程。他们的前车之鉴，使我少走了很多弯路，节约了宝贵的时间；他们的无私奉献，为我的人生添加了成功的砝码。

站在 20 岁的门槛上，我发现自己长大了，今后的人生之路可能要由我独自行

走，当然，规划人生旅程的重担也从此落在了自己的肩上。我坚信“成功之秘诀乃目标之有恒”，相信一份好的职业生涯规划书是职业成功的前提与基础。

一、基本情况

姓名：小何

学校：×××学院

第一专业：行政管理

第二专业：法学

二、自我分析

社会角色：某高校学生

性格：幽默、随和、爱与人交往，有时热情奔放，有时极其安静

特长：钢琴（十级）、乐理（十级）、美术

爱好：文学、英语、摄影、旅游

优势：擅长文艺（9 岁登台表演，13 岁取得钢琴、乐理十级证书），文学功底扎实（热衷于用细腻的文辞滋润每一个人的心灵），兴趣爱好广泛，社会活动频繁（自初中起担任校合唱队伴奏，兼任一些高校的钢琴伴奏，参加各类国际、国内的演出与比赛）。比同龄人更早地接触社会，拥有更多不同层次的朋友。同时，眼界开阔，思维跳跃。另外，做事锲而不舍，凡事力求完美。

弱势：做事心浮气躁，考虑事情不周全；有时有些懒惰，太好强，有些急功近利；计算机操作能力很差；管理能力、组织能力都不强；缺乏团队精神。

三、他人评价

父母：天下没有不爱孩子的家长。作为家长，总希望孩子在今后的道路上走得舒坦些、顺利些。特别是一个女孩，没有必要从事高强度的体力工作。在我们眼里，工作稳定，工资尚可便可以了。所以说，结合小何的实际情况，从事音乐方面的工作可能会好些。

老师：工作积极，是老师的好帮手。小何的英语、中文都不错。但是考虑种种因素，我们认为翻译或者律师等职业更加适合她。当然，走音乐之路会是她最便捷的职业选择。

同学：小何是我们当中的“开心果”，平日她很爱说笑，也爱与不同的人交流。我们觉得她是比较适合做传媒工作的。当然，从事与音乐有关的职业对她而言也很不错。

四、职业取向

早年琴房与画室中的实习让我领略了艺术的魅力。我很热爱艺术，艺术也没有亏待我，她赋予了我很多人生宝贵的经历与经验。但是，我认为完整的人生应该能体验不同的生活。如果早早地将职业悬于“钢琴一线”，那样的生活未免过于单调。

（改编自校园案例）

（二）职业生涯规划书的基本内容

一份完整的职业生涯规划书，应当具备以下内容。

1. 个人情况

个人情况包括个人基本情况和个人经历。

个人基本情况主要包括姓名、性别、政治面貌、籍贯、出生年月、毕业学校及专业等。可以选择自己比较喜欢的一张照片或一句名人名言放在这一部分，也可以将撰写规划书的时间置于首页以提醒自己。

个人经历主要是个人的教育经历、工作（兼职）经历和培训经历，通过对这些经历的分析，可以了解向什么方向发展更有利。

2. 自我认知

自我认知的途径主要包括以下几个方面：

（1）自我评价。针对自身特点，主要是自己的性格、兴趣与能力（重点是特长）进行评价，主要目的是有针对性地进行自身优势和劣势的分析。

（2）社会关系评价。认真填写表4-5“社会关系评价表”。其中“自我评价感言”主要是针对社会关系评价的总体情况进行自我总结，可以对存在的偏差精心修改，并准确客观地陈述修正意见。

表4-5　社会关系评价表

评价人	优　点	缺　点	举例说明
家人评价			
老师评价			
亲密朋友评价			
同学评价			
其他社会关系评价			
自我评价感言			

（3）工具测评。工具测评可以通过网络和专门的软件进行，也可以借助各种测评表格进行。要说明的是，任何测评结果都无法体现个体独特的差异，建议最好在专业指导教师和专门培训辅导机构的指导下进行。

3. 职业认知

对于职业认知，要注意以下几点：

（1）职业外部环境分析。职业外部环境分析包括家庭环境分析、学校环境分析、社会环境分析和目标地域环境分析，分析哪些是有利因素，哪些是不利因素，哪些因素将阻碍职业生涯发展，哪些因素将为发展提供机遇。

（2）目标职业分析。目标职业分析包括目标职业名称、岗位说明、工作内容、任职资格、工作条件、就业和发展前景。职业选择分两种情况，一种情况是初次选择职业，可根据个人因素和环境因素的分析结果进行选择；另一种情况是已经在业，可将个人因素和环境因素的分析结果与自己所从事的职业进行一次比对，如果有必要，可重新选择职业。

（3）职业胜任力测评。可以通过部分企业为招聘员工专门设计的职业胜任力测评软件进行在线测评；也可以运用 SWOT 分析表格进行自我测评。通过详细分析自身存在的优势及其可利用价值、弱势及其弥补办法和对策，以及如何利用机会和如何排除面临的威胁 4 个方面的情况，得出一系列相应结论，为科学选择职业提供重要依据。

（4）职业认知小结。这是在分析和测试职业外部环境、职业目标及职业胜任力的基础上进行的职业生涯规划与发展助力和阻力的分析，是职业目标实现的坚实基础，也是职业生涯规划的核心部分。

4. 目标评估

目标评估主要是听取亲人、朋友、老师、同学及其他一些可能了解自己或可以帮助自己的人的意见，征询他们对自己职业生涯目标的建设性意见。

5. 目标与现实的差距分析

分析自己拟订的职业目标是否与组织经营战略、发展目标一致。如果有差异，考虑是否要与组织协商或自行修订目标。

6. 确定目标实现或成功的标准

很多人不敢轻言成功，而很多人却经常为自己取得的一些成绩沾沾自喜，好以成功者自居。因此，成功应该有一个标准，应该以一生的发展来诠释成功。在一定意义上说，成功的标准是用时间来验证的。

（三）职业生涯规划书的类型

职业生涯规划书通常采用文本型、表格型和档案型 3 种形式。

1. 文本型职业生涯规划书

文本型职业生涯规划书没有固定的形式，具有较大的创作空间，但必须做到以下两点：首先是要让自己信服，其次是有可操作性。通常，文本型职业生涯规划书的模板如下。

模版

职业生涯规划书

一、引言

二、自我分析

结合自我认识、他人对自己的评价和人才素质测评报告等分析方法，全方位、多角度地分析自我。

1. 职业兴趣——喜欢干什么

我的人才素质测评报告中，职业兴趣类型前三项是××型（×分）、××型（×分）和××型（×分）。我的具体情况是……

2. 职业能力——能够干什么

我的人才素质测评报告结果显示，××能力得分较高（×分），××能力得分较低（×分）。我的具体情况是……

3. 个人特质——适合干什么

我的人才素质测评报告结果显示，……我的具体情况是……

4. 职业价值观——最看重什么

我的人才素质测评报告结果显示，职业价值观前三项是××取向（×分）、××取向（×分）和××取向（×分）。我的具体情况是……

5. 胜任能力——优、劣势是什么

优、劣势分析如表4-6所示。

表4-6　优、劣势分析表

优　势	劣　势

自我分析小结：

现代社会，行业分工日趋细化，职场竞争日益激烈，要立足职场并不断发展，就要充分认识自己和发展自己。我将努力把自己的××职业兴趣、××职业能力、××职业价值观和××个人特质结合起来，使其成为一种人力资本和竞争优势，同时也要通过不断努力，尽可能弥补自己的素质“短板”，增强竞争实力。

三、职业分析

参考人才素质测评报告建议，并通过多种途径，对影响职业选择的相关外部环境进行较为系统的分析。

1. 家庭环境分析

家庭环境分析包括经济状况、家人期望、家族文化等，以及它们对本人的影响。

我出生在一个××的家庭，父母及其他家庭成员对我的期望是……我希望通过自己的努力将来为家庭做……达到……的目标。

2. 学校环境分析

学校环境分析包括学校特色、专业学习及实践经验等。

我现在就读的学校是一所……的学校，学校……的人才培养模式和……社会知名度可能会对我将来的就业产生……的影响；我所学的专业是……根据近年来经济社会发展的趋势和行业对毕业生的需求状况，我将来的就业方向在……有优势，与我的职业志向比较，我还要在……方面进一步加强。

3. 社会环境分析

社会环境分析包括就业形势、就业政策及竞争对手等。

我想从事的职业近年来的就业形势是……国家相关的政策有……就目前我做出的职业选择，直接的竞争对手还有具有……专业知识背景和……技能特长的人才；随着行业的发展，未来××年内，个人职业发展中的潜在竞争对手还有……我的策略是……

4. 职业环境分析

（1）行业分析（人职匹配分析），包括××行业现状及其发展趋势。

（2）地域分析（人城匹配分析），包括××工作城市的发展前景、文化特点、气候水土及人际关系等。

（3）企业分析（人企匹配分析），包括××单位类型、企业文化、发展前景、发展阶段、产品服务、员工素质及工作氛围等。

（4）职业分析（人岗匹配分析），包括××职业的工作内容、工作要求及发展前景。

职业分析小结：

通过上述分析，我认为自己的职业选择与家庭的期望是相符的，能够得到家庭的支持，为自己提供自信和自强的动力；与学校环境是相符的，我可以充分利用现有的学校条件、学习和实践资源，做好自己的职业准备；同时，我所选择职业的发展前景和职业环境都是有利于个人发展的，所以我要进行长远的规划。

四、职业定位

综合自我分析和职业分析的主要内容，进而得出本人职业定位的 SWOT 分析，如表 4-7 所示。

表4-7 SWOT分析表

内部个人因素	优势因素（S） ……	劣势因素（W） ……
外部环境因素	机会因素（O） ……	威胁因素（T） ……

其分析结论如表 4-8 所示。

表4-8 分析结论

职业目标	职业发展策略	职业发展路径	具体路径
将来从事（××行业的）××职业	进入××类型的组织（到××地区发展）	走专业技术路线或管理路线	××员—初级××—中级××—高级××

五、实施计划（可不用表格形式）

实施计划是整个职业生涯规划的重中之重，应力求详尽并具有可操作性，为实现第一个目标打下坚实的基础，如表 4-9 所示。

表4-9 实施计划表

计划名称	时间跨度	总目标	分目标	计划内容（参考）	策略与措施（参考）	备注
短期计划（大学计划）	××～××年	如大学毕业时要达到……	如大一要达到……大二要达到……或在××方面要达到……	如专业学习、职业技能培训、职业素质提升、职业实践计划等	如大一以适应大学生活为主，大二以专业学习和掌握职业技能为主……或为了实现××目标，我要……	大学生职业生涯准备的重点
中期计划（毕业后五年的计划）	××～××年	如毕业后第五年要达到……	如毕业后第一年要达到……第二年要达到……或在××方面要达到……	如职场适应、“三脉”（知脉、人脉、钱脉）积累、岗位转换及升迁等	……	职业生涯规划的重点
长期计划（毕业后十年或以上的计划）	××～××年	如退休要达到……	如毕业后第十年要达到……第二十年要达到……或在××方面要达到……	如事业发展，工作、生活关系，健康，心灵成长，子女教育，慈善等	……	方向性规划

例如，详细执行计划如下（以大学毕业生为例）。

本人现就读于某校×年级，为了能够更好地实施和实现职业生涯规划，我在大学中的生涯准备计划是……

六、评估调整

职业生涯规划是一个动态的过程，必须根据实践结果及诱因变化进行及时的评估与修正。

1. 评估的内容

（1）职业目标评估（是否要重新选择职业）：假如一直……，那么我将……

（2）职业路径评估（是否要调整发展方向）：当出现……的时候，我就……

（3）实施策略评估（是否要改变行动策略）：如果……，我就……

（4）其他因素评估（对身体、家庭、经济状况，以及机遇、意外情况的及时评估）。

2．评估的时间

一般情况下，要定期（半年或一年）评估规划；当出现特殊情况时，要随时评估并进行相应的调整。

3．规划调整的原则

有志者，事竟成。职业生涯规划对于我来说就是人生的一个规划。未经审查的人生没有意义，我将坚持××年，对照职业生涯规划评估自己的实施效果，通过不断总结，保证规划的最终实现。

七、结束语

天行健，君子以自强不息。职业生涯规划是我对人生蓝图的一个勾勒，它为我人生的奋斗点燃了一盏心灯。我用泰戈尔的诗句以自勉：

“如果你在黑暗中看不见脚下的路，就把你的肋骨拆下来，当作火把点燃，照着自己向前吧！”

2．表格型职业生涯规划书

表格型职业生涯规划书主要包括两部分，即表头和规划内容栏。其中，表头部分是规划人的基本信息，规划内容栏以呈现目标和实施要点为主，该内容不是固定不变的，可以根据个人情况进行调整，如表 4-10 所示。

表4-10　职业生涯规划表

<table>
<tr><td colspan="2">姓名</td><td></td><td>性别</td><td></td><td>年龄</td><td></td></tr>
<tr><td colspan="2">所在部门</td><td></td><td>政治面貌</td><td></td><td>婚姻状况</td><td></td></tr>
<tr><td colspan="2">职业选择</td><td colspan="3"></td><td>流动意向</td><td></td></tr>
<tr><td rowspan="3">个人经历</td><td>教育经历</td><td colspan="5"></td></tr>
<tr><td>工作经历</td><td colspan="5"></td></tr>
<tr><td>培训经历</td><td colspan="5"></td></tr>
<tr><td colspan="2">个人因素分析</td><td colspan="5"></td></tr>
<tr><td colspan="2">环境因素分析</td><td colspan="5"></td></tr>
<tr><td colspan="2" rowspan="3">职业生涯目标</td><td>人生目标</td><td colspan="4">岗位目标、职务（职称、技术等级）目标、收入目标、社会影响目标、重大成果目标、其他目标
简要文字说明：实现人生目标的战略要点</td></tr>
<tr><td>长期目标</td><td colspan="4">岗位目标、职务（职称、技术等级）目标、收入目标、社会影响目标、重大成果目标、其他目标
简要文字说明：实现长期目标的战略要点</td></tr>
<tr><td>中期目标</td><td colspan="4">岗位目标、职务（职称、技术等级）目标、收入目标、社会影响目标、重大成果目标、其他目标
简要文字说明：实现中期目标的战略要点</td></tr>
</table>

（续表）

职业生涯目标	短期目标	岗位目标、职务（职称、技术等级）目标、收入目标、社会影响目标、重大成果目标、其他目标 简要文字说明：实现短期目标的战略要点
短期规划与措施	任务及拟采取的措施、有利条件、主要障碍等，以及可能出现的意外和应急措施 年度目标及年度计划的细节通常另行安排，以保持规划的稳定性和可保存性	
中期规划与措施	同上	
长期规划与方案	同上	
人生规划与方案	同上	
所在部门主管审核意见		
人力资源部门审核意见		

3. 档案型职业生涯规划书

档案型职业生涯规划书由多个表格组成，是具有史料性质的职业生涯规划书。它可以把职业生涯规划的过程真实而详细地记录下来，内容包括曾经的职业理想、大学报考选择分析、性格认识、兴趣探索、优势技能分析、价值观澄清、专业与职业关系分析、职业分析与职业体验、咨询与总结、生涯选择与职业决策、职业发展规划（含大学职业生涯规划）等部分。档案型职业生涯规划书的任何一部分都可以根据内容而扩展，职业发展规划部分可以按学期确定。一份完整的档案型职业生涯规划书就是一个人成长的历程。

自我练习

参照样本撰写自己的职业生涯规划书

一、职业自我评价

职业自我评价内容，如表 4-11 所示。

表4-11 职业自我评价表

职业自我评价因素	职业自我评价内容	
1. 我是谁——职业个性	我的职业需求	
	我的职业兴趣	
	我的职业价值观	
	我的职业气质	
	我的职业性格	
	我的职业能力	
	我的职业倾向	

（续表）

职业自我评价因素	职业自我评价内容	
2. 我的优势		
3. 我的劣势	劣势	解决办法
4. 职业取向		

二、认识职场

根据自己已经确定的职业发展领域分析职场，如表 4-12 所示。

表4-12　职场分析表

职场分析因素	内　　容
社会环境	
就业环境	
组织环境	
素质要求	
职业路线选择	
职业目标确定	

三、职业生涯规划

（一）短期职业生涯规划

将在校的三年短期规划作为自己职业生涯总规划的开始篇，帮助自己走好第一步，为以后更长的人生路打下坚实的基础。

1. 在校期间总的目标规划

在校期间总的目标规划，如表 4-13 所示。

表4-13　在校期间总的目标规划表

总的目标规划项目	内　　容
思想政治与道德素质	
社会实践与志愿服务	
职业倾向与创新创业	
文体艺术、社团活动与身心发展	

（续表）

总的目标规划项目	内　容
职业技能培训	
学业目标	

2．三年阶段规划

1）一年级规划

大学一年级规划内容，如表 4-14 所示。

表4-14　一年级规划表

规划期	学期	生涯规划内容	重要实施项目	考评或自我考评		
				好	中	差
试探期	第一学期	初步了解自我，了解职业，特别是与所学专业对口的职业				
		积极参加各种活动，提高综合能力				
		注重品德修养，养成良好的行为习惯				
	第二学期	加深对专业与职业的认识，培养职业意识				
		明确英语学习目标，参加计算机等级考试，提高自学能力				
		参加选修课与社会实践，全面拓展个人素质				

2）二年级规划

大学二年级规划内容，如表 4-15 所示。

表4-15　二年级规划表

规划期	学期	生涯规划内容	重要实施项目	考评或自我考评		
				好	中	差
定向期	第三学期	确定就业或继续学习目标，了解相关政策与条件				
		加强职业技能培训，为参加技能考核做准备				
		参加社会实践，到与自己专业相关的单位见习				
	第四学期	体验不同层次的生活，培养自己的吃苦精神和社会责任感				
		尝试企业兼职，培养职业能力，提高自己的责任感、主动性和抗挫折能力				

（续表）

规划期	学期	生涯规划内容	重要实施项目	考评或自我考评		
				好	中	差
定向期	第四学期	增强英语口语能力，通过英语的相关证书考试，获取一两张相关的技能证书				
		调整知识结构，为走向社会打好基础				

3）三年级规划

大学三年级规划内容，如表 4-16 所示。

表4-16　三年级规划表

规划期	学期	生涯规划内容	重要实施项目	考评或自我考评		
				好	中	差
实践期	第五学期	走向社会，了解职场情况，确定职业目标				
		做好就业准备（知识、技能、心理、品质），锻炼自己独立解决问题的能力和社会交往能力				
		学习写简历、求职信，收集就业信息、提高就业技能				
		积极参加招聘活动，在实践中检验自己的积累和准备				
	第六学期	毕业实习，完成毕业设计和论文写作				
		寻找适合岗位，进行顶岗实习，积累实践经验，开始职业生涯				
		结合职业实践和职业发展理想，尽快适应工作环境及工作任务				

（二）未来人生职业生涯总规划

围绕可能的职业发展道路对未来做初步规划，如表 4-17 所示。

表4-17 未来人生职业生涯总规划表

生涯规划期	生涯规划内容
学业有成期（3 年）	充分利用校园环境及条件优势，认真学好专业知识，培养学习、工作、生活能力，全面提高个人综合素质，为就业做准备

（续表）

生涯规划期	生涯规划内容	
熟悉适应期（2～3 年）	经过不断的努力，初步找到适合自身发展的工作环境、岗位	学历、知识结构：提升自身学历层次，从专科走向本科 途径：参加进修、自学或函授考试等 专业技能：专业技能较熟练，达到助理工程师水平 途径：专业学习、培训，熟悉工作环境
		个人发展、人际关系：在这一时期，主要做好本岗位的基础工作，与同事友好相处，获得领导认同，打好基础，职位升迁暂不考虑 途径：加强沟通，虚心求教
		婚姻家庭：有缘分可顺其自然，不强求
		生活习惯、兴趣爱好：在适当交际的情况下，尽量形成较有规律的良好个人习惯，并参加体育活动，如跑步、打球等 途径：制作生活时间表以约束自己
稳步发展期（30 年）	在 30 年左右的时间里，努力奋斗，使自己在本单位、本岗位上业务精湛并小有成就	学历、知识结构：重点加强知识的更新，熟练掌握本专业领域的技术技能，成为技术权威，并具有较强的生产技术管理经验 途径：终身学习，关注本行业、本岗位的技术发展，不断超越自我
		个人发展、人际关系：成为单位的中流砥柱或中层领导，注意管理方法的学习总结，加强对年轻人的指导帮助，带动新一代快速成长
		婚姻家庭：注意处理好工作与家庭的关系，保证家庭和睦
		生活习惯、兴趣爱好：前些年养成的良好生活习惯，将成为现阶段宝贵的财富，注意继续保持
发挥余热期（5 年）	此时已退休，若体力、精力还不错，可继续参加业余工作，为社会尽自己的一份力量，同时也可充实自己的老年生活。注意劳逸结合，千万不得过分劳累，时间视具体情况而定。若有不适，就提前停止工作，进入颐养天年期	

第四节　职业生涯管理

大学生活结束以后，你就要正式走入职场了。在前方等待你的日子可能既会让你激动，也会让你沮丧。就像无数已在职场摸爬滚打多年的人士所警告的那样：工作可不像大学！不过，工作也会让你得到很多在学校得不到的成长机会。当然，你也会碰到大学从未教你如何应付的情况。

你在工作中可能遇到的问题包括人际关系、是否有胜任工作的能力、对个人的发展是否有信心、工作与生活的平衡等，这些都要你自己去适应。每个即将毕业的大学生都是带着很多知识和智慧迎接未来的，我们可以进一步思考：这些知识和智慧将如何帮助自己去适应新的环境、应对可能遇到的困难呢？

下面是给即将毕业大学生的一些建议，希望能够帮助他们管理好各自的职业生涯。

一、使用职业生涯规划档案

经过对自己职业兴趣、技能和性格的探索之后，你可以将所有的资料整理到职业生涯规划档案中。这个档案将帮助你系统地记录所有的探索资料，进一步确认、明确目标与行动。正如前文所述，职业生涯规划是一辈子的事情，所以完成了本书内容的学习后制作好自己的职业生涯规划档案，只是职业生涯探索的开始。认识自己是一件不容易的事情：一方面，你要在实践中不断思考；另一方面，环境在随时变化，所以你要至少一年回顾一次自己的职业生涯发展，看看这是不是你想要的人生。你应思考以下问题：如果继续这样的工作和生活，你的感受如何？如果做些改变可以获得更好的感觉，你是否考虑重新进行自我探索？目标和计划可以如何调整？你可以在职业生涯规划档案中记录这些变化，供你以后参考。

二、了解自己，运用已有的资源

一个人只有在自尊的基础上，才有可能做到为自己负责；为自己负责，才会对职业生涯进行探索、规划和管理。一个人只有自爱，才能真正地尊重他人，并与他人发展有意义的关系。这不仅是工作中人际关系的基础，而且是建立人际关系支持系统、获取和利用更多资源、寻求职业发展的基础。

就像“技能探索”部分所讲的那样：其实每个人都有很多资源，从小到大积累了各种各样的技能。我们要学会从以往的经历中寻找资源，将自己已有的技能迁移，运用到新的环境中。

三、做好开始前的准备

在开始工作前，应先花点时间分析面对眼前的工作自己有哪些弱点，看看什么地方可能妨碍你日后事业的成功。例如，你可能不太擅长在公众场合发表意见，也可能对公司从事的业务不太熟悉。那么，现在就是你做“家庭作业”、弥补这些欠缺的时候了。

你最好在开始工作前对自己将要去的工作单位做深入了解。你可以通过网络收集信息，也可以与你认识的人交谈。这些均有助于你熟悉情况，做必要的准备，更快地进入角色。

与前几届的毕业生交谈，也可以有所收获，因为他们刚刚经历了由学校到社会的转变。你可以了解他们在这一转变过程中，感到最困难的是什么，也可以让他们给你一些好的建议。

四、与上司和同事相处

在现代社会，人际交往能力已成为个人最重要的能力之一。但是，要注意区分你的私人生活和职业生活，不要将它们混淆在一起。避免卷入“办公室政治”，不要参与散布流言蜚语，对所有的同事都应当彬彬有礼。

如果你和同事发生争执，要学会以建设性的方式来解决。后退一步，考虑一下你在这件事中所扮演的角色，然后与对方私下会谈，寻求双方的共同之处和解决方法。

五、在最初的日子里取胜

入职的最初几天可能是最艰难的，有很多之前从未谋面的人要认识，大量的新信息要记住。这时，你要尽可能保持镇定。这几天你要格外地努力，向别人主动介绍自己，甚至邀请同事共进午餐。

上下班的时间也很重要。在办公室多花一些时间，不仅对迅速掌握新工作的任务和要求很有帮助，还能让你的上司和同事知道你是一个勤勉的人。

犯错误是不可避免的，领导们通常也不苛求新员工将一切事情做得十全十美。因此，当你出错时，不要灰心丧气。不过，你应该及时沟通，勇于认错，从错误中学习，保证以后再也不犯同样的错误。改变自己能改变的，接受自己不能改变的，最重要的是自己愿意成长和改变。

自我练习

我的职业生涯规划档案

一、你如何描述自己

1．你的霍兰德职业兴趣类型

请根据表 2-1“霍兰德职业兴趣类型”对 6 种类型的描述，在下面写出最能描述你自己的语句。

____

____

____

____

____

2．你的 MBTI 偏好类型

请根据对 MBTI 的解释和对 16 种性格类型的描述，在下面写出最能描述你自己的语句。

____

____

____

____

____

注意：你所写的语句应当至少在一定程度上展现你自己的兴趣和个性。如果在阅读完相关材料并做完测试后，你仍不能确定自己的类型，请与职业生涯咨询师约谈。

二、职业清单

1. 你的霍兰德职业兴趣类型所建议的职业

根据你的职业兴趣探索结果，列出至少 10 种与你的霍兰德职业兴趣类型相对应（或近似）的职业，并标出每种职业的霍兰德代码（3 个字母）。

（1）____

（2）____

（3）____

（4）____

（5）____

（6）____

（7）____

（8）____

（9）____

（10）____

（11）____

（12）____

（13）____

（14）____

（15）____

注意：请你同时参考你所做的其他职业兴趣探索练习，思考什么样的职业令你感兴趣。

2. 你的 MBTI 偏好类型所建议的职业

根据你的 MBTI 偏好类型，从相关测评或资料所列举的职业中挑出你感兴趣的职业，至少要有 10 种。

（1）____

（2）____

（3）____

（4）____

（5）____

（6）____

（7）____

（8）＿＿＿＿＿＿＿＿＿＿＿＿＿＿＿＿＿＿＿＿＿＿＿＿＿＿＿＿＿＿＿＿
（9）＿＿＿＿＿＿＿＿＿＿＿＿＿＿＿＿＿＿＿＿＿＿＿＿＿＿＿＿＿＿＿＿
（10）＿＿＿＿＿＿＿＿＿＿＿＿＿＿＿＿＿＿＿＿＿＿＿＿＿＿＿＿＿＿＿
（11）＿＿＿＿＿＿＿＿＿＿＿＿＿＿＿＿＿＿＿＿＿＿＿＿＿＿＿＿＿＿＿
（12）＿＿＿＿＿＿＿＿＿＿＿＿＿＿＿＿＿＿＿＿＿＿＿＿＿＿＿＿＿＿＿
（13）＿＿＿＿＿＿＿＿＿＿＿＿＿＿＿＿＿＿＿＿＿＿＿＿＿＿＿＿＿＿＿
（14）＿＿＿＿＿＿＿＿＿＿＿＿＿＿＿＿＿＿＿＿＿＿＿＿＿＿＿＿＿＿＿
（15）＿＿＿＿＿＿＿＿＿＿＿＿＿＿＿＿＿＿＿＿＿＿＿＿＿＿＿＿＿＿＿

注意：思考这些工作有什么共通之处，并根据自己的MBTI偏好类型，思考什么样的职业能使你感到满意。

三、对清单上的职业进行分类并进一步探索

对你在前面所列出的职业进行分类，并把它们填在相应的横线上。例如，若“医生”这个职业在你的兴趣列表和个性列表中都有出现，就将它列在第一类中；在第四类中，列出那些你特别感兴趣但在前面未曾出现过的职业。

第一类：很有可能

在兴趣和个性探索中都曾出现过的职业：

＿＿＿＿＿＿＿＿＿＿＿＿＿＿＿　＿＿＿＿＿＿＿＿＿＿＿＿＿＿＿
＿＿＿＿＿＿＿＿＿＿＿＿＿＿＿　＿＿＿＿＿＿＿＿＿＿＿＿＿＿＿
＿＿＿＿＿＿＿＿＿＿＿＿＿＿＿　＿＿＿＿＿＿＿＿＿＿＿＿＿＿＿

注意：这些职业都值得你去深入地探索，而且你的职业探索最好集中在这些职业上，了解这些职业的要求和工作环境等细节，并根据目前你对自己的兴趣和个性的了解，考虑一下你将会如何从事这些工作。

第二类：比较有可能

在兴趣或个性探索中曾出现过一次的职业：

＿＿＿＿＿＿＿＿＿＿＿＿＿＿＿　＿＿＿＿＿＿＿＿＿＿＿＿＿＿＿
＿＿＿＿＿＿＿＿＿＿＿＿＿＿＿　＿＿＿＿＿＿＿＿＿＿＿＿＿＿＿
＿＿＿＿＿＿＿＿＿＿＿＿＿＿＿　＿＿＿＿＿＿＿＿＿＿＿＿＿＿＿

注意：这些职业也有比较大的可行性，你可进行下一步的探索。

第三类：有些可能

根据你的兴趣和个性，符合你一方面的情况，却与另一方面的情况有冲突的职业：

＿＿＿＿＿＿＿＿＿＿＿＿＿＿＿　＿＿＿＿＿＿＿＿＿＿＿＿＿＿＿
＿＿＿＿＿＿＿＿＿＿＿＿＿＿＿　＿＿＿＿＿＿＿＿＿＿＿＿＿＿＿
＿＿＿＿＿＿＿＿＿＿＿＿＿＿＿　＿＿＿＿＿＿＿＿＿＿＿＿＿＿＿

注意：如果你从事这些职业，会出现什么情况？是否会有矛盾冲突？如何解决？

第四类：其他的职业

在兴趣和个性探索中都未曾出现且与之没有共同点的，但你感兴趣的职业：

______________________ ______________________

______________________ ______________________

______________________ ______________________

注意：通常，这些职业的可行性不是很大。你为什么会对它们感兴趣？是出于什么样的动机？你的目标和信念是否与这些职业匹配？

四、你的价值观

列出你最重要的5项价值观，并具体说明它们的含义。

（1）______________________

（2）______________________

（3）______________________

（4）______________________

（5）______________________

五、你的技能

找出你最擅长并愿意在未来职业中运用的技能。

1. 你最重要的5项知识技能（名词）

（1）______________________

（2）______________________

（3）______________________

（4）______________________

（5）______________________

2. 你最重要的5项可迁移技能（动词）

（1）______________________

（2）______________________

（3）______________________

（4）______________________

（5）______________________

3. 你最重要的5项自我管理技能（形容词）

（1）______________________

（2）______________________

（3）______________________

（4）______________________

（5）______________________

六、继续探索的职业清单

重阅你在前面所列出的所有职业，根据你对自我的了解，结合你的价值观和技能，在下面的横线上列出你想继续探索的职业（可以是上面曾出现过的，也可以是未曾出现但符合上面共同特点的职业）。

________________　________________

________________　________________

________________　________________

注意：在选择你想继续探索的职业时，请不要在未对某一职业有任何了解前就轻易地将它排除。在这份清单上，你需要足够的职业供自己探索，但也要有一定的目标。也就是说，最好不少于5个，不多于10个，并将你的精力集中在这些职业上。

作为职业探索的一部分，下一步我打算：

□收集、研究与特定领域的职业有关的书面信息

□采访有关人士，对我感兴趣的职业领域有进一步的了解

□从职业咨询老师或其他老师那里寻求更多的个人帮助

□通过选修课程检测自己对某一相关职业领域的兴趣

□通过参加社团活动检测自己对某一相关职业领域的兴趣

□通过课余兼职、实习或做志愿者等方式检测自己对某一相关职业领域的兴趣

____

____

____

____

____

七、目标设立与行动计划

我的长期目标：

____

____

为了做到这一点，我还需要以下信息和帮助：

____

____

为了实现这一目标，在这一个月内我应该做的事：

____

____

课后实训

调查已经毕业的师兄师姐的成功之路。通过调查你最关注的师兄师姐，了解他们目前的职业状况及他们的职业生涯规划是如何进行的。

人物________________________________

职业状态________________________________

职业生涯规划的方法________________________________

对你的启示____

（1）静下心来，考虑你明天、后天和大后天该做的，对自己的未来最具建设性的3件事，并记录下来。到了大后天，对照一下，检查哪些事做得好，哪些事做得不好；如果做得不好，反思问题出在哪里。

（2）确定在7天内要坚持做的、对自己未来最具建设性的3件事，等到第7天的时候进行对照。

（3）确定在3个月内要坚持做的、对自己未来最具建设性的3件事，等到3个月以后进行对照。

（4）一直坚持到能顺利制订一年的计划。

案例讨论

职业生涯规划使张艺谋走向成功

“前半生”——从农民到摄影师和演员

1968年，初中毕业后，张艺谋在陕西乾县农村插队劳动，后在陕西咸阳国棉八厂当工人。1978年，入北京电影学院摄影系学习。1982年，毕业后任广西电影制片厂摄影师。1984年，作为摄影师拍摄了影片《黄土地》，崭露头角。1987年，主演影片《老井》，颇受好评。

“后半生”——从《红高粱》到奥运会开闭幕式总导演

1987年，张艺谋导演的一部《红高粱》，以浓烈的色彩、豪放的风格，颂扬中华民族激扬昂奋的民族精神，融叙事与抒情、写实与写意于一炉，发挥了电影语言的独特魅力，广获赞誉。正是这部电影，让张艺谋成功地实现了从演员到导演的转型，并以一个成功导演的角色进入公众视野，奠定了张艺谋成功导演的地位。

从此，张导便一发不可收，在收获了艺术片的成功后，他又转向了商业大片，《英雄》《十面埋伏》《满城尽带黄金甲》等一部部商业大片的红火为他带来了巨大的声誉，并最终带他走到了中国电影旗帜的位置。

2008年北京奥运会，张艺谋又以其独特的大手笔，面向全世界展示了一部绝对中国的完美“大片”，这使得他站上了职业生涯的巅峰。

（改编自 http://arts.51job.com/arts/05/308970.html）

思考题：

张艺谋导演是如何进行职业生涯规划的？对大学生有何借鉴意义？

下篇
大学生就业指导

综观当前的人力资源市场，很多人找不到满意的工作，而很多工作岗位又招不到合适的工作者，大学生就业市场中的这种现象尤为突出。这一现象除与经济社会发展等客观因素有关外，还与大学毕业生择业的盲目性、不科学性有关。大学生就业指导工作亟须进一步加强和改进。调整工作思路，实现学生就业观念的更新；加强就业指导，不断扩展学生的知识结构，在当前大学毕业生就业指导工作中尤为重要。

本篇在大学生职业生涯规划的基础上，就如何进一步将规划与现实结合，实现顺利就业进行讲解。

第五章　就业形势与政策

案例导入

2020 年是近年来就业形势最为困难的一年。2020 年上半年，国资委率先行动，出台国有企业稳岗扩就业的紧急通知，及时推出“国聘行动”，充分发挥了国企在稳就业中的支柱作用。中组部牵头以最快速度出台了事业单位扩大招聘毕业生的政策文件。据不完全统计，人社部、发改委、工信部、财政部、科技部等部门出台了 30 多项促就业政策，教育部、人社部、工信部、国资委、央广总台和团中央等 6 部门共同开展“百日冲刺”行动，中央军委国防动员部调标准、出政策，毕业生征集规模跨越式发展。这些政策措施稳住了毕业生就业基本盘，也彰显了我国国家制度和治理体系的优越性。从各地各高校上报的统计数据看，2020 届高校毕业生就业好于预期、保持总体稳定，为全国就业大局稳定做出了重要贡献。

（改编自 http://www.dali.edu.cn/wxy/ggtz/be8a61aaf27643c2b95b1fa8d1df4b34.htm）

就业制度是指党和国家对人们合法取得就业岗位、维护社会就业行为的根本性规定，是党和国家根据不同时期社会人才、人力供需状况及社会经济与政治状况，为充分利用劳动力、人才资源和实现供需平衡而确定的指导劳动就业工作的行为规范和工作标准体系。毕业生就业制度是国家整体劳动人事制度的一个组成部分，其产生、发展、改革与经济体制的变化密切相关。本章将重点介绍现行的就业政策，帮助大学生认识和了解我国的毕业生就业制度演变及现行政策，使他们进一步形成正确的就业观念，从而尽到应尽的义务，享受到应有的权利。

第一节　当前就业环境与形势

一、我国大学毕业生面临的就业环境

我国当前就业形势的显著特点可以用一句话来简单概括：“新增就业压力大、转移就业压力大、再就业压力大、总量规模压力大”，预计在未来一段时间内就业压力

还将继续增大。对于大学毕业生而言，“就业冬季”依然没有过去，就业形势依然严峻。据国家有关部门的统计数据显示，2019 年全国普通高校毕业生人数达到 834 万人，2020 年达到 874 万人，2021 年将达到 909 万人，再加上全国城镇每年新增劳动力 1 000 万人，下岗失业人员 1 400 万人，整个社会就业形势比较严峻，大学生就业压力依然很大。目前，由于思想观念、体制等原因，一些高校毕业生就业出现困难。但从总体上来说，目前高校毕业生数量与各行各业对人才的需求量相比还远远不足，高校毕业生在地区的分布和结构上也不平衡，就业困难只是结构性的。

二、大学生就业面临的不利因素

具体来说，大学生就业面临以下不利因素：

（1）新冠病毒疫情影响下，复杂多变的国际经济环境势必影响国内的就业情况，因为我国与国外有大量的经济贸易往来。仅靠启动内需拉动国内经济增长的难度仍然不小，全社会整体就业压力较大，在这种情况下大学生的就业可能会不容乐观。

（2）毕业生数量在短期内迅猛增加，应当说这种增长是超常规的，而社会有效需求短期内增速有限，供需的结构性矛盾将更加突出。面对严峻的就业形势，我国的用人机制和管理机制的改革相对滞后。

（3）社会对毕业生学历层次的需求越来越高。目前，我国中高层次的人才严重短缺，社会对高层次的复合型、外向型和开拓型人才的需求日益迫切，呈现对人才结构的需求层次重心上移的趋势。高校、科研单位、大机关及大公司已经基本上以接收硕士生、博士生为主，甚至连一些中小型单位都开始希望多接收研究生。这种人才高消费的社会现象致使现在不少用人单位对毕业生的需求出现扭曲，人为地制造了就业困难。

（4）地区间经济发展不平衡状况直接影响到毕业生的供求状况。经济发达或发展较快的地区接收毕业生较多，反之则较少。从各地反映的需求情况看，区域的差异越来越大。不少地区毕业生就业需求仍处于低迷状态，中西部及东北等省区已连续几年出现供过于求的现象。

（5）社会对不同专业需求的不平衡直接影响非热门专业毕业生的就业。随着高科技产业的迅猛发展和国家对基础设施投资的加大，对计算机、通信、电子、医药、土建、机械、自动化及师范类等专业毕业生的社会需求旺盛，而对法学、社会学、经济学、政治学、马克思主义理论、艺术学、体育学、国贸、财经、新闻、管理、职教、中医、动植物、环保、轻工食品、农业推广及农林工程等专业毕业生的社会需求相对较少。

（6）毕业生的能力素质与用人单位的要求存在较大差距。现在的用人单位对高校毕业生的敬业精神、职业道德、思想道德觉悟和能力素质水平都提出了越来越高的要求，看重“人品”和能力，对专业反而越看越淡。不少单位已经开始对接收毕业生持“宁缺毋滥”的态度。学生干部和学生党员，以及那些综合素质好、动手能力强、有敬业精神和有各种特长的毕业生越来越受欢迎。

（7）毕业生的就业期望值居高不下仍然是目前高校毕业生就业工作中的主要难题。毕业生们普遍感到“找不到理想的单位”，而同时有很多基层一线的用人单位急需人才但又招聘不到毕业生，这就反映出毕业生求高薪、求舒适及求名气的心态仍较普遍。目前，毕业生中以事业发展为重的并不占多数，而是普遍希望能到那些大城市的大机关、大公司或大企业等大单位工作，希望能去名声好、工作条件好、生活待遇好、有出国机会，甚至离家比较近的单位等。然而目前实际最需要毕业生的却恰恰是那些边远地区、中小城市、艰苦行业的基层一线中小型单位，这些地区和单位人才奇缺，非常希望能接收到大学毕业生，但年年要人却年年要不到人，没有多少毕业生愿意到这些地方去。

（8）就业信息不真、不够、不畅，导致了毕业生就业工作的混乱。目前，社会对高校毕业生的需求信息存在着比较严重的“失真、失控、失责”现象，更缺乏科学系统的人才需求预测信息。另外，社会上的毕业生供需信息交流严重不足，供需信息交流渠道不畅通，一些地区、部门和单位都“各自为政”，互相封锁信息。有些地区和部门甚至对非本地区（或本系统）的毕业生“关上大门”，使求职毕业生和选才单位双方都困难重重，也使目前毕业生就业改革工作处于混乱状态。

综上所述，高等学校毕业生的就业形势是十分严峻的，即将进入就业市场的大学生应对此有足够的思想准备。但是，大学生们也应该清楚地认识到，只要能够认清形势、转变观念、调整心态，并不断充实和提高自己，就能够在激烈的竞争中站稳脚跟，在社会中占有一席之地。

第二节　国家有关大学生就业的政策

就业制度是直接或间接约束劳动者就业的规则和程序的总称，一般包括就业工作的指导思想、方针政策及就业机制等内容。对大学生来说，了解当前我国的就业政策是非常必要的。其中，国家人事制度、大（中）专毕业生就业制度、国有企事业单位用工制度、人事代理制度及就业准入制度等，更是与大学生的就业息息相关，应该重点学习，准确把握。

一、人才聘用制度

“国以人兴，政以才治”，人才资源在经济和社会发展中具有基础性、战略性、决定性的作用。当代大学生经过系统教育，具备并掌握了为党和国家做贡献的本领，他们具有较强的创新精神和报效祖国的强烈愿望，是十分宝贵的人才资源，是民族的希望，祖国的未来。

人才聘用制度是关于我国基本单位（国家党政机关、社会团体及企事业单位）的人员选拔任用和聘任聘用的一系列规章制度的总称。其核心内容是建立以公开、平等、竞争、择优为导向，有利于优秀人才脱颖而出、充分施展才能的选人机制。

下面主要介绍国有企业和事业单位的人才聘用制度。

（一）国有企业的人才聘用制度

国有企业对专业技术岗位和行政管理岗位采取公开竞争、择优上岗的措施。除应由出资人管理及应由法定程序产生或更换的企业管理人员和专业技术人员外，企业可以在全国范围内招聘各类人才，包括高等院校的应届毕业生。凡被聘用人员，都要签订劳动（聘用）合同。政府人事部门及所属的人才交流服务机构，应为企业配置人力资源提供必要的政策指导、信息咨询和人员测评等服务工作。企业在人才流动过程中发生的人事争议，应当由有关当事人按照劳动（聘用）合同的约定协商解决；协商不成的，可申请政府人事部门调解、裁决。

（二）事业单位的人才聘用制度

随着我国建立社会主义市场经济体制和加入世界贸易组织，迫切要求事业单位转换用人机制，建立充满生机和活力的用人制度。事业单位人才聘用制度的主要内容包括事业单位与职工应当按照国家有关法律、政策的要求，在平等自愿、协商一致的基础上，签订聘用合同，明确单位职工之间与工作有关的权利义务。通过建立和推行聘用制度，实现用人方面的公开、公平、公正，促进单位自主用人，保障职工自主择业，维护单位与职工双方的合法权益。通过聘用制度转换事业单位的用人机制，实现事业单位的人事管理由身份管理向岗位管理转变；由单纯的行政管理向法制管理转变；由职工与单位的行政依附关系向平等的人事主体关系转变；由国家用人向单位用人转变。事业单位人才聘用制度主要由公开招聘、签订聘用合同、定期考核、解聘辞职、亲属回避，以及人事争议仲裁等制度组成。

二、人事代理制度

现在不少企业和机构都使用人事代理制度，什么是人事代理制度？人事代理，在我国是指在社会主义市场经济条件下，经组织人事部门批准或授权指定的人才服务机构，受单位和个人委托，运用社会化服务方式和现代化手段，按指定的法律和政策规定为其代办的有关人事业务。简单地说，就是把“单位人”变成“社会人”，实现人事关系管理与人员使用分离，即单位管用人，而一些具体的人事管理工作，如档案管理、计算工龄、评定职称及社会保险等由人才交流中心代管。

目前，全国各地人事代理发展迅速，代理内容不断丰富，代理形式趋于多样化，概括起来主要包括如下 4 个方面：

（1）围绕人事档案管理进行的低层次人事代理，包括存放或转递人事关系、调整档案工资、评定专业技术职称、办理因私因公出国政审及出具各种人事证明等。

（2）围绕社会保障进行的新形式人事代理，包括失业保险、养老保险和医疗保险等。

（3）围绕人力资源开发进行的深层次代理，包括人才招聘、人才测评、人事诊断、人才考核和人才发展规划。

（4）围绕信息咨询进行的服务性代理，如发布人才供求信息、代发招聘广告和公司形象设计、工薪制度咨询、就业指导及职业咨询等。

人事代理的对象、规模也不断扩大。人事代理最初的服务对象大多是三资企业、民办科技企业、乡镇企业和非国有单位，现已发展到代理一部分国有企事业单位。

三、就业准入制度和职业资格证书制度

（一）就业准入制度和职业资格证书制度概述

近年来，我国实行了就业准入制度和职业资格证书制度，这是落实党中央、国务院提出的“科教兴国”战略方针的重要举措；是规范我国劳动就业市场，保证从业人员质量，促进我国人力资源开发的一项战略措施；同时也是贯彻《中华人民共和国劳动法》（以下简称《劳动法》）、《中华人民共和国职业教育法》（以下简称《职业教育法》）的重要表现。就业准入制度是指根据我国职业资格证书制度的要求及《劳动法》和《职业教育法》的有关规定，对从事技术复杂，通用性广，涉及国家财产、人民生命安全和消费者利益的职业（工种）的劳动者，要求必须经过培训并取得职业资格证书后，方可就业上岗。

职业资格证书制度是指按照国家制定的职业技能标准或任职资格条件，由政府认定的考试机构，对劳动者的技能水平或职业资格进行客观公正、科学规范的评价和鉴定，并对合格者授予相应的国家职业资格证书的制度。与学历、文凭不同，职业资格证书与某一职业能力的具体要求密切结合，反映特定职业的实际工作标准和规范及劳动者从事这种职业所达到的实际水平。

就业准入制度和职业资格证书制度不仅促使劳动者通过学习和培训提高素质层次，在整个社会营造了一种尊重人才、尊重技能、尊重文化和素质的良好氛围，而且也为大学毕业生，特别是高职高专毕业生努力拓展能力、提高职业素质创造了良好的条件。因此，当代大学生应该注重在获得毕业证书的同时，考取相应的职业资格证书，这样既可以增强自身的就业竞争力，也可以进一步拓宽就业和创业的渠道。

（二）获得职业资格证书的程序和方法

要获得职业资格证书，必须参加由国家劳动保障行政部门批准设立的职业技能鉴定所（站）组织的职业技能鉴定考试。

1. 职业技能鉴定的概念

职业技能鉴定是一项基于职业技能水平的考核活动，属于标准参照型考试，是国家职业资格证书制度的重要组成部分。它是由考试考核机构对劳动者从事某种职业所应掌握的理论知识和实际操作能力做出的客观测量与评价。

2. 职业技能鉴定的主要内容及方式

职业技能鉴定的主要内容包括职业知识、操作技能和职业道德 3 个方面。这些内容是依据国家职业技能标准、职业技能鉴定规范（即考试大纲）和相应教材来确定的，并通过编制试卷来进行鉴定考核。职业技能鉴定分为知识要求考试和操作技能考核两个部分。知识要求考试一般采用笔试；操作技能考核通常采用加工典型工件、操作生产作业项目或模拟操作等现场操作方式进行。计分一般采用百分制，两部分成绩在 60 分以上为合格，80 分以上为良好，90 分以上为优秀。

3. 职业技能鉴定机构

各省、自治区、直辖市等的职业技能鉴定机构包括以下几处：

（1）人社部所属职业技能鉴定中心。该机构参与制定国家职业技能标准和组建国家职业技能鉴定题库，开展职业分类、标准、技能鉴定的理论研究和咨询服务，推动全国的职业技能竞赛活动。

（2）各省、自治区、直辖市劳动行政部门所属职业技能鉴定指导中心。这些机构主要负责组织本地区的职业技能鉴定工作和具体实施考评员的资格培训，开展与职业技能鉴定有关的问题研究和咨询服务，推动本地区职业技能竞赛活动。

（3）经人社部批准，有关行业可建立行业职业技能鉴定指导中心。行业职业技能鉴定指导中心负责参与制定国家职业技能标准以外的非社会通用的本行业特有工种职业技能鉴定工作和考评员的资格培训，开展与职业技能鉴定有关的问题研究和咨询服务，推动本行业的职业技能竞赛活动。

（4）职业技能鉴定所（站）。这些机构是具体承担对待业人员、从业人员、军地两用人才、各级各类职业技术院校和其他职业培训机构的毕（结）业生进行职业技能鉴定的事业性机构。

4. 职业技能鉴定的申报程序

职业技能鉴定的申报程序如下：

（1）报名参加职业技能培训班。目前，绝大部分高等专科学校和高等职业技术学院都已设有经申报批准了的职业技能鉴定所（站）。各学校每年会根据学校开办专业的实际情况，分期、分批、分班地举办与开设专业相关的各类工种职业技能培训班对学生进行培训。学生可根据自己所学专业和兴趣报名参加培训班的学习。

（2）本人申报职业技能鉴定。培训班结业后，学生根据自己掌握技术的程度，申报自己所受培训工种的职业技能鉴定，并确定申报鉴定的等级。我国职业资格分为 5 个等级，职业技能鉴定也相应地分为：初级鉴定、中级鉴定、高级鉴定、技师鉴定和高级技师鉴定。根据国家现行有关规定，高职高专学生只能申报高级及以下等级的鉴定。申报职业技能鉴定时要准备两张一英寸的黑白照片、本人身份证及参加培训的证明。经鉴定机构审查符合要求的申报者，由鉴定所（站）颁发准考证。

（3）按鉴定所（站）规定的时间准时参加考试。参加考试时必须携带准考证和身份证，同时必须注意要着工装。

5. 职业技能鉴定证书

职业技能鉴定证书包括等级证书、技师合格证书和高级技师合格证书。这是劳动者具备相应职业技能水平的凭证。对于考试合格者，由职业技能鉴定中心按照国家规定的证书编码方案和填写格式要求统一办理证书，加盖职业技能鉴定机构专用章，经同级劳动保障行政部门或行业劳动保障工作机构验印后，由职业技能鉴定所（站）送交本人。

四、见习制度

为贯彻落实《中长期青年发展规划（2016—2025 年）》和《国务院关于做好当前和今后一个时期促进就业工作的若干意见》（国发〔2018〕39 号）要求，帮助青年加强岗位实践锻炼、提升就业能力，人社部、财政部、商务部、国务院国资委、共青团中央、全国工商联决定于 2019 年 1 月 1 日起，实施三年百万青年见习计划。《关于实施三年百万青年见习计划的通知》提出，用三年时间组织 100 万青年参加就业见习，帮助加强岗位实践锻炼、提升就业能力。对象为离校 2 年内未就业高校毕业生和 16～24 岁失业青年，对其中城乡低保家庭、零就业家庭青年，以及缺乏工作经历的青年，优先提供见习机会。通过实施见习计划，建立健全支持青年就业见习的政策制度和工作体系，确定一批用人单位作为青年就业见习基地，提升见习服务保障能力，力争使有见习意愿的失业青年都能获得见习机会，增强就业竞争力，形成有利于促进青年就业的长效机制。

按照要求，各地要根据优势产业发展和青年见习需求，确定一批企事业单位、社会组织作为青年就业见习单位，大力开发见习岗位。多渠道助力见习供需双方对接，向见习对象精准推送见习信息，组织见习岗位推荐、双向选择洽谈活动，依托公共就业服务信息化平台拓展见习服务网上绿色通道，提升见习匹配效率。要加强见习全程指导管理，指导见习单位与见习人员签订见习协议，为见习人员出具见习证明材料，依法维护见习人员合法权益，确保见习活动规范有序。加大跟踪扶持，见习期满，鼓励见习单位留用见习人员，按规定落实就业见习补贴政策，对未被留用的人员持续提供就业创业服务，促使其尽快实现就业创业。

该通知强调，各地要加强组织领导，将三年百万青年见习计划纳入当地就业工作整体安排，结合实际制定具体实施方案，层层分解落实本地见习目标任务，加大政策资金保障和宣传动员，加强部门协同，合力抓好计划实施。

五、大学生就业政策解读

（一）现行就业政策简介

毕业生的就业政策是国家为实现一定历史时期的任务，适应经济建设和社会发展的需要而制定的有关大学生就业的行动准则，将根据国家政治、经济形势的变化而不断调整。各地区、各部门也根据国家当年的就业政策，并结合本地区、本部门的实际制定一些毕业生就业政策。学校和用人单位必须按照这些政策来指导和规范毕业生求职择业活动。因此，毕业生在面向社会求职择业时，首先要主动地向学校及有关部门了解当年国家对大学毕业生就业的具体政策规定。下面重点介绍几项现行的就业政策。

（1）促进各类升学与就业工作有序衔接。各地各高校要统筹安排好各类升学考试时间，硕士研究生招录工作在 2021 年 5 月底前完成，普通专升本和第二学士学位招录工作在 2021 年 6 月底前完成。高校招生、教务部门要共同组织实施好第二学士学位政策宣传、招录计划、考试录取等工作。

（2）积极拓宽基层就业渠道。各地各高校要会同有关部门，围绕实施乡村振兴战略、服务乡村建设行动，做好“特岗计划”“大学生村官”“三支一扶”“西部计划”等基层项目组织招录工作，落实好学费补偿代偿、升学优惠等政策。各地教育部门要协调相关部门，尽可能扩大地方性基层就业项目规模。鼓励采用市场化社会化办法，给予更多政策支持，引导毕业生围绕城乡基层社区各类服务需求就业创业。

（3）深入推进大学生征兵工作。各地各高校要配合兵役机关落实“两征两退”改革新要求，实施一年两次大学生征集工作，分别安排在 2—3 月、8—9 月，预征工作提前 2 个月进行，第一批重点动员征集高校毕业生。强化军地协同，按照新的时间节点，制定本地本校大学生征兵工作方案。实施更大力度激励政策，2021 年起“退役大学生士兵”专项硕士研究生招生规模由目前 5 000 人逐步扩大至 8 000 人，2022 年起普通专升本可免试招录退役的普通高等职业院校（专科）毕业生。加强征兵动员，重点宣传新激励政策和新体检标准，扩大大学生征集规模，特别是提高毕业生征集比例。

（4）扩大科研助理招录规模。各地各高校要落实科技部、教育部等部门相关文件要求，把开发科研助理岗位作为深化科技管理体制改革的重要举措。增强科研助理岗位吸引力，落实社会保险、户口档案等相关政策，合理确定薪酬标准。各高校要对院系及科研团队招录科研助理给予经费、政策等支持。科研助理岗位及实聘人数作为“双一流”建设监测指标，纳入安排推荐免试攻读研究生名额的重要参考因素。

（5）建设高质量就业服务平台。加强就业服务信息化水平，优化完善“24365 校园网络招聘服务”，建设“24365 高校毕业生智慧就业平台”，构建部、省、校联通共享的高质量就业服务体系，组织高校就业工作人员、毕业班辅导员和毕业生注册使用。各地各高校要共同参与实施“24365 岗位精选计划”，精确采集岗位要求和求职意向，向高校毕业生精准推送岗位信息。优化完善本地本校网上就业服务，提升人岗匹配精准度和实效性。

（二）有关高校毕业生就业规定

有关高校毕业生就业规定如下。

（1）毕业生应在国家就业方针、政策指导下，采用供需见面和双向选择的办法在一定范围内就业。在规定时间内落实就业单位的毕业生，学校按国家规定负责派遣；未落实就业单位的毕业生，将其计划列入生源所在地，由当地毕业生就业主管部门（或就业指导机构）推荐就业或自主就业。

（2）毕业生就业采用学校推荐与毕业生自荐相结合的方式落实就业单位。江苏省毕业生必须登录江苏智慧就业平台注册填写毕业生就业推荐表并打印，其他相关应聘材料应全面、真实地向用人单位反映自己的情况。对弄虚作假者，将视其情节轻重，按有关规定进行处理。

（3）毕业生在择业时应持打印的毕业生就业推荐表、毕业生就业协议书和个人自荐资料。协议书统一编号，每人一份，应妥善保管使用，在与用人单位正式签订就业协议书时，一律以原件为准，复印件无效。

（4）毕业生通过双向选择与用人单位达成协议的，应在学校规定的时间内签订就业协议书，并务必登录江苏智慧就业平台对协议书进行信息反馈，经各二级学院审核后，交学校就业工作部门，学校按就业协议书派遣。

（5）毕业生就业协议书的签订，要严格按下列步骤进行：

① 毕业生本人在协议书上如实填写基本情况和应聘意见。

② 用人单位及单位主管部门签字、盖章。

③ 毕业生在江苏智慧就业平台上反馈后，及时将协议书送交所在学院分管就业老师审核签字登记备案。

④ 学校加盖公章，纳入就业建议方案。

⑤ 毕业生要及时将签好后的协议书反馈到用人单位。

（6）就业协议书经毕业生、用人单位、学校签字（盖章）后生效。毕业生、用人单位双方必须履行协议所规定的义务，原则上不得违约。如果有特殊情况，毕业生提出违约，须有用人单位同意的书面材料，并经学校审核同意，方可办理。

（7）毕业生、用人单位、学校签订就业协议后，如果有以下情况之一者，按违约处理：

① 擅自到医院体检或出示其他材料，并以此为由要求更换单位者。

② 未及时向用人单位提供所需的资料（如体检证明、毕业生就业推荐表、成绩表等）真实反映自己的实际情况，而造成就业协议不能兑现者。

③ 每名毕业生只能与一家用人单位签订就业协议书。凡与两家或两家以上用人单位签订就业协议书者，除认定与最先签约用人单位的协议生效外，其他一律按违约处理。

④ 毕业生与用人单位签订就业协议书后，未在规定时间到学校加盖公章属无故拖延而被单位追究者。

⑤ 就业协议书由学校就业工作部门盖章生效后，未及时送交用人单位而被单位拒绝接收者。

（8）在派遣过程中出现特殊情况要改派的，按下列程序办理：

① 本市（州）辖区内用人单位之间调整的，由地方主管毕业生就业调配部门审批并办理改派手续。

② 毕业时未落实就业单位的，派回原籍又在其他地区落实了就业单位的；毕业时虽然落实了就业单位，但因特殊情况未报到的毕业生，原则上在两年之内经学院审查同意后将退函、接收函和原就业报到证、档案交学校审核同意后，报省教育厅批准，按照调整计划办理改派手续。

第三节　毕业生就业流程

毕业生要顺利地就业，除了要具备良好的个人素质外，了解和掌握就业的程序与特点也是非常重要的。就业程序是指毕业生从毕业前的各项准备到毕业后被派遣到协议就业单位（或返回生源地区）报到期间的一般过程。其不仅包括就业管理部门的一般工作程序及毕业生就业计划的制订过程，同时也包括毕业生自身在求职择业过程中所应遵循的合理过程。了解择业程序，有助于顺利就业。择业程序因就业政策和就业机制、用人单位及毕业生的就业取向不同而有所不同。毕业生应当把握好择业过程中的每一个环节，尽量少走弯路，结合自己的实际情况和特点去努力，从而顺利地走向工作岗位。下面分别介绍毕业生就业主管部门的一般工作程序、用人单位招聘录用毕业生的工作程序和毕业生自身的择业程序。

一、毕业生就业主管部门的一般工作程序

现阶段，我国高校毕业生的就业管理机构主要有教育部，国务院其他部委，各省、自治区、直辖市有关部门，高等院校和用人单位。这些就业管理机构可划分为 3 个层次：教育部主管全国高校毕业生的就业工作；各省、自治区、直辖市和国务院其他部委的有关部门分别主管本地区、本部门的高校毕业生就业工作；各高校和用人单位分别负责本校毕业生就业和接收安置毕业生的具体事宜。

毕业生就业主管部门的一般工作程序如下：

（1）制定毕业生就业政策，确定年度的就业工作意见和具体实施意见及工作细则和日程安排。

（2）进行毕业生生源统计、汇总，依据各地区、用人单位提供的毕业生需求信息，向社会通报毕业生生源状况和需求情况。每年 10～11 月份，省毕业生就业主管部门对毕业生资格进行审查。

（3）毕业生就业主管部门对应届毕业生进行就业指导，包括思想教育、政策指导和咨询、形势分析、信息指导、择业技术和技巧指导及心理辅导等。帮助毕业生根据自身特点和社会职业需求选择职业，落实就业单位。

（4）供需见面，双向选择。按教育部和省毕业生就业主管部门规定，每年 11 月末

至次年的5月中旬，采取多种形式举办学生和用人单位参加的“供需见面，双向选择”供需洽谈会或毕业生就业市场，毕业生与用人单位签订毕业生就业协议书。

（5）制定省毕业生就业方案（6月底前）。

（6）调配、派遣工作。每年6月底至7月中旬，由省毕业生就业主管部门按照省毕业生就业方案，办理省内各高校毕业生就业报到证和有关手续（包括办理就业代理、免费代管档案等）。在派遣过程中出现特殊情况要调整改派的，经学校同意后由省毕业生就业主管部门审核同意后方可办理。调整改派时间一般在学校集中办理就业手续后的8～9月进行。

（7）报到接收工作。已落实就业单位的毕业生，在规定时限内持“全国普通高校本（专）科毕业生就业报到证”或“全国毕业研究生就业报到证”到工作单位报到，用人单位凭就业报到证按当地有关要求和规定办理接收手续及户口关系。

（8）返回生源地就业的毕业生继续通过就业市场落实就业单位。在此期间，如果在生源地之外找到就业单位的，经生源地区毕业生就业主管部门签署意见后仍可经省毕业办办理改派手续。

二、用人单位招聘、录用毕业生的工作程序

毕业生了解用人单位的招聘程序，有利于其择业活动的有效进行。用人单位招聘、录用毕业生的一般工作程序如下。

（1）用人单位确定当年要招聘毕业生的岗位、人数和条件，并根据要求制订详尽的招聘计划，按省毕业生就业主管部门要求按时上报。

（2）向毕业生发布需求信息。

（3）每年11月下旬，开始进行校园招聘，举办单位招聘会。一些用人单位会到高校举办单位招聘说明会，介绍单位的发展建设情况、人才需求情况和发展机遇、用人制度及有关具体招聘事宜。

（4）收集毕业生生源信息。

（5）分析毕业生生源资料，组织考试、考核（笔试与面试）并决定录用毕业生，签订就业协议。

（6）用人单位在7月份以后接收报到的毕业生，并为其办理户口和档案接收手续。毕业生按用人单位的要求培训上岗，开始工作。

三、毕业生自身的择业程序

毕业生择业工作一般从毕业生在校的最后一学年开始，其基本程序包括以下几个部分。

（一）了解就业政策

大学毕业生就业是一项政策性很强的工作。了解国家有关就业政策是大学生求职

择业的关键一步。有人曾经形象地把求职择业中不熟悉就业政策的大学生比作“不懂比赛规则而上场比赛的运动员”。的确，面临求职择业的大学生们，如果不先了解国家及有关部门的就业政策而盲目地选择职业，那么很可能会事与愿违，甚至碰壁。

（二）做好心理准备，确定择业目标

做好充分的心理准备是保证求职成功的基础。要明确自己的择业目标和职业理想，并应切实地考虑自身条件，经过冷静思考和分析后确立自己可能实现的目标。

（三）全面收集、掌握需求信息并做出择业决策

毕业生应当及时、全面地收集和掌握有关就业信息，了解用人单位，并通过分析、筛选、整理，准确定位，确定择业目标。做出择业决策后，应积极行动，把握机遇，实现自己的愿望。择业决策一般应遵循社会需求、政策约束、学以致用、扬长避短、有利于事业发展和分清主次的原则。同时，毕业生也应树立超越所学专业择业的观念，这就要求他们努力使自己成为“一专多能”的通用型人才，以适应社会对各类人才的需要。这里介绍几种获取信息的渠道供毕业生参考。

（1）本校的毕业生就业指导机构。学校的毕业生就业指导中心同上级管理部门和社会各界保持着广泛而密切的联系，已形成网络化或稳定的关系。从学校得到的需求信息，可信度高，其针对性、准确性及可靠性都较强。

（2）毕业生就业市场。毕业生就业市场是专门为毕业生和用人单位“双向选择”提供服务的，通过社会或学校举办的各种类型的招聘会，毕业生可以充分了解用人单位的需求信息。

（3）社会上的传播媒介。各类单位都可以通过传播媒介，如广播、电视、报纸、杂志和电话等工具，介绍企业现状、发展前景及人才需求。

（4）社会实践活动。大学毕业生通过毕业实习、到企业参观访问和参加社会服务等社会实践活动，可以有意识地了解到这些单位对毕业生的需求情况与对所需人员的素质要求等。

（5）社会关系。从自己的家长、兄弟姐妹、亲戚、朋友、熟人和各种关系的人处获取的信息往往比较准确、直接，并且他们对用人单位和求职者双方的情况都比较了解。在求职过程中，如果有熟人或亲朋好友帮助推荐一下，求职可能会更有效，因为有些用人单位更愿意录用经人介绍或推荐来的求职者。

（6）自己刊登求职广告或发布网上求职信息。这样既节省时间，又能尽快得到确切的信息。

（四）应聘和签约

应聘主要有两种形式：一种是毕业生本人去用人单位面试、应试；另一种是在学校和省、市毕业生就业主管部门举办的毕业生就业市场上应聘，与用人单位见面、双向选择。另外，毕业生还可以将自己的自荐材料通过电子邮件等方式发送给用人单位，

用人单位亦可依据此材料决定是否通知毕业生参加笔试或面试。不少用人单位在招聘过程中，会采用笔试方式考核应聘者的知识、能力与素质，毕业生必须珍惜并认真对待笔试；面试也是众多用人单位考核大学毕业生综合素质的重要手段，通过面对面沟通、交流，用人单位可以了解大学生的表达能力、思维能力、仪容仪表，以及对一些问题的看法和其他一些不能通过笔试反映出来的综合素质。

毕业生与用人单位签订由教育主管部门统一印制的毕业生就业协议书，其中明确规定了学校、用人单位及毕业生本人三方面的责任、权利与义务。协议书一经签订，便视为有效合同，不能随意更改。签约的各方都要遵守协议，不能做与协议书内容相违背的事情。要指出的是，有的毕业生在与用人单位签约后，又去联系其他单位，这种“脚踩两只船”的做法是很不对的，往往后果也不会好，甚至会几头落空。要记住，不讲信誉的人在社会上是不受欢迎的。

（五）顶岗实习

以江苏省为例，根据《江苏省劳动合同条例》第四十二条，用人单位接纳全日制在校学生进行实习的，应当遵守法律、法规和国家有关规定，提供必要的劳动条件和安全健康的劳动环境，不得安排学生从事与所学专业无关的高空、井下作业和接触放射性、高毒、易燃易爆物品的劳动，以及国家规定的第四级体力劳动强度的劳动。

学校不得通过中介机构或者劳务派遣单位组织、安排和管理实习工作。企业不得安排总时间超过十二个月的顶岗实习，不得安排学生顶岗实习每日超过八小时、每周超过四十小时。国家另有规定的，从其规定。

用人单位应当对实习学生进行劳动安全卫生教育，预防劳动过程中发生事故。企业应当按照实习协议为顶岗实习学生办理意外伤害保险。

企业应当按照约定的标准直接向顶岗实习学生支付实习报酬，且不得低于当地最低工资标准。企业、学校不得克扣或者拖欠顶岗实习学生的实习报酬。

（六）派遣与报到

毕业生与用人单位签订协议，并经学校、政府毕业生就业主管部门的审核批准后，纳入当年毕业生就业方案，于当年 6 月末至 7 月中旬由学校到省毕业生就业主管部门集中办理毕业生就业手续。毕业生领取就业报到证，办理离校手续后，按照就业报到证规定的期限和指定的地点去就业单位报到。

课后实训

通过市场调研、网络资料收集等渠道，调查在未来两年内我国比较热门的行业。你会选择从事哪个行业？

案例讨论

青春该有的模样

谈起为何参军，已经退役两年，整日在知识的海洋里劈波斩浪的李正新眼里星光闪烁。“我的父亲是一名越战老兵，参军报国是我从小的梦想。”当时抱着一腔热血加入绿色方阵的李正新也许不会想到，他能够有幸加入一支“名扬全军”的蓝军部队，并能亲身参与中国军队的实战化改革。

“当兵就是要扛枪上战场的”，这是父亲在入伍前叮嘱他的。入伍以后，李正新不断地给自己“加练”，练习每一个科目都比别人多一倍的量。刚开始练习步枪射击时，李正新为了练好狙击姿势，曾冒着严寒在地上一趴就是半个小时。终于，在一次全团的实弹射击考核中，李正新连续两次“十发子弹”全部命中，被营里评为了“特级射手”。从那以后，李正新训练更加刻苦。他出生并成长在云南亚热带地区，但在零下十几度的北方冬天，面对北疆大漠刺骨的寒风和冰天雪地的环境，他依旧坚持每天比别人多跑一公里、多练一小时。

出了新兵连后，李正新来到了期待已久的朱日和，来到了中国第一蓝军旅。在连队的训练、工作和生活中，李正新总是以最高的标准要求自己，“只有我们过得硬，才能磨砺出锋利的好剑”是他一直激励自己的话。他训练时总会冲在前面，简直是一个“拼命三郎”。那些尘土飞扬的军旅岁月呼啸而过，营里将仅有的一个三等功名额给了这个挥洒热血、为强军目标燃放青春的战士。

从“营门”返回校园的李正新，是难得的退役后仍保持军人优良作风的学生。著名法学家、中国政法大学原校长黄进曾在一次颁奖典礼上评价李正新，“他以曾经是一名蓝军战士为傲，他奋力前行，为的就是将蓝军的军旅本色延续到底，从而唤醒身边学子的使命与担当，他是时代青年真正的‘颜值担当’。”李正新在与国家机关青年代表学习习总书记重要讲话时这样谈道：“从名校高才生到一名普通士兵的经历告诉我什么是大事。大事不一定是多么了不起的事情，而是要做好本职工作，为国家和社会做出贡献。”

（改编自 http://b2g.stgs.com.cn/item/item.jsp?spbs=4213534）

思考题：

关于大学生应征入伍和去基层就业的政策有哪些？

第六章 求职准备

案例导入

毕业班学生小张在大型招聘会举办前，通过网络检索到了简历模板，根据模板制作并打印了三十份简历。在招聘会当天，小张将简历投给了招聘本专业毕业生的用人单位。不到一个小时，简历就投完了，小张心满意足地回去等消息。可一个月过去了，小张还没有收到任何单位的面试通知，看到身边有同学已收到用人单位的录用通知，小张很是焦急。是什么原因导致小张没有收到用人单位的面试通知呢？

（改编自校园案例）

求职和招聘双方之间有一个沟通、核对和协商的过程。能够将自己的信息与招聘方的信息进行有效沟通，是获得理想职位的关键。本章通过讲解在求职过程中如何收集有关信息、培养自己求职的能力、简历的正确写作方法，帮助大家为参加面试做好准备。

第一节 知识与技能的准备

一、合理的知识结构

合理的知识结构是承担现代社会职业岗位工作的必要条件，是人才成长的基础。现代社会的职业岗位所需要的是，能根据当今社会发展和不同职业的具体要求，将自己所学到的各类知识科学地组合起来以适应社会要求的人才。

（一）全面扎实的基础知识

全面扎实的基础知识是知识结构的根基。大学生无论选择何种职业，也不管要向哪个专业方向发展，要适应社会的快速变化，都必须要有全面扎实的基础知识。

（二）广博精深的专业知识

广博精深的专业知识是知识结构的核心部分，也是科技人才知识结构的特色所在。

大学生对所从事专业的概念体系、理论体系、研究方法、学科现状都要能够掌握，在专业领域拥有一技之长；同时，对相近领域的知识也要有所了解。

二、综合能力

新的知识结构对人才能力、素质提出了新的要求，主要可以概括为以下几点：

（1）决策能力。决策能力是对目标进行决断和选择的能力。拥有良好决策能力的人可以对目标和实现目标的手段做出最佳选择。人们的决策过程是一种思维活动过程，中心环节是对各种方案做出优劣判断，并进行选择。

（2）创新能力。创新能力是人们在改造自然和适应社会的活动中所具有的发明创造能力。培养创新能力应做到：有远大的奋斗目标，有理想、有抱负、有强烈的创造欲望，有胜不骄、败不馁的精神，有批判继承和开拓创新的精神，有坚定的意志和顽强的毅力。

（3）实际操作能力。实际操作能力是就业者必须具备的一种实践能力，它是毕业生在求职择业中的优势所在。在各行各业的众多职业岗位中，就业者如果没有实际操作能力，就很难胜任职业岗位的工作。

（4）终身学习能力。现代社会的发展，使人们更新知识结构、提高多种技能和素质的任务变得异常艰巨与繁重，甚至成为社会持续发展的一大课题。终身学习能力已成为职业人满足生存与发展的需要，以及立足社会的基本能力。

（5）组织管理能力。组织管理能力是指导计划实施、主持实践、决断和协调平衡的能力。组织管理能力的高低，已经成为决定一个部门、一家单位工作效率高低的重要因素。组织管理能力不是领导干部和管理人员专属的能力，其他专业技术人员也应当具备。

（6）社会交往和合作能力。建立良好的社会关系，提高合作能力是事业成功的重要条件。

（7）优秀的职业素质。这一素质是从业者在一定生理和心理条件的基础上，通过教育、劳动和自我修养等途径形成和发展起来的，在职业生活中发挥着重要作用的内在基本品质。例如，爱岗敬业、诚实守信的良好职业道德；团结协作、乐于奉献的合作精神；一丝不苟、精益求精的工作态度；反应迅速、判断准确的思维能力等。

简单地说，职业素质是劳动者了解与适应社会职业的一种综合体现，其主要表现在职业兴趣、职业能力、职业个性及职业情况等方面。影响和制约职业素质的因素很多，主要包括：受教育程度、实践经验、社会环境、工作经历及自身的一些基本情况（如身体状况等）。一般来说，劳动者能否顺利就业并取得成就，在很大程度上取决于本人的职业素质，职业素质越高的人，获得成功的机会就越多。

三、职业能力的基本要求

根据我国的实际情况和职业能力开发的需要，结合国际上的先进经验，国内专家确定，我国劳动者的核心职业能力包括如下 8 个大类：

（1）交流表达能力。以口头或书面形式及其他方式准确清晰地表达主体意图，与他人进行双向（或者多向）信息传递，达到相互了解、沟通和影响目的的能力。

（2）数字运算能力。运用数学工具获取、采集、理解和运算数字符号信息，解决实际工作问题的能力。

（3）革新创新能力。在前人发现或者发明的基础上，通过自身努力创造性地提出新的发现、发明或者革新方案的能力。

（4）自我提高能力。在学习、工作中，自我归纳、总结，不断自我调整、改进的能力。

（5）与人合作能力。在实际工作中，充分理解团队目标、组织结构、个人职责，在此基础上与他人协调配合、互相帮助的能力。

（6）解决问题能力。在工作中，把理论、方案及认识等转化为实际工作的过程和行为，以解决实际问题、实现工作目标的能力。

（7）信息处理能力。运用计算机技术处理各种形式信息资源的能力。

（8）外语应用能力。在工作、交往中实际运用外国语言的能力。

这 8 类能力由国家制定统一的考核标准、题库和测试方案，并向测试合格者颁发证书。

第二节 求职材料的准备

随着大学毕业生就业制度改革的深入，大学毕业生通过与用人单位“双向选择”确定就业去向。为了让用人单位认识自己、了解自己并选择自己，毕业生要利用各种途径和方法正确地宣传、展示自己。在这个过程中要准备一份求职择业的材料，包括毕业生就业推荐表、简历、求职信及一些辅助材料等。这几种材料是相互独立的，但它们的侧重点是不同的，因此要齐全、完整，不能有遗漏。

一、准备求职材料的一般原则

准备求职材料的直接目的就是使用人单位对自己感兴趣，最终录用自己。求职材料的准备并不难，但是要准备得出色，尤其是能够在众多的求职材料中脱颖而出、受到用人单位的关注，确实是相当困难的，毕业生应认真对待。

（一）内容翔实，格式规范

求职材料是对自己大学生活的一个全面总结，既要全面反映自身的基本情况，又要反映自己的特长、爱好；不仅要突出自己的优点和成绩，而且要说明自身存在的缺点和问题；不仅要说明自己对用人单位职位感兴趣的原因，还要表达自己努力工作的决心。行文要言简意赅，突出重点，切忌长篇累牍，废话连篇。尤其要注意的是内容翔实，切忌为了赢得用人单位的好感而弄虚作假，否则只会弄巧成拙。另外，简历、求职信或感谢信都有各自相应的格式，应该规范。

（二）富有个性，针对性强

由于不同的用人单位对求职者的要求不尽相同，准备的求职材料也应根据不同的单位有所差异。如果你想去应聘三资企业的职位，那么最好要准备中英文对照的材料；如果想去少数民族地区择业，那么能用少数民族文字撰写求职材料则效果更佳；如果你是去应聘广告设计的职位，那么你的求职材料最好能体现出你的个性和创意。

（三）设计美观，杜绝错误

为引起对方的兴趣，求职材料无论是手写还是打印都要整洁美观，打印时最好使用优质纸张，并花一些时间进行设计排版。最重要的一点是要杜绝错误。试想，一个连求职材料都错误连篇、漏洞百出的毕业生，还会是一个认真、负责的人吗？

二、毕业生就业推荐表的准备

毕业生就业推荐表是学校为毕业生特制的求职材料，一般由 3 部分组成：一是毕业生本人的情况介绍；二是毕业生所在院、系的推荐意见；三是毕业生所在学校主管部门的推荐意见，并且附有由学校教务部门提供的毕业生的学习成绩。用人单位往往对该表比较重视，在发给学生录用通知以前一般要先见到该表的原件。

三、简历的编写及制作

简历的样式千差万别，内容也各不相同。一份完美的简历应当在形式、内容和用词上都能恰如其分地把求职者的个人情况、能力经验和性格特长等充分表现出来。

在招聘人员未见到你之前，他只能根据你的简历来判断是否给你面试的机会，而当你进入面试阶段后，面试官也主要是围绕着简历来对你进行提问。因此，好的简历是你求职的敲门砖，而且还是一块金砖，对于简历，必须要重视。那么如何写出一份好的简历呢？

（1）简历中尽量多写一点你的实践经历，这些经历在面试官的心里，都是能够给你进行加分的。这里有一点要注意，字数不能太少，否则显得简历太过简单，这会让人觉得你根本没有认真对待。而且简历中一定要突出重点经历和工作细节，内容最好能够体现你的技术能力。不要把所有的经历都写出来，篇幅太长会让面试官没心思看。至于其他没有写进简历的经历，你可以引导面试官对你进行提问。

（2）自我评价应突出个人特点，特别是符合应聘职位所要求的特点。招聘工作时间很紧张，你越是能够让面试官很容易找到关键词，就越能够让对方心里产生好感。

（3）对不同的职位，简历的侧重点也要有所不同，绝对不要千篇一律地用一种模式。要把你身上能够与所选职位相匹配的优势列举出来。

(4)在写求职意向时，一定要写明为什么自己希望应聘这个职位，同时不仅要写明自己应聘这个职位的相关优势，更要写清楚自己对这份工作的理解和认知，这样才能充分展现自己的实力。

(5)自我介绍应该是客观公正的。应该学会用事实来描述，而不是用观点来描述。例如，“我有10年的Java开发经验”，这就是事实。很多人都会写自己有团队合作精神、学习能力强、工作积极主动、能吃苦耐劳等，这些只是个人的观点。要知道，事实是可以证明的，但观点短期内却很难证明，所以用事实去描述比用观点去描述更有说服力。

(6)不要写出你自己的期望薪资。薪资的计算非常复杂，你所写的期望薪资是税前还是税后的？其中是否包含年终奖金？又是否包括其他福利待遇？建议在面试结束前，根据你的面试情况，再去谈谈你所期望的薪资。如果你的期望薪资比面试官的实际薪资还要高，那他就会不由自主地拿自己的能力去与你对比，这对你来说是十分不利的。

四、求职信的撰写

(一)求职信的格式和写作要点

如果你想引起招聘人员的注意，最好写一封求职信。求职信属于简历的附信，可放在简历的前面，也可放在简历的后面。求职信能够很好地弥补简历本身缺乏描述性词语的不足。求职信的格式并不固定，一般包括3～5个简短的段落，这里按5段的书写格式介绍一下写作要点。第一段应该能够引起招聘人员对你作为候选人的兴趣，并激发阅读者的热情，说明：阅读者为什么要读这封信？你能够为他们做什么？第二段必须体现你的价值，说明：你能够满足阅读者需要和工作要求的技能、能力、资质是什么？第三段展示你突出的成就、成果和教育背景，它们必须能够直接有力地支持第二段的内容，如果可能的话，量化这些成就。第四段必须明确将来的行动，如请求安排面试，或者告诉阅读者你将在一周内打电话给他们商谈下一步安排。第五段应该是非常简短的一段，结束这封信并对阅读者表示感谢。

一般而言，好的求职信具有5个特点：①求职信属于非正式的信函，它必须能够在双方之间营造融洽的氛围，所以你要用热情洋溢、精力充沛和令人振奋的语言来感染对方；②在开头部分，要简要说明你是从哪里看到的招聘广告或得到的招聘信息以及你对哪个职位比较感兴趣，这能在无形中帮助招聘人员；③必须向未来的雇主介绍你的价值；④应当易于阅读，字号要比简历中的字号更大，一般3～5个简短的段落就足够了；⑤确保在求职信上签署姓名、日期。

(二)如何撰写出色的求职信

若想写出一份出色的求职信，必须牢记几点建议：①使用专用的纸张，上端写有你的姓名、地址和电话号码；②尽量把求职信的长度控制在一页之内；③在求职信中展示你独特的解决问题的技能，并且用特定事例加以支持；④如果用人单位没有特殊要求，不宜在求职信中谈论薪资；⑤如果你对待遇有特殊要求，那么你可以适度地提及，并且注明这是可以再协商的（如果可以的话）；⑥确保求职信有职业风范；⑦确保求职信中不出现拼写、语法和打印错误；⑧确保求职信简短达意，切忌杂乱无章，言之无物，你在求职信和简历中说的一切都必须能够在面试中得到支持和证实；⑨在求职信中回避负面和相互矛盾的话题，使用敬语结束。

第三节　就业信息的收集与处理

一、就业信息的收集

收集就业信息，关键是要有畅通的信息渠道，并结合自己所学的专业和特长，有所侧重。目前，毕业生收集就业信息一般主要通过以下几个渠道进行。

（一）学校的主管部门

目前，各高校学生工作处和各院（系）党总支为组织协调全校毕业生就业工作的职能部门，它们会及时发布就业信息。毕业生可以直接到校学生工作处，院（系）党总支咨询就业信息。就目前状况来看，毕业生从学校得到的就业信息数量大，可信度高，针对性、准确性均较强，因此学校是毕业生收集就业信息的主渠道。校学生工作处和各院（系）党总支通过组织招聘会，架起供需桥梁，使学生顺利就业。

（二）各级政府主管部门和就业指导机构

为了适应毕业生就业制度改革的需要，县级以上各级政府多数都成立了毕业生就业指导机构，这些机构的主要职责就是制定辖区的毕业生就业政策，交流毕业生和用人单位的供求信息，为毕业生提供各种咨询服务。它们每年都要通过各种形式为毕业生提供各种可靠的就业信息。

（三）全国及各省、市人才交流会

由各地方政府、学校或用人单位举办的规模不等、形式多样、定期与不定期的“双向选择”活动或招聘会，往往具有时间集中、信息量大、针对性强、双方面对面接触的特点，是毕业生了解就业信息、成功择业的难得机会。在那里，你不仅可以了解到很多不同的单位和职位，而且还得到了一次极好的锻炼面试技能和增加面试中自信心的机会。你可以先与最感兴趣的单位进行交流，然后尽可能多地与其他单位交流一下，这样也许会发现很多意想不到的机会。

（四）师长和校友

高校中很多专业教师与校外的研究机构、企业或公司等合作开发科研项目，很多教师在行业协会中都有兼职，并参加各类行业年会与学术交流会，你可以通过有关教师获得用人单位的信息。同时，校友也是获取用人单位信息的宝贵资源之一，你可以利用学生干部经历，参加学校组织的学生活动的经历，甚至是“老乡”关系，尽可能多地认识一些师兄师姐，请他们为你收集某单位或某行业内的就业信息。你也可以给已在你感兴趣单位供职的校友写一封信，请他为你提供有关公司内部招聘的情况等。总之，只要你是有心人，并注意开发这方面的资源，就一定会收集到更多的就业信息。

（五）家长和亲友

在收集就业信息时，动员家长、亲戚、朋友及朋友的朋友，为你提供就业机会，也是一个非常有效的途径。他们的社会交往广泛，社会经验丰富，对你的人品、学业、能力及个性等情况相对比较了解，容易提供适合供需双方要求的信息，并且在帮助了解就业信息或推荐就业时积极主动、不遗余力。

（六）社会实践

走出校门、融入社会、体验人生，是大学生自我教育的有效形式之一，同时也是大学生收集就业信息、推销自我的机会。目前，按照学校的要求，几乎每一个在校学生都有利用寒暑假进行社会实践的任务。大学生应充分利用课余时间参与社会实践，到各种单位挂职锻炼，了解单位对大学毕业生的需求情况，同时了解其现有的职位、职业竞争机会和其内部管理情况，以利于日后的择业竞争。

（七）毕业实习

毕业实习是大学生踏入社会的前奏曲，是参加工作的预演，所以每个人必须充分重视这一难得的经历。实习，一方面使用人单位对你有所认识、了解，另一方面使你对社会工作有更感性的认识。如果你要向单位证明你是一个有价值的职员，那么在实习过程中体现出你的才华、能力与敬业精神，将为你毕业后加入该单位奠定良好的基础。

（八）有关新闻媒体

目前，很多用人单位通过新闻媒体发布招聘信息。这类信息经常公布在日报、晚报、广播电视报及各类相关行业的专业性报刊或杂志上，应注意定期收集，并查询有关资料。也有的同学自己在有关新闻媒体上做广告，介绍自己的简历，希望感兴趣的单位与其联系，但往往收效甚微。

（九）查阅电话簿

一般来说，一个地区电话簿的分类目录包含了该地区几乎所有企业的名单，你可以在电话簿中找到你感兴趣企业的联系方式和地址。

（十）利用网络收集就业信息

网络，作为开放式的信息平台，正以日新月异的速度发展，并使人们生活的各领域发生了突飞猛进的变化。而网上求职正以其开放、全面、快捷的特点逐步形成规模。我国各地纷纷建立人才市场信息网，实现网上就业信息查询和网上招聘。要想更全面、更快捷地获取就业信息，在严峻的就业形势中抢占先机、如愿以偿，就要学会利用网络进行就业信息的搜索。从网站上搜索信息基本上有两个途径：一是从专业的就业网站上查找信息，二是从各大搜索引擎上查找就业信息。

（十一）其他途径

通过参加各级各类博览会、产品展销会等，了解企业情况、收集就业信息，如广交会、中国国际服装服饰博览会、国际食品添加剂展销会、中国高新技术科技成果展及中国国际机电产品博览会等。通过某一新产品形态收集相关企业名称和联系方式，如想了解食品类企业，可到超市通过陈列的产品，了解企业名称和联系方式等。

二、就业信息的整理与使用

在广泛收集信息的基础上，结合自己的实际情况和国家有关的政策、法规对信息进行去伪存真、去粗存精，有目的性及针对性地进行排列、整理和分析是非常必要的。只有确保信息具有准确性、全面性和有效性，才能使它们更好地为自己的就业决策服务。

（一）就业信息的整理

要根据本人实际情况与择业理想，有针对性地对就业信息进行分类整理。

（1）就业政策信息整理。就业政策信息可以分成国家就业政策信息与各地方政府就业政策信息两类。国家就业政策信息较为稳定，要将其主要内容记录下来，如有调整应及时添加；各地方政府就业政策是各不相同的，每年都有适度的“从宽”或“从紧”的调整，在初步确定求职地域后，应了解一下当地的人事政策，对户口迁移、养老保险及应届大中专毕业生准入条件等相关内容进行对比、整理，以便于记忆。

（2）单位分布区域信息整理。单位分布区域信息整理时，一般可以将各个单位分为东南沿海单位与内地单位。东南沿海单位又可能分布在中心城市，如上海、广州、深圳等；大城市，如厦门、青岛、宁波、南京、苏州、无锡等；中小城市，如昆山、张家港、漳州、绍兴等。同时，目标单位是分布在市区、郊区还是开发区，又可以分类整理。

（3）企业品牌知名度信息整理。在调查研究的基础上对企业的知名度、资产规模、产品的市场占有率及发展潜力等进行综合排序，适度归类整理。

（4）网上就业信息整理。对从网络上下载下来的就业信息进行及时整理，以便日后定期查看；对已填写简历的网站和单位要重点记录。

（二）就业信息的使用

使用就业信息时必须做到以下几点：

（1）正确地选择。择业的成败很大程度上取决于对就业信息的选择。选择是一门集思想性、政治性、科学性、综合性于一体的学问。要选择得好，首先必须能在较短的时间内查阅大量的信息，以便从中迅速发现最有用、最重要的信息；其次，要鉴别、判断，善于识别信息的准确性、有效性和可行性。信息在传递过程中可能会因人为因素的影响而失真，这就要求我们必须通过查询、核实加以修正与充实，使信息具有有效性；同时必须依据自身实际情况和有关方针政策找到最合适自己的信息，使信息具有可行性。

（2）善于开拓。很多信息的价值往往不是直观的，使用者必须经过深入思考，加以引证才能发现。常言道："信息的价值会用则有，不会用则无。"所以，当你获得一定量的就业信息时，还必须善于利用，否则仍将一无所获。

（3）迅速反馈。信息有很强的时效性，及时用之是财富，过期不用是垃圾。在你收集到广泛的信息并加以分析处理后，应尽早决断并向用人单位反馈信息，否则"机不可失，时不再来"，条件较好的职业人人都会感兴趣，而录用指标是有限的，所以犹豫不决会使你痛失良机。

第四节 面 试 技 巧

无论是对招聘者还是对求职者来说，面试都是十分重要的。对用人单位来说，通过面试可以了解求职者的业务水平，观察求职者的素质修养，判断求职者是否是用人单位所需要的人才。而对求职者来说，面试也是充分展示自己能力、才华的绝好机会，是择业成功的一个重要步骤。因此，大学毕业生要掌握面试的技巧和方法，以提高择业成功率。

一、面试的作用、形式及过程

（一）面试的作用

面试是通过面对面交谈对应试者进行考核的一种方式。面试具有较大的灵活性和综合性，能够直观地反映应试者的实际情况，包括知识面和业务能力、口头表达能力、应变能力、心理承受能力及气质等。面试的主要作用有以下 3 点。

（1）对气质的直接考察。通过面试，用人单位可以考察应试者的气质类型，根据应试者的气质判断哪些人是开拓型人才，哪些人是稳健型人才，然后根据用人单位岗位要求决定取舍。

（2）对逻辑思维能力的考察。面试时，用人单位对应试者的逻辑思维能力进行考察，通常从某一侧面提出若干问题，请应试者当场回答。这就要求应试者具有临场冷静应对、善于把握重点、层层分解问题、保持思路清晰的能力。

（3）对知识能力的考察。用人单位会在面试中考察应试者是否具有真才实学，他们虽然看重学习成绩，但更看重实际运用能力，如动手能力、科技创新能力及新产品开发能力等。

（二）面试的形式

目前，常见的面试形式有以下几种：

（1）模式化面试。由面试官预先准备询问题目和有关细节，逐一发问。其目的是获得有关应试者全面、真实的材料，观察应试者的仪表、谈吐和行为，以及沟通意见等。

（2）问题式面试。由面试官对应试者提出一个问题或给出一项任务，请应试者予以解决或完成。其目的是观察应试者在特殊情况下的表现，以判断其解决问题的能力。

（3）非引导式面试。面试官海阔天空地与应试者交谈，让应试者自由地发表言论，尽量活跃气氛，在闲聊中观察应试者的能力、知识、谈吐和风度。

（4）压力式面试。由面试官有意识地对应试者施加压力，针对某一问题做一连串的发问，抓住细节追根究底，直至无法回答为止。面试官甚至有意识地刺激应试者，看应试者在突如其来的压力下能否做出恰如其分的反应，以观察其应变能力。

（5）综合式面试。由面试官通过多种方式综合考察应试者多方面的才能。例如，用外语同应试者会话以考察其外语水平，让应试者抄写一段文字以考察其书法，让应试者讲一篇课文以考察其演讲能力，也许还会要求应试者现场操作计算机或打字机等。

（6）网上面试。随着网络的日益普及，网络技术的日渐成熟，网上面试正在被很多大学生和用人单位所接受，这种面试方式快捷、高效又经济，是其他面试方式无法替代的。随着各高校就业指导机构网络建设的加强，将有越来越多的大学毕业生利用这种面试方式实现自己的职业梦想。

（三）面试的过程

面试的过程中应注意以下几点：

（1）梳理目标。仔细列出目标企业，将提供过求职材料的公司详细地列成表格放在手头。如果用人单位在面试前打电话通知你的时候，你能流利地说出“××公司，谢谢你们和我通电话”，那么效果会更好。

（2）上阵前先沙盘推演。熟能生巧同样可以运用在面试技巧上，千万不可毫无准备就贸然前往面试。找个熟识的朋友，先来一场预演，请朋友客观地对你的答案和举止仪态提出建议。在面试的过程中，面试官可能会针对你的简历发问，最好能事先准备言简意赅的说法，既表达意见又适度介绍自己。面试官很重视求职者对新工作的了解程度，希望找到的人是真正对这个行业有兴趣，所以事前收集资料，会让面试官产生你是单位一分子的感觉。

（3）要注意言行举止。面试时要面带笑容、精神饱满，态度要端正，说话要谦和，对用人单位的面试人员要尊重。你应给面试人员留下最佳印象，因为你决不会再有重演一次的机会。你一走进面试室，就应直视面试官的眼睛，挺直腰板坐在椅子上。尽量与面试官保持面对面、视线相接的姿势。不要显得坐立不安，不要随意拉扯头发、摆动双腿或者做出任何有损于形象的姿态。

（4）注意合理选择座位。面试既可能在专用会客室或会议室，也可能在面试官的办公室进行。在进入面试室后，应遵照面试官的指示坐到相应座位上，如果面试官不指定座位，可选择面试官对面的座位，或询问面试官后坐到适宜的位置。坐的位置既不要离面试官过远而产生距离感，也不要过近。如果和面试官共用一张办公桌，切忌探视面试官办公桌上的文件或面试资料。在选择座位时，应落落大方，必要时征求面试官的同意。

（5）保持学生的本色。清晰简洁地介绍自己，准确地回答问题，坦陈自身的缺点而不是回避。无论是在面试还是在笔试中，比较聪明的做法不是向面试人员表达独树一帜或是冷僻的观点，而是尽量挑选易于表达的或自己驾轻就熟的话题来阐述，这样表达起来会比较流利、清晰、有条理，也是最讨巧的。当然在此基础上，能有自己独特的见解自然是锦上添花。

（6）在语言上体现礼貌风范。多使用"您好""请您关照""谢谢""再见"等礼貌用语。

二、面试中常见的问题及回答技巧举例

（1）你有没有工作经验？没有工作经验是不是你的一个劣势？

● 我在校的时候，曾经在课余时间做过……也从中悟出了一些相通的道理，我知道这离您所指的工作经验还有距离，不过不能说一点基础都没有，而且我无论做什么，都能很快进入角色……

● 我觉得，有时候，经验是必不可少的；但有时候，经验也会给人的思维带来束缚。或许我会通过对这个岗位的自我理解，提出更有新意的工作方案，当然具体还要我的上级和同事进行指导及把握……

● 没有经验或许是件好事，就像是一块白布，更容易染成贵公司（单位）想要的颜色……

● 严格意义上讲，有经验的人只有贵单位内部才有，来这里应聘的人都是没有经验的，因为即便有经验，那也是他们从前在别的单位所获得的，相信用不了太长时间，那些共性的东西我也能完全掌握……

（2）请你自我介绍一下。你最大的长处、特色在哪里？哪些是你过去做得最好的事情？你具备什么样的专业技术及知识？

自我介绍内容要与个人简历相一致；表述方式尽量口语化；要切中要害，不谈无关、无用的内容；条理要清晰，层次要分明；事先最好写出来并背熟。千万不能说"这

些我在简历中都已经写得很清楚了"，趁这个机会，把自己的情况再有声有色地陈述一番，效果会比干巴巴的简历好上很多倍。

不能一字不落地重复简历上的细节。可以利用这个机会讲些生动的东西出来，从而弥补简历上平面而单调的个人信息。

介绍自己的工作经历时可以从参加工作时讲起，不要扯得太远；重点介绍自己从事什么工种，有何特长，凡与此无关的都可省略；能够显示自己优势的，可以讲详细些，而且要与应聘职位联系起来。注意，介绍自己的成绩时，要注意口气，不要显示出自我吹嘘的痕迹，给人以自信、谦逊、不卑不亢的印象。

（3）谈谈你的缺点。

可以说出一些对所应聘职位"无关紧要"的缺点，甚至是一些表面上看是缺点、从工作的角度看却是优点的缺点。回答"没有缺点（弱点）"并不能给用人单位留下完美的印象，反而让人觉得你要么是对自己缺乏了解，要么是自负。人无完人，没有人会相信这样的回答。只有充分地认识到自己的弱点，才能造就真正成熟的人格。

（4）你最不喜欢的大学课程是什么？为什么？

● 我的回答可能让您觉得诧异，大学里，我并没有什么最不喜欢的课程，即使是那些在别人眼里枯燥乏味的课程，我也能从中获取宝贵的知识，如哲学，其中的辩证法相关内容，对我正确看待人、看待事物、看待身边发生的事情，都起到了积极作用。再如……

● 我珍惜大学生活的每一天，也包括大学里的每一节课，虽然这些课程有时会与我的主观喜好有矛盾，但我都能说服自己，在这些课程中找到对自己有利的点。一旦找到了这个点，我就不再不喜欢这门课程了。

● 我不太喜欢那些枯燥乏味的课程，但有时这与任课老师有直接的关系，老师会把呆板的理论变得生动鲜活，也会把本该有趣的课程变得枯燥无味。我常常想，上课就好像工作，如果有个好的领导或机制，即便再难再枯燥的工作也能变得富有生趣，哪怕是薪资很少，我也乐于承担这样的工作，这也是我来应聘贵公司这个岗位的原因，因为我觉得这里能激发我的兴趣和创造力……

● 我学的是技术性的专业，而且兴趣也在这里，只想做好专业的工作，不愿意去面对复杂的管理……（如果你应聘的是专业技术岗位，不妨这样回答）

（5）你对薪资有什么样的期望？……这样的薪资标准你觉得怎么样？能接受吗？你对薪资有什么其他要求吗？

有些用人单位会追问你到底要多少钱，以便了解你的真实预期及你的抢手程度。如果是面对小企业，你不妨说出你的真实预期。经常参加校园招聘的公司或者较大型的公司，通常是在面试的最后一轮才问你这个问题，这时你回答的薪资水平不要超高，只要让面试人员感到你能真心接受根据历年新员工入职工资及市场行情确定的工资标准就可以了。若没有把握，可以给出一个范围，下限可以低些，上限不要太高，这样进可攻，退可守。

在薪资问题上，最怕的是有些同学恨不得在面试第一轮就先知道对方能支付多少工资及福利待遇如何。在这个问题上大家有一个错误的理解，以为薪资谈判是面试中的重要部分，其实用人单位录取你的前提是对你各方面都满意，此前无须过早谈论薪资。如果你真被问及这方面的问题，说明用人单位对你很感兴趣，这是个积极的信号。对这一问题，你或许可以这样回答：

● 我期望的薪资标准，应该是……但期望是一回事，实际又是另外一回事，毕竟我刚出校门，对行情不是很了解，贵公司（单位、部门）也有自己的薪资标准，在这样的前提下，我尊重贵公司关于薪资方面的考虑……

● 我没有把薪资特别当回事，毕竟我刚出校门，在工作上尚处于学习阶段。另外，贵公司也有针对薪资的安排，我尊重贵公司的考虑。我也相信自己的适应能力和工作能力，更相信自己的价值在薪资上能公平地体现……

（6）你对公司有什么问题要问？你还希望知道哪些方面的情况？

这个问题的背后隐含着你可能被录用的征兆。如果对你不满意，对方往往不会问这个问题，省得浪费时间，所以要慎重回答这个问题。如果你要问，就要问一些能引起对方注意，并且显得不是那么过分的问题。例如，员工发展机会、工作挑战、职业生涯路径是怎样的，这些问题既是对方能够回答的，也是你最关心的。

● 能为我介绍一下贵单位的中长期规划吗？

● 在内部员工的竞争机制上，贵单位有哪些具体的举措呢？

● 我住的地方离贵单位比较远，平时上下班不太方便，贵单位在员工住宿方面有什么考虑吗？

● 如果被公司聘用，公司能为我尽快进入角色提供哪些帮助呢？

● 您已经介绍得比较详细了，我暂时没什么问题了。

提问题时可以巧妙地向对方传达你的想法，但要把握好分寸，而且问题不宜过多，一两个就足够了，否则会有让对方生厌的可能。

以下列举一些常见的其他问题，仅供大家参考：

（1）没有工作经验的情况下，你打算怎样适应新的工作？

（2）能谈谈你的家庭吗？

（3）你最崇拜谁？

（4）你的座右铭是什么？

（5）谈谈你的一次失败经历。

（6）你为什么选择我们公司？

（7）对这个岗位，你有哪些可预见的困难？

（8）如果录用你，你将怎样开展工作？

（9）我们为什么要录用你？

（10）依你现在的水平，能找到比我们企业更好的公司吗？

（11）今天参加面试的有近十位候选人，如何证明你是其中最优秀的呢？

（12）你择业时考虑的主要问题是什么？

（13）这份工作压力很大，你能承受得了吗？

（14）你最喜欢什么样的领导，什么样的工作？

（15）你觉得自己有足够的资格干这项工作吗？你觉得自己干这项工作是大材小用，还是小材大用？

（16）你希望与什么样的上级共事？

（17）与上级意见不一致时，你将怎么办？

（18）你认为自己最大的弱点是什么？

（19）你最喜欢的大学课程是什么？为什么？

（20）除了工资，还有什么福利最吸引你？

（21）在此之前，你为什么还没找到合适的职位？

（22）你的业余爱好是什么？

（23）你现在能把过去做过的工作做得更好吗？

（24）我可以跟你的老师联系求证一下吗？

（25）有想过创业吗？

（26）你谈恋爱了吗？你如何看待大学生谈恋爱？

（27）你有什么特长？

（28）与其他人相比较，你的不同在哪里？

（29）你愿意干最基础的工作吗？

（30）谁对你的影响最大？

（31）你认为你适合干什么？

（32）你认为自己过去工作中最值得骄傲的一件事是什么？

（33）在遇到很大的打击时，你有没有想到过轻生？

（34）你认为自己有什么劣势？

（35）你的暑期打工工作是怎样找到的？

（36）你如何规划自己未来的事业？你在今后的 5 年中要达到什么职位？

（37）你是否愿意做常规工作？

（38）你想找一份长期的还是临时性的工作？

（39）你并非毕业于名牌院校，是吗？

（40）你经历太简单，而我们需要的是社会经验丰富的人，你的相关工作经验较为欠缺，你怎么看？

（41）你的专业怎么与所申请的职位不对口？

（42）你的学历对我们来讲太高了。

（43）你的性格过于内向，这恐怕与我们的职位要求不匹配。

（44）你在接受别人指导时，会不会感到难受或受到伤害？

（45）你为什么来应聘这份工作？

（46）你对加班有什么看法？

（47）我们觉得你的年龄稍小了点，恐怕在经验方面不如其他人，你怎么看？

（48）你对我们公司有什么认识？你对我们的企业知道多少？

（49）你对企业运作的看法是什么？

（50）评价一下我（面试官）吧。

（51）别只讲好听的，说出我（面试官）的两个缺点来吧。

三、面试时应注意的几个问题

面试时应注意的几个问题如下：

（1）提前5～10分钟到达面试地点。这样可以显示你的诚意，给对方留下好印象，同时也可调整自己的心态，做一些简单的准备，以免仓促上阵、手忙脚乱。为了做到这一点，一定要牢记面试的时间、地点，有条件的话，最好能提前去一趟，一来可以熟悉环境，二来便于掌握路途往返时间。如果迟到了，肯定会给招聘者留下不好的印象，甚至会丧失面试的机会。

（2）进入面试房间时不要紧张。如果门关着，应先敲门，得到允许后再进去。开关门动作要轻，以从容自然为好。见面时，要向招聘者主动问好，称呼应当得体。在面试官没有请你坐下时，切忌急于落座。面试官请你坐下时，应道声“谢谢”。坐下后保持良好的体态，切忌大大咧咧、左顾右盼、满不在乎，以免引起反感。离去时，应询问“我可以离开了吗？”得到允许后，应微笑起立，道谢并说“再见”。

（3）对面试官的问题要逐一回答。对方给你介绍情况时，要认真聆听。为了表示你已经听懂并对面试官所提的问题感兴趣，可以在适当的时候点头或适当提问、答话。回答面试官的问题时，口齿要清晰，音量要适度，答话要简练、完整，尽量不要用简称、方言和口头语，以免对方难以听懂。一般情况下，不要打断面试官的话或抢答，否则会给人急躁、鲁莽、不礼貌的印象。问话完毕，听不懂时可要求重复。当不能回答某一问题时，如实告诉面试官，含糊其词和胡吹乱侃会导致面试失败。对重复的问题也要有耐心，不要表现出不耐烦。

（4）在整个面试过程中，要保持举止文雅大方，谈吐谦虚谨慎，态度积极热情。如果面试官有两位以上，回答谁的问题，你的目光就应注视谁，并应适时地环顾其他面试官以表示你对他们的尊重。谈话时，眼睛要适时地注视对方，不要东张西望，显得漫不经心，也不要眼皮下垂，显得缺乏自信。激动地与面试官争辩某个问题也是不明智的举动，冷静地保持不卑不亢的风度是有益的。有的面试官专门提一些无理的问题试探你的反应，如果你“一触即发”，乱了方寸，面试的效果显然不会理想。

案例

求职案例 1

张丽各方面条件都很不错，但在一次求职面试中，她却失败了。原因在于她的自我介绍语言空泛，言之无物。

她是这样说的："我读大学时，是班级团支部书记，组织能力强，交际广泛，有好奇心，协调能力强，善社交，朋友多，有韧性。"

"协调能力强""善社交"之类的抽象词语，本是面试官评价应聘者时使用，做自我介绍的应聘者本人不应该使用。参加面试就是为了推销自己，所以极力推销自己的心情可以理解，不过应聘者自我介绍时，一定要用客观、具体的语言来评价自己，而不要用主观、抽象的语言。面试官们往往只相信那些可以量化的成绩，而不会对"组织能力强"之类的词语过于相信。倘若张丽在"组织能力强"后面加上一句"曾经协调组织了××年学院元旦晚会，并取得了成功"，那效果就不一样了。

求职案例 2

某电视台招聘记者，小郑前去应聘。面试中，面试官指出："你说你爱好写作，可是我看了你填的报考表，在'自我评价'栏中居然出现了三处语法错误，现在既没有多余的表格，也不准涂改，你怎么办？"小郑听罢吃了一惊，心想：填表时自己是字斟句酌的，怎么会有三处语法错误呢？但时间不允许他多想，他当机立断，回答说："为了弥补失误，我可以在表后附一张更正说明，上面写上'某某地方出现了三处语法错误，实属填表人粗心所致，特此更正，并向各位致歉。'不过……"他停顿了一下说："在发出这份更正说明之前，我想知道是哪些错误，因为不能无的放矢，错误地发出一份更正说明，我不愿意再犯这种错误。"

他的机智应对让面试官暗暗叫好。其实他的报考表并没有语法错误，这不过是面试官设的一个圈套，用以考察他的自信心和反应能力。从表达角度看，他的得分主要在于后半部的补充说明。这一段说明表达流畅、滴水不漏，体现了他反应机敏、认真仔细、一丝不苟的品格，帮助他赢得了面试官的好评。

（改编自校园案例）

第五节　求职心理调适

一、求职过程中的心理冲突

（一）理想自我与现实自我的冲突

大学生是富有理想的，这种理想在头脑中形象化就构成了大学生的理想自我，而现实经历又构成了他们的现实自我。社会对大学生的期望很高，加之有利的学校教育环境，促使他们的理想自我发展相对较快，因此大学生的理想自我一般都会超过现实自我。他们对自己的未来都有非常美好的追求，在求职择业中这种追求更为强烈、更为丰富、更为远大。经过充实而丰富的大学生活，大学生知识的羽翼已渐丰满，面对汹涌的市场经济大潮，他们豪情澎湃准备搏击一番。然而，由于他们涉世尚浅，社会经验欠缺，理想往往与严酷的现实形成了巨大的反差，这种反差导致他们产生了强烈的矛盾心理。例如，很多大学生梦想通过自己的艰苦创业成为企业家或大经理、大老板，但并未考虑自身的知识、能力、特长、性格、气质等是否适合从商，或者未真正考虑自己目前的经济状况、家庭状况是否允许自己独立创业，这样便出现了理想自我的膨胀和现实自我的萎缩之间的冲突。

（二）理智与情感的冲突

大学生作为社会中一个独特的知识性群体，社会的期望和其自身的定位，总使他们渴望像老练的职场人一样稳健地处理所发生的事情。但他们情感丰富而又易波动，特别是在求职择业过程中遇到挫折时，情绪很容易走极端，往往以个人的情趣、好恶或经验、直觉为标准来处理事务，这就必然产生理智与情感的冲突。

（三）渴望竞争与缺乏竞争勇气的冲突

当代大学生公平竞争意识较强，渴望在公平的条件下与他人竞争，以实现自身的价值，而且就业制度的改革，也为大学生求职择业提供了公开、公平的竞争环境。然而，竞争也让一部分大学生感到压力，使少数人感到无所适从。一些大学生错误地认为，竞争为不正之风开辟了新的途径，双向选择滋长了不正之风。他们深恶痛绝那种投机取巧、靠侵害别人的利益来获取好处的就业行为，但实际竞争时又怕风险，抱怨竞争的残酷性，致使在就业过程中失去勇气，变得顾虑重重。

（四）自尊与自卑的冲突

经过大学阶段专业知识的学习和校园环境的熏陶，大学生的自我意识日趋成熟，对自我的存在及定位有了明确的认识。在择业中，他们已经意识到自己作为人才将被社会重用，将为社会贡献自己的聪明才智，也将实现自身的人生价值，因此，他们容易产生一种优越感和自豪感，表现出强烈的自尊心。然而，由于大学生的人生观、价值观尚未最终定型，再加上社会大环境的影响，他们往往不能客观地分析和评价自我。多数大学生对自己的评价偏高，未做好承受挫折的心理准备；少数大学生对自己的评价过低，时常产生自卑自贱、自怨自艾的心态，择业时期望值过低，未做好主动竞争和利用机遇的心理准备。

（五）追求自我价值实现与缺乏艰苦奋斗精神的冲突

随着大学生社会性思维、自我意识和社会性需要的逐渐完善与成熟，他们已形成了比较稳定的价值体系。尤其是就大学毕业生而言，他们所学的专业和大学期间所从事的个人感兴趣的活动，其社会任务的性质都已基本确定，在社会生活中具有何种意义和作用也越来越明确。因而，他们对自我价值的定位和自我价值的实现有了基本的认识，并确立了自己的人生价值目标。随着我国社会主义市场经济的建立和西方个人主义价值观的大量渗透，我国大多数大学毕业生在注重社会价值的同时，更注重自我价值的实现，他们渴望运用自己的聪明才智成就一番大事业，而不愿碌碌无为。然而，他们缺乏艰苦奋斗的精神，不愿脚踏实地从基层做起、从最平凡的工作做起，不愿到艰苦和偏远的地方去工作。他们虽然也关心国家和人民的前途，但更重视自我价值的实现。在择业过程中，毕业生更倾向于选择东部经济发达地区或沿海地区，一些西部经济欠发达地区却很少有人问津；大多数毕业生宁可选择在大中城市从事一些不稳定的工作，也不愿意到艰苦、偏远的小城镇去从事稳定的工作；有些毕业生甚至想抛弃自己所学的基层最需要的紧缺专业而进入所谓层次高、工作条件好的其他行业。这种既想实现自我价值又不愿艰苦奋斗的矛盾心理往往使他们处于一种两难境地，产生激烈的心理冲突。

二、求职过程中的心理障碍

（一）焦虑

焦虑是一种紧张、害怕、担忧、焦急交织的情绪体验，当人们在面临威胁或预料到某种不良后果时，便会产生这种体验。焦虑是人处于应激状态时的正常反应，适度的焦虑可以唤起人的警觉，帮助人们集中注意力、激发斗志，有利于个体目标的实现。但过度的焦虑，则会干扰人的正常生活和学习，容易导致较严重的心理障碍或心理疾病。

求职择业过程中，很多大学生表现出焦虑的倾向。引发焦虑的原因主要是担心以下问题：自己能否找到一个适合自己专业特长、工作环境优越的单位；面试时应该如何介绍自己，什么该说，什么不该说；用人单位是否会选中自己；被用人单位拒之门外怎么办；自己看中的单位，父母、恋人不赞同怎么办；选择单位失误，“一失足成千古恨”怎么办；到单位后不能胜任工作或处理不好同事关系怎么办；等等。焦虑使大学毕业生精神上负担重重、紧张烦躁、心神不宁、萎靡不振；学习上得过且过、穷于应付、反应迟钝；生活中意志消沉、长吁短叹、食不知味、卧不安席。

大学生择业中产生焦虑的一种特殊表现是急躁。在工作单位未最终确定前，大学毕业生们普遍都有急躁心理。他们恨时间过得太慢，怨用人单位优柔寡断，他们总希望好运能够垂青自己，无须经过周折就能如愿以偿。这种急躁心理有时表现为对用人单位信息掌握较少或不完全了解用人单位的工作性质就匆匆签约，结果发现未能如愿，后悔莫及。那些在规定的期限内未落实工作单位的毕业生，他们的心情更为急躁。

（二）自卑、怯懦

自卑是一种不良的情绪反应，也是一种缺乏自信心的表现，是一种消极的失去心理平衡的心理状态。一些大学毕业生在择业过程中往往过低地评价自己，总是自惭形秽，自己看不起自己，他们缺乏自信心、缺乏勇气、不敢竞争。在屡遭挫折后，他们容易产生强烈的自卑心理，胆小、畏缩，觉得自己事事不如人。这种心理不仅使一些学生悲观失望、忧郁孤僻、不思进取、优柔寡断，而且使他们对自己产生歪曲的认识，阻碍自身聪明才智的正常发挥。过度自卑，还会使大学生产生精神萎靡、心灵扭曲，以及沮丧、失望、孤寂、脆弱等心理现象。

怯懦是一种胆小怕事的表现。大学毕业生第一次面临择业中的竞争，由于缺乏经验，心理紧张可以理解，但如果过于紧张或异常胆怯、谨小慎微，则会影响正常水平的发挥。有些大学生在求职择业中过于胆怯，有一种“丑媳妇怕见公婆”的心理。面试时，有的在招聘者面前不是面红耳赤，就是语无伦次、张口结舌、支支吾吾、答非所问，辛辛苦苦准备的“台词”、腹稿，一急之下忘得一干二净；有的谨小慎微，生怕一句话说错、一个问题回答不好就会影响自己在招聘者心目中的形象，以至于缩手缩脚；有的过于紧张，手忙脚乱、局促不安。这种怯懦心理多见于女生及性格内向或气质忧郁的大学毕业生。

（三）压抑、苦闷

青年大学生思想活跃、兴趣广泛、精力充沛，但在临近毕业时，他们一方面要面对求职择业过程中的种种挫折；另一方面要应付毕业季的种种琐事，承受即将失去美好大学生活的伤感，同时还要接受与同窗好友和相爱恋人分手的痛苦。再加上大学生在心理、生理和社会性发展中的矛盾性特点，他们更容易产生压抑、苦闷的情绪。在这样一种低落消沉的情绪状态下，他们看到的一切仿佛都笼罩着一层暗淡的灰色，他们对什么事都提不起兴趣，常常感到精力不足、注意力难以集中、思维迟钝，同时伴有痛苦、羞愧、自怨自责、悲伤忧郁的情绪，表现为自我评价偏低，对前途悲观失望。长期处在这样一种压抑或苦闷的状态下，大学生毕业期间的学习、工作、生活会受到极大影响。他们往往对学习、交往、工作和活动失去热情与动力，体验不到生活的乐趣，自我评价偏低，常常自怨、自责，认为自己无能无用，愧对父母师友，严重者甚至产生自杀的念头和行为。持久的压抑、苦闷，还可能导致抑郁性神经症、肿瘤、胃溃疡、结肠炎等多种身心疾病的产生。

（四）孤傲、冷漠

一部分大学毕业生对自己评价过高，认为自己高人一等，非常傲气，或认为自己的学习成绩好，能力强，又有良好的社会背景，不会没有好的归宿，哪个单位录用自己都是其荣幸；或认为现实太落后、英雄无用武之地。在求职择业中，这些大学毕业生好高骛远，期望值过高，看不上这个单位，瞧不起那个职业，横挑鼻子竖挑眼，没有自己满意的。孤傲心理是缺乏客观的自我分析和自我评价的表现。一旦有了这种心理，就很容易脱离实际，脱离群众，以幻想代替现实，使自己的择业目标与现实产生很大的反差。倘若未能如愿，他们的情绪就会一落千丈，产生孤独、失落、烦躁、抑郁的心理现象。

冷漠是一种对外界刺激漠不关心、冷淡、退让的消极情绪体验。通常这种心理在个体不堪承受挫折、压力，攻击行为无效或无法实施，又看不到改变境遇的可能时产生。一些大学生因在择业中受到挫折而感到无能为力、失去信心，表现为不思进取、情绪低落、情感淡漠、意志麻木。他们自认为看破红尘，决计听天由命，任凭命运发落。一般来说，性格内向、固执、心胸狭隘、思维方式片面的大学生更易在挫折打击下产生冷漠反应。

（五）躯体化症状及其他问题行为

躯体化症状是由心理压力和不良生活方式导致的异常生理反应。一部分大学毕业生人格并不十分健全，面对压力容易出现某些躯体化症状，如偏头痛、头昏、血压不正常、消化紊乱、胃痛、肌肉酸痛、口干、心慌、尿频、饮食障碍或睡眠障碍。

问题行为即违背社会行为规范的不良行为。毕业前，一些大学生因某些主体需要不能得到满足而产生强度较大的挫折感，加之平时缺乏应有的品德和个性修养，可能发生各种各样的问题行为。常见的有逃课、损坏物品、对抗、报复、迁怒于人、拒绝交往、过度消费、嗜酒等。问题行为的存在，不仅会影响大学毕业生顺利择业，还可能导致严重违法与违纪。

三、求职过程中的心理调适

（一）积极调适，合理宣泄

大学生在择业过程中受挫以后，心理上处于焦虑、愤怒、冲动的应激情绪状态，如果得不到及时、妥善化解，则可能表现出攻击、轻生等多种消极的行为反应，这无论对社会还是对大学生个体都会产生不良的影响。因此，采取合理的、可控的、与社会规范相符的方式宣泄受挫后的紧张心理，恢复心理平衡，对大学生来说是很有必要的。

合理宣泄是指大学生在求职择业过程中受挫以后，通过语言或文字的方式主动地向老师、同学、朋友、父母倾吐内心感受，甚至可以痛哭一场，以减轻内心的负担。男大学生尤其不能长时间地将紧张、焦虑、痛苦等挫折感受紧锁心间，认为“男儿有泪不轻弹”。强行压抑自己的情绪只会导致心理更加郁闷，不利于自己冷静地面对现实，分析情况。痛哭可以将悲痛情绪畅快淋漓地宣泄出来，同时，流出的眼泪可以把情绪紧张或悲伤时体内产生的某些化学物质带出体外，这对大学生的成长是十分有利的。

笑也是一种良好的宣泄方式。专家认为，1 分钟的笑对身体的作用，相当于 10 分钟的慢跑。放声大笑不仅能锻炼肩部、手臂、臀部和腿部肌肉，还有镇痛作用。正所谓“笑一笑，十年少”。

运动也是一种值得提倡的良好宣泄方式。受挫的大学毕业生通过参加各种体育运动，可以消除悲观、失望的消极情绪，激发积极进取的勇气。在某种意义上，激烈的体育运动是受挫后攻击行为的合理化方式或替代方式，也是人体内过剩能量的一种释放方式。同时，在体育运动中，人们增大了呼吸量，加速了新陈代谢过程，调节了大脑神经活动，直接接触了自然环境和社会环境，加强了人际交往，这些都十分有利于受挫大学生恢复心理平衡和恢复信心。

（二）认识自我，优化人格

大学生求职择业过程中出现的心理障碍与大学生自身的人格特征有关，在他们身上或多或少地存在着人格特征的某些缺陷或不足。因此，正确认识自我，优化人格，对消除毕业生心理困惑很有帮助，具体方法有以下 3 种。

（1）努力学习，增长智慧。荣格有句名言："文化的最后成果是人格。"培根的论述更深刻："读史使人明智，读诗使人灵秀，数学使人周密，科学使人深刻，伦理学使人庄重，逻辑修辞之学使人善辩，凡有所学，皆成性格。"理工科大学生应加强人文知识学习，文科大学生应培养科学精神，做到科学与人文并重。

（2）积极实践，从小事做起。实践是人格发展的必由之路。一个人的一言一行往往是其人格的外化；反过来，一个人日常言行的积淀成为习惯就是人格。大学生应积极参加各种有益身心健康的实践活动，如各种青年志愿者活动等。从小事做起，从自己做起，这对优化人格、塑造自我、最终构建优良的人格大厦有着非常重要的意义。

（3）发展良好的人际关系。人格发展、塑造的过程是个体实现社会化的过程，是个体与他人、集体、社会相互作用的过程。要塑造健全人格，必须发展良好的人际关系，做到尊重社会习俗、关心他人的需要、真诚地赞美他人、不做无建设性的批评、多与他人沟通、保持自尊和独立等。

（三）改变非理性信念

心理学家认为，人有理性和非理性两种信念，在这些信念指引下的认知方式会左右人们的情绪和行为，"人不是被事物本身所困扰，而是被其对事物的看法所困扰"。因此，要消除不良情绪的困扰，就要变非理性信念为理性信念。大学生在求职择业中出现的非理性信念主要有以下 3 种。

1. 绝对化要求

绝对化要求是指大学生从自己的意愿出发，认为某一事件必定会发生或不会发生的信念。该信念常与"必须"和"应该"这类词联系在一起。例如，有些大学毕业生认为自己就应该顺利择业，用人单位就应该录用自己，自己必须在大城市找到一份好工作等。而当现实情况与这些绝对化要求相悖时，他们就会感到难以接受和适应，从而极易陷入情绪困扰之中。

2. 过分概括化

过分概括化是一种以偏概全的不合理思维方式的表现。例如，有些大学生找工作受挫后，认为自己“一无是处”“一钱不值”，是“废物”等。这些大学生以自己做的某一件事或某几件事的结果来评价自己整个人、评价自己作为人的价值，这种片面的自我否定往往会导致大学生产生自责自罪、自卑自弃的心理。

3. 糟糕至极

糟糕至极是一种极度悲观的想法。大学生往往认为，如果一件不好的事发生，后果将是非常可怕、非常糟糕的，甚至会引发一场灾难。事实上，没有一件事是百分之百糟糕的。

大学生只有改变这些非理性信念，才能从根本上克服不良情绪困扰。而一旦克服不良情绪，他们就能走出消沉，为择业积极努力。

大学生应首先分析自身有哪些不良情绪和非理性信念，并分析它们产生的原因，然后通过与非理性信念辩论等方法（如苏格拉底法或称“产婆术”、合理情绪想象技术、认知的家庭作业等），帮助自己认清信念的不合理之处，鼓励自己向理性信念方面转化。

（四）寻求心理咨询

心理咨询是帮助受挫的大学毕业生克服消极、悲观情绪，宣泄紧张心理，解除心理困惑，取得心理平衡的重要途径。大学生应该首先消除“只有患上心理疾病才去进行心理咨询”这一误解，充分了解心理咨询的对象主要是正常人。假如大学生在求职择业过程中遭受挫折，或者由于紧张而无法参加面试，或者无法确定自己的择业目标，或者被用人单位拒之门外而丧失信心，或者心中不快想发泄不满，只是想找人谈谈，都可以去进行心理咨询，从而及时宣泄自己的某种不良情绪。

课后实训

结合自身实际，写一份个人简历和求职信。

案例讨论

请坐下来谈话

一家规模很大的公司正在招聘副经理，经过初试，他们选中了3位优秀的青年进行面试，最终将选定一个。

最后的面试由总经理亲自把关，面试的方式是跟三位应聘者逐个进行交谈。

面试之前，总经理特意让秘书把为应聘者准备的椅子拿到了外面。

第一位应聘者沉稳地走了进来，他是三位应聘者中经验最为丰富的。总经理轻声对他说：“你好，请坐。”应聘者看了看自己周围，发现并没有椅子，原本充满笑意的脸上立即现出了些许茫然和尴尬。“请坐下来谈。”总经理再次微笑着对他说。他脸上的尴尬显得更浓了，有些不知所措，最后只得说：“没关系，我就站着吧！”

第二位应聘者反应较为机敏，他环顾左右，发现并没有自己可坐的椅子，立即笑着说：“不用不用，我站着就行！”

第三位应聘者进来了，他是一名应届毕业生，一点经验也没有，原本他面试成功的概率是最低的。

总经理的第一句话同样是：“你好，请坐。”

大学生看了看周围，发现没有椅子，先是愣了一下，随后立即微笑着请示总经理：“您好，我可以把外面的椅子搬一把进来吗？”

总经理脸上的笑容终于舒展开来，温和地说：“当然可以。”

面试结束后，总经理录用了最后一位应聘者，他的理由很简单：我们需要的是有思想、有主见的人，缺少了这两样东西，一切的学识和经验都毫无价值。

（改编自 https://www.jianshu.com/p/2238bffcfd41）

思考题：面试时，要注意哪些细节？

第七章　就业权益保护

案例导入

小亮，男，高职院校工程造价专业大三学生。小亮最近与一家用人单位签订了就业协议，但企业要求与小亮再签订一份岗前培训协议。依照协议，小亮参加岗前培训必须自行交纳培训费用，费用由小亮分期向指定银行账户付款，如果逾期未付款，小亮将面临信用不良记录。小亮求职心切，遂与企业签订了这份岗前培训协议。但回到学校后，小亮觉得自己上当受骗了，后悔自己草率与企业签订了培训协议，于是带着协议找到辅导员老师请求帮助。

（改编自校园案例）

职场维权，是大学生进入职场前的最后一课。尽管很多大学毕业生已做了充分的精神准备和心理准备，但当他们带着憧憬真正踏入职场时，仍有茫然不知所措之感。他们在求职受骗后，不知如何投诉，不会用法律武器维权；没有充分了解自己与用人单位之间的权利和义务，不懂劳动合同怎么签订，招工手续如何办理，试用期的期限又是多久。本章就毕业生就业权益及其保护进行介绍，指导毕业生自觉遵守就业政策和各项法律制度，帮助毕业生运用法律武器保护自身的就业权益。

第一节　大学生的基本就业权益

一、毕业生就业过程中的权利

（一）自主择业权

自主选择就业或不就业的权利，如申请出国深造的毕业生毕业时可以选择不就业；自主选择就业方式的权利；职业选择决定权。

（二）平等待遇权

用人单位招录毕业生，应坚持公开、公平与公正的原则，任何凭关系、走后门及性别歧视等行为都是对毕业生平等待遇权的侵犯。《劳动法》第十二条规定："劳动者就业，不因民族、种族、性别、宗教信仰不同而受歧视。"第十三条规定："妇女享有与男子平等的就业权利。在录用职工时，除国家规定的不适合妇女的工种或者岗位外，不得以性别为由拒绝录用妇女或者提高对妇女的录用标准。"

（三）接受就业指导、就业服务权

毕业生有权接受学校的就业指导和就业服务。高校应及时向毕业生传达有关就业方针、政策、规定，并对毕业生进行择业观教育和择业技巧的指导等。

（四）自荐权和被荐权

毕业生有权向有需求的用人单位进行自我推荐并接受学校的推荐。学校应广泛地向用人单位推荐毕业生，并坚持优生优荐的原则，发挥学校推荐的导向作用。

（五）信息知晓权

就业信息是毕业生成功择业的前提，学校和有关就业指导部门应该如实地、毫无保留地向毕业生及时提供就业信息。这些信息包括：用人单位的需求信息，对所选单位基本情况、工作安排、福利待遇等情况的了解，对国家就业政策、就业形势的了解。

（六）解除协议权

当履行协议后毕业生的权益或人身自由、人身安全受到用人单位严重侵害时，毕业生可以主动提出解除协议。《劳动法》第三十二条规定，有下列情形之一的，劳动者可以随时通知用人单位解除劳动合同：在试用期内的；用人单位以暴力、威胁或者非法限制人身自由的手段强迫劳动的；用人单位未按照劳动合同约定支付劳动报酬或者提供劳动条件的。

（七）申诉权

《劳动法》第七十七条规定："用人单位与劳动者发生劳动争议，当事人可以依法申请调解、仲裁、提起诉讼，也可以协商解决。"第七十九条规定："劳动争议发生后，当事人可以向本单位劳动争议调解委员会申请调解；调解不成，当事人一方要求仲裁的，可以向劳动争议仲裁委员会申请仲裁。当事人一方也可以直接向劳动争议仲裁委员会申请仲裁。对仲裁裁决不服的，可以向人民法院提起诉讼。"第八十三条规定："劳动争议当事人对仲裁裁决不服的，可以自收到仲裁裁决书之日起十五日内向人民法院提起诉讼。一方当事人在法定期限内不起诉又不履行仲裁裁决的，另一方当事人可以申请人民法院强制执行。"

（八）求偿权

求偿权即向违约方要求承担违约责任、获得赔偿的权利。毕业生、学校、用人单位三方签订就业协议后，或者毕业生与用人单位双方签订劳动合同后，合同当事人都应严格履行协议，任何一方不得擅自违约。如果用人单位无故违约，毕业生有权要求对方继续严格履行就业协议或者要求对方承担违约责任，支付违约金。要求用人单位进行补偿是毕业生就业权益的一个重要组成部分。

二、毕业生就业过程中的义务

权利与义务是一对“孪生姐妹”，毕业生在享有国家规定的权利的同时，还必须履行一定的义务。就业过程中应当承担的义务主要有以下几点。

（1）执行国家就业方针、政策和规定。

（2）向用人单位实事求是地介绍个人情况。

（3）严格履行就业协议。

（4）遵守学校有关规定。

（5）承担自身违约而带来的相应责任，依法履行其他义务。

第二节　就业陷阱的防范与就业保护

一、求职中常见的侵权、违法行为

从招聘、面试到签订就业协议、劳动合同，不少用人单位总是利用自己在就业市场中的强势地位，对毕业生提出过于苛刻的条件和要求，并有意无意地利用毕业生急于求职和缺乏相关经验的弱点侵害毕业生的合法权益。

用人单位对毕业生常见的侵权行为有以下几种。

（一）歧视行为

常见的歧视行为有以下几种：

（1）性别歧视。这是女大学生最常遭遇的一种歧视。某些单位在原本更适合女生从事的财务、秘书等岗位也提出“只限男性”的招聘条件。

（2）生理歧视。有些单位在没有任何正当理由的前提下，对毕业生的身高、相貌甚至身体部位提出过分要求。

（3）健康歧视。某些单位在没有任何法律规定，又无行业规定的条件下，将符合其招聘条件，但身体有微疾或体检结果显示是病毒携带者（不传染、不影响工作）的毕业生拒之门外。

（4）经验歧视。有些单位在应届毕业生招聘会上，一味强调对工作经验的要求。显而易见，此类单位并无招聘应届毕业生的诚意，同时也是以此来逃避《劳动法》规定的对劳动者进行培训的义务。

（5）学历歧视。很多用人单位不顾工作岗位的实际需求，片面追求高学历，人才高消费，违反了人职匹配的人才选聘原则。

（6）户籍歧视。有些地方的用人单位设定了一系列排斥外来人口的毕业生就业门槛，以保护本地人才不受冲击，这是一种典型的地方保护主义行为。

（二）虚假宣传

一些单位为了招到素质较高的毕业生，有意夸大或隐瞒单位的实际情况，过分渲染自己的规模、员工的福利待遇，甚至做出虚假的口头承诺。一旦毕业生与其签订协议，就自恃协议在手而刻意回避问题，有的甚至迁怒于学生，这是典型的侵犯求职者知情权的表现。

（三）侵犯隐私

少数单位在面试时向毕业生提出“有没有谈恋爱”“是否跟异性同居过”等涉及个人隐私的问题。如果此类问题与工作没有任何关联，毕业生有权拒绝回答；如果单位是基于特殊岗位的考虑，毕业生可以根据自己的判断决定是否回答。当然，如果毕业生能够用灵活机智的回答将问题转移或化解，效果会更好。

（四）不合理收费

有些单位会假借押金、培养费、资料费、服装费之名向毕业生收取不合理费用，并且不开具合法收据。国家劳动部门明文规定，企业在招聘员工时，不得以任何理由、任何形式收取求职者的押金，或者以身份证、毕业证作为抵押。毕业生在求职时要对这种违法行为予以抵制，甚至向劳动或司法部门举报。

（五）签订就业协议或劳动合同时侵权

有的毕业生求职心切，生怕用人单位不与之签约，在就业协议中不敢主张权利，或者仅仅与用人单位达成口头协议而无文字记录，从而造成用人单位在就业协议中对毕业生提出的义务多、给予的权利少这一现象出现。甚至有些单位利用毕业生缺乏经验的特点，在协议空白处直接填写侵害毕业生权益的条款。有些用人单位故意延长试用期、不约定各类保险费用的缴纳、单方面强调劳动者的违约赔偿责任而推卸自己的违约赔偿责任等。

二、就业权益保护的途径和方法

在签订就业协议书的过程中，一般来说，毕业生处于相对弱势地位，毕业生就业权益保护具有相当的紧迫性和必要性。我国的有关法律法规规定，毕业生可通过以下途径对合法权益进行保护。

（1）通过毕业生就业主管部门进行保护。毕业生就业主管部门可通过制定相应的规范来确定毕业生的权益，并对侵犯毕业生权益的行为予以抵制或处理。

（2）通过所在学校进行保护。学校对毕业生权益的保护最为直接，除可通过采取各项措施规范毕业生就业指导外，最有效的是对用人单位的资格进行审查和对就业协议内容与形式进行审查。对用人单位在录用毕业生过程中的不公平、不公正行为，学校有权予以抵制。对用人单位与毕业生签订的不符合有关规定的就业协议，学校有权不予同意，未经学校同意的就业协议不发生法律效力，不列入就业方案。

（3）毕业生自我保护。毕业生在就业过程中的自我保护主要体现在 3 个方面。首先，毕业生要了解当前国家关于毕业生就业的有关方针、政策等，熟悉毕业生在就业过程中的权利和义务。如果在就业过程中，用人单位的规定与国家政策法规有抵触，侵犯了自身的合法权益，则可依据政策和法规办事，维护自己的合法权益。其次，毕业生要有自律意识，自觉遵循有关就业规则，不得侵犯其他毕业生和用人单位的合法权益。最后，毕业生应学会运用法律手段维护自身的合法权益。针对侵犯自身就业权益的行为，毕业生有权向用人单位上级主管部门和学校进行申诉并听取他们的处理意见，同时可以提交给当地的劳动争议仲裁机构进行调解和仲裁，也可以直接向人民法院提起诉讼。

第三节　就业协议与劳动合同的签订

一、就业协议

（一）就业协议的含义

大学毕业生就业协议是明确毕业生、用人单位和学校在毕业生就业工作中权利与义务的书面表现形式。

（二）就业协议的主要内容

就业协议的主要内容如下：

（1）毕业生应按国家法规就业，向用人单位如实介绍自己的情况，了解用人单位的使用意图，表明自己的就业意向，在规定的时间内到用人单位报到，若遇到特殊情况不能按时报到，须征得用人单位同意。

（2）用人单位要如实介绍本单位的情况，明确对毕业生的要求及使用意图，做好各项接收工作。

（3）学校要如实向用人单位介绍毕业生的情况；用人单位同意录用后，经学校审核列入就业方案，报主管部门批准，学校负责为毕业生办理派遣手续。

（4）各方应严格履行协议，任何一方若违反协议，均应承担违约责任。

（5）其他补充协议。就业协议一般由教育部或各省、市、自治区就业主管部门统一制表，由学校发放，毕业生签字，用人单位盖章。

（三）就业协议的管理办法

就业协议的管理办法如下：

（1）毕业生与用人单位达成一致意见后，均须签订毕业生就业协议书。

（2）就业协议一般由教育部或各省、市、自治区就业主管部门统一制表，由学校就业管理部门负责发放。

（3）任何单位或个人不得复印、复制、翻印毕业生就业协议书；在签订就业协议的过程中，如果因破损等情况而不能使用，可持原件到学校就业管理部门更换；毕业生就业协议书不得挪用、转借、涂改，否则视为无效。

（4）毕业生在协议书上签署个人意见后，用人单位或学校只要有一方在协议书上盖章，毕业生即不得单方面终止协议的签订工作。毕业生违约时，必须与原签约单位办理解约手续，然后将原协议书交还学校就业管理部门，并换取新的协议书。

（四）就业协议的订立及签订程序

1. 就业协议的订立

就业协议的订立原则与步骤如下：

（1）订立原则。即毕业生、用人单位和高校三方在订立就业协议时必须遵循的基本准则，主要包括两个方面。

① 主体合法原则。签订就业协议的当事人必须具备合法的主体资格。就毕业生而言，就是必须要取得毕业生资格，如果学生在派遣时未取得毕业生资格，用人单位可以不予接收而无须承担法律责任。就用人单位而言，就是必须具有从事各项经营或管理活动的能力，单位应有录用毕业生计划和录用自主权，否则毕业生可解除协议而无须承担违约责任。就高校而言，就是要一方面根据用人单位的要求如实介绍毕业生在校表现，另一方面如实将所掌握的用人单位信息发布给毕业生。高校是毕业生就业协议的一个重要签约方。

② 平等协商原则。即就业协议的三方在签订就业协议时法律地位是平等的，一方不得将自己的意志强加给另一方。学校不得用行政手段要求毕业生到指定单位就业，用人单位也不应在签订就业协议时要求毕业生交纳过高数额的风险金。三方如果有其他约定事项，可在协议书“备注”内容中加以补充确定。

（2）订立步骤。就业协议的订立，一般要经过两个步骤，即要约和承诺。

① 要约。毕业生持高校就业主管部门统一印制的毕业生就业推荐表参加各地人才供需洽谈会（人才市场）进行双向选择，或向用人单位寄发书面材料，应视为要约邀请。用人单位收到毕业生材料，对毕业生进行考察后，表示同意接收并将回执寄至高校毕业生就业指导部门或毕业生本人，应为要约。

② 承诺。毕业生收到用人单位回执或通过其他方式得到用人单位答复后，从中做出选择并到学校毕业生就业指导部门领取就业协议书，与用人单位签订协议，即为承诺。

由于毕业生就业工作比较烦琐，也比较具体，有时很难明确划分为要约和承诺两个步骤。例如，有的毕业生参加公务员考试，达到面试线后，到用人单位参加面试、体检，用人单位也对毕业生进行政审、阅档，表示同意接收；在这种情况下，毕业生应与该用人单位签订就业协议，而不应再选择其他单位。又如，用人单位到学校挑选毕业生，毕业生自己主动报名，经学校积极推荐，用人单位也表示同意接收，但要回到单位后再正式发函，签协议；在这种情况下，毕业生也应安心等待与用人单位签约，而不能出尔反尔，以未正式签署协议为由，置学校信誉于不顾，在该过程中与其他用人单位签约，因为这样就耽误了其他毕业生的就业机会。

2. 就业协议的签订程序

就业协议的签订程序如下：

（1）毕业生认真、如实填写基本情况及应聘意见，并签名。

（2）用人单位、主管部门及人事调配部门签署意见（在这里，用人单位一定要将档案详细转递地址填写好）。

（五）无效协议与协议解除

1. 无效协议

无效协议是指欠缺就业协议的有效要件或违反就业协议订立的原则，从而不发生法律效力的就业协议。无效协议一般有两种情况。

（1）就业协议未经学校同意视为无效。例如，有的协议经学校审查认为对毕业生显失公平，或违反公平竞争、公平录用的原则，学校可不予认可。

（2）采取欺骗等违法手段签订的就业协议无效。例如，用人单位未如实介绍本单位情况，根本无录用计划而与毕业生签订就业协议。

无效协议产生的法律责任应由责任方承担。

2. 协议解除

就业协议的解除，分为单方解除和三方解除。

（1）单方解除包括单方擅自解除和单方依法或依协议解除。单方擅自解除协议，属违约行为，解除方应对另两方承担违约责任。单方依法或依协议解除协议，是指一方解除就业协议有法律上或协议上的依据。例如，学生未取得毕业资格，用人单位有权单方解除就业协议；毕业生被录取为本科生或研究生后，可解除协议；毕业生到国家机关类用人单位就业，但未通过用人单位所在地组织的公务员考试，用人单位有权解除协议。此类单方解除，解除方无须对另两方承担法律责任。

（2）三方解除是指毕业生、用人单位和学校三方经协商一致，共同解除原订立的协议，使协议不发生法律效力。此类解除因是三方当事人真实意思表示一致的体现，三方均不承担法律责任，三方解除应在就业方案上报主管部门之前进行。如果就业派遣计划下达后三方解除，还须经主管部门批准办理调整改派。

二、劳动合同

（一）劳动合同的概念

合同又称契约，是指双方当事人之间为实现一定的目的，根据法律规定，变更或解除权利义务关系的协议。根据《劳动法》第十六条的规定，劳动合同是指劳动者与用人单位确立劳动关系、明确双方权利和义务的协议。劳动合同的签订，在法律上确立了劳动者与用人单位之间的劳动关系，双方的有关权利、义务通过书面合同的形式确立下来，并使之特定化、具体化，劳动者依据劳动合同在用人单位内担任一定的职务或工种的工作，遵守劳动法律法规和用人单位的规章制度，并完成劳动合同约定的生产（工作）任务；用人单位则依据劳动合同的约定，按照劳动者的劳动数量和质量支付劳动报酬。签订劳动合同，是用人单位与受聘人员经过平等协商所达成的具有法律效力的承诺，一般情形是甲方（聘方）提出建议或初始文本，经商定，乙方（聘员）表示同意认可。

（二）劳动合同的法律特征

劳动合同是确立劳动关系的法律凭证和法律形式。它的法律特征可以从以下几方面来考虑。

1. *劳动合同主体的特定性*

劳动合同一方当事人是企业、个体经济组织、国家机关、事业组织或社会团体等用人单位，另一方是劳动者本人。也就是说，劳动关系是在拥有生产条件的用人单位与具有劳动权利能力、劳动行为能力的劳动者之间形成的。

2. *劳动合同当事人法律地位的平等性*

劳动合同是双方当事人在平等自愿、协商一致的基础上达成的协议，是双方意志一致的产物，劳动合同的订立，真正实现了企业的用工自主权和劳动者的择业自主权。

3. *签订劳动合同的目的，在于劳动过程的实现，而不仅仅是劳动成果的给付*

劳动过程十分复杂，其成果也多种多样。有的劳动成果当时就可以衡量，有的则要过一段时间才能衡量；有的劳动有独立的成果，有的劳动物化在集体劳动成果中。无论劳动成果属于哪一种，只要劳动者按时按量完成了劳动合同规定的工作量，企业就应当按照劳动合同的约定支付劳动报酬。总之，签订劳动合同的目的主要是使劳动者与用人单位构成具体的劳动关系。劳动合同，是一份具有约束力的法律文本，它约束的是双方的行为，而不仅仅是一方的行为，当一方的行为违背了合同的规定，另一方有追究对方责任的权利。劳动合同也是维护自己权利的武器，失去了这个武器，不但会失去自己的尊严，同时也会失去本该得到的利益。因此，签订劳动合同具有十分重要的意义。

（三）劳动合同的形式

劳动合同的形式，我们常根据劳动合同的期限来划分。《劳动法》第二十条规定："劳动合同的期限分为有固定期限、无固定期限和以完成一定的工作为期限。"与此相适应，劳动合同也可以分为以下三种形式。

1. 有固定期限的劳动合同

有固定期限的劳动合同是指双方当事人在订立的合同中，对劳动合同履行的起始时间和终止时间有具体明确的规定。劳动合同期限届满，双方的劳动关系即告终止。但如果双方同意，劳动合同也可以续订。这类劳动合同的具体期限，可以由双方当事人根据工作需要和实际情况来确定，时间可长可短，如半年、五年、十年或者更长。

2. 无固定期限的劳动合同

无固定期限的劳动合同是指双方当事人订立的劳动合同没有规定具体明确的终止时间，在这类劳动合同中，双方当事人应当约定劳动合同终止的条件。只要不出现双方约定的终止条件或法律法规规定的其他情形，无固定期限的劳动合同一般不能终止。这种合同一般适用于技术复杂、生产工作又长期需要保持人员稳定的工作岗位，此时用人单位可以与劳动者协商签订这类合同。此外，国家法律法规规定对部分符合条件的职工，只要本人提出订立无固定期限的劳动合同，用人单位就应当订立无固定期限的劳动合同。

3. 以完成一定的工作为期限的劳动合同

以完成一定的工作为期限的劳动合同，是指双方当事人把完成某项工作或工程，作为确定劳动合同起始和终止的期限。该项工作或工程开始的时间，就是劳动合同履行的起始时间；该项工作或工程一旦完成，也意味着劳动合同的终止。因此，这类合同与有固定期限的劳动合同有相同之处，但在表现形式上有所不同。

4. 无效劳动合同

无效劳动合同，是指不具有法律效力的劳动合同。《劳动法》第十八条从两个方面做了明确规定。第一，违反法律、行政法规的劳动合同。法律、行政法规，是订立劳动合同的依据。订立劳动合同，必须符合国家法律和行政法规的规定，这是鉴别劳动合同是否有效的重要条件。因此，凡违反法律和行政法规的劳动合同，均为无效劳动合同。第二，采取欺诈、威胁等手段订立的劳动合同。《劳动法》第十七条规定，订立和变更劳动合同，应当遵循平等自愿、协商一致的原则。用欺诈、威胁等手段订立的劳动合同，违反了平等自愿、协商一致的原则，侵犯了劳动者的权益，因而是无效的。除了上述两方面的规定以外，还有一些劳动合同，从其内容看并不违反国家法律和行政法规的规定，但从劳动合同的签订方式看，却不符合国家法律和行政法规的规定。例如，《劳动法》第十九条规定，劳动合同应当以书面形式订立，而有的劳动合同却是以口头协议的形式订立的，这种劳动合同没有法律依据，因而也是无效的。无效劳动合同，从订立之日起，就没有法律约束力，不受法律的保护。但这并不就是说，所有的无效劳动合同，其合同的全部条款都是无效的。有的劳动合同，只是部分条款无效，其余条款仍然有效。对这类劳动合同，应当根据无效的程度和范围区别对待，不能一概否定。如果其无效部分的条款并不影响其余部分条款的效力，则其余部分仍应视为有效。例如，有的劳动合同规定的工作岗位、工资、保险福利、争议处理等条款均符合国家法律法规的规定，但工作时间条款规定过长，超过了国家法定工作时间。这种劳动合同属于部分无效劳动合同，可按《劳动法》规定对工作时间条款进行修改，其余条款仍可继续执行。劳动合同的无效，由劳动争议仲裁委员来确认。

（四）签订劳动合同的意义

1. 保障双方的合法权益

劳动合同是订约双方（聘方和应聘方）在平等的地位条件下，以互惠互利、双方自愿合作为基础和出发点，经双方协商达成一致意见后签订的。劳动合同是双方行为的准则，一经签订就产生了法律效力，法律保护双方合法权益，同时也对双方具有约束力，不能单方面随意变更合同内容。订约双方在正常情况下依约定行事，有利于顺利实现各自的权益，为双方事业的发展齐心协力地工作。依约定行事，利益均沾，而违法毁约，则双方利益受损。所以，订约双方都应维护劳动合同的严肃性，对自己的行为负责，保障双方的合法权益，也保障双方拥有的共同利益。

2. 保障被聘人员的合法权益

从被聘人员的角度来说，签订劳动合同可使个人的物质生活得到一定时期的保障。积极履行约定可以使自己的职业计划、职业理想得到逐步实现。签订劳动合同后，你就是用人单位的一员，你可以享受你应得到的种种权益，也应该以主人翁的姿态为用人单位的事业发展和兴旺尽心尽力，为社会创造更多财富。签订劳动合同只是一个良好的开端，是求职成功的一半，你应珍惜工作机会，奋发努力，用自己的辛勤汗水谱写人生的新篇章。

3. 保障用人单位的合法权益

从用人单位的角度来说，签订劳动合同可以组织起一支相对稳定的职工队伍，留住人才，降低职工的流动率，为保持经济活动和工作的正常运行创造良好的条件，保障单位的经济效益。签订劳动合同后，用人单位就应该负起培训员工、安排聘员工作的责任，尊重被聘人员的主人翁地位，双方同心协力、共同努力，为社会经济的发展做出贡献。

（五）签订劳动合同的原则

我国《劳动法》规定，订立和变更劳动合同，应当遵循平等自愿、协商一致的原则，不得违反法律、行政法规的规定。因此，签订劳动合同应遵守以下原则。

1. 平等自愿的原则

双方在签订劳动合同时，其法律地位是平等的，双方当事人是以平等的主体资格出现的，有要求利益平等的权利，任何一方都不能也不允许强迫或欺骗对方，更不存在命令与服从的关系，这一原则赋予了双方当事人公平地表达各自意愿的机会。

自愿是指劳动合同完全是出自双方当事人自己的真实意愿，是在充分表达各自意愿的基础上，经过平等协商而达成的协议，不存在强迫威胁的成分。这一原则保证了劳动合同是双方当事人根据自己的真实意愿独立自主决定并签订的。当事人一方不得强制或者欺骗另一方，也不能采取其他诱导方式使另一方违背自己的真实意愿而接受本方的条件。劳动合同的期限、内容等的确定，必须完全与双方当事人的真实意愿相一致。

2. 协商一致的原则

协商一致，是指劳动合同的内容必须由当事人双方在法律、法规允许的范围内共同协商讨论，取得共识、意见完全一致后才能确定。协商一致的关键在于一致，它表明劳动合同的全部内容都必须符合当事人的意愿，为双方当事人所接受。协商一致的原则是维护双方合法权益的基础。

3. 不得违反法律、行政法规的规定

不得违反法律、行政法规的规定，是指订立劳动合同的主体必须合法，即双方当事人必须具备订立劳动合同的主体资格。劳动者一方必须具有劳动行为能力和劳动权利能力，即必须是达到法定劳动年龄并具有劳动能力的劳动者。用人单位必须具有法人资格，私营企业必须符合法定条件。订立劳动合同的内容必须合法，双方签订的劳动合同内容（权利和义务）必须符合法律、法规和劳动政策，不得从事非法工作。订立劳动合同的程序、形式必须合法，即订立合同程序合法，必须依照劳动法律、法规规定的程序签订，必须采取书面形式，合同的主要条款必须具备。订立劳动合同必须依照法律、行政法规所规定的步骤和方式进行，一般要经过要约和承诺两个步骤，应先起草劳动合同草案，然后由双方当事人平等协商，协商一致后正式签约。

（六）劳动合同的基本内容

劳动合同的内容，是指双方当事人在劳动合同中必须明确的各自的权利和义务。劳动合同的内容是劳动关系的实质，也是劳动合同成立和发生法律效力的核心问题。劳动合同的内容，可分为法定条款和协商条款两个部分：法定条款是指劳动合同必须具备的由法律、法规直接规定的内容；而协商条款是指不是由法律、法规直接规定，而是由双方当事人自行协商确定的合同内容。根据《劳动法》的规定，劳动合同的法定条款包括以下七项。

1. 劳动合同期限

劳动合同期限是指劳动合同的有效时间，是双方当事人所订立的劳动合同起始和终止的时间，也是劳动关系具有法律效力的时间。劳动合同期限是订立劳动合同的必备条款。劳动合同的期限分为固定期限、无固定期限和以完成一定的工作为期限。《劳动法》规定，劳动者在同一用人单位连续工作满 10 年以上，当事人双方同意续延劳动合同的，如果劳动者提出订立无固定期限的劳动合同，应当订立无固定期限的劳动合同。大学毕业生与用人单位签订的劳动合同，一般是有固定期限的劳动合同，而且都约定有试用期。试用期是用人单位和劳动者在建立劳动关系后，为了相互了解、相互选择而约定的考察期限。试用期一般适用于初次就业或工种、岗位发生较大变化的劳动者。用人单位主要用试用期来了解劳动者的情况，考察劳动者的劳动技能、业务水平是否符合用人单位的要求。同时，劳动者用试用期来了解和考察用人单位的实际情况、用人单位提供的条件是否符合自己的要求，劳动者在试用期间熟悉业务、提高业务水平。试用期包含在劳动合同期限内，时间长短可以由劳动关系双方当事人协商确定，但《劳动法》规定，试用期最长不得超过 6 个月。在试用期内，劳动者被证明不符合录用条件的，用人单位可以解除劳动合同；劳动者也可以随时通知用人单位解除劳动合同。

2. 工作内容

工作内容包括劳动者从事劳动的工种、工作岗位以及在生产或工作上应当达到的数量和质量要求或者应当完成的任务。工作内容是劳动合同的必备条款，是针对劳动者而言的，是对劳动者设立的义务条款，因劳动者所从事的工作性质、工种、岗位的不同，工作内容也不同。

3. 劳动保护和劳动条件

劳动保护和劳动条件是劳动合同的必备条款，是对用人单位设定的义务条款。劳动保护和劳动条件是为了保障劳动者在劳动过程中获得适当的劳动条件而采取的各项保护措施，如工作时间、休息休假、劳动安全和劳动卫生等方面的措施和设备，以及对女职工等特殊劳动者的劳动保护等。

4. 劳动报酬

劳动报酬是劳动合同的必备条款，是劳动者劳动的成果和劳动者履行劳动义务必须享受的权利。劳动报酬也是用人单位依据法律、法规以及劳动合同的约定支付给劳动者的工资、奖金、津贴等。劳动关系当事人双方在约定劳动报酬时，不得违反国家法律、法规的规定，如工资不得低于当地政府规定的最低工资标准，支付工资的形式和期限也不得违反有关的法律、法规和政策。大学毕业生在求职择业过程中，普遍对工资报酬非常关心，因此，在签订劳动合同时一定要注意劳动报酬的有关条款。

5. 劳动纪律

劳动纪律也是劳动合同的必备条款，是指劳动者在生产（工作）过程中必须遵守的工作秩序和劳动规则。劳动纪律是用人单位组织生产经营活动，完成工作任务的保证条件，是规范劳动行为的一项重要内容，也是劳动者必须履行的义务。劳动纪律主要包括上下班纪律、保密纪律、防火防盗及防止其他事故的日常纪律规定等。

6. 劳动合同终止的条件

劳动合同终止的条件也是劳动合同的必备条款，是指通过一定的法律事实（包括行为和事件）规定中断劳动关系的条件。

7. 违反劳动合同的责任

违反劳动合同的责任也是劳动合同的必备条款，是指劳动合同当事人一方或双方因自己的过错，造成劳动合同不能履行或不能完全履行，依照法律、法规的规定或当事人约定所承担的法律责任。为了促使双方当事人切实履行劳动合同所规定的各项条款，维护当事人双方的合法权益，在劳动合同中规定了违反劳动合同的责任这一条款。

劳动合同的内容，除了上述必备条款之外，当事人双方还可以协商约定其他内容，即约定条款。约定条款没有固定的内容，可以根据当事人双方协商来确定，如用人单位是否为职工提供居住条件、居住的期限，职工是否享受单位幼儿园、小学和其他生活福利设施，发生劳动争议时的解决途径、办法等。当事人双方在协商约定条款时，应当符合国家有关法律、法规的规定。

总之，劳动合同一经签订对当事人双方都具有法律约束力。所以，订约双方都应以严肃认真的态度考虑劳动合同的条款，特别是毕业生初次签订劳动合同时，要对合同条款的内容字斟句酌，不能马虎了事，既不要搞劳动合同之外的口头“君子协定”，也不应使劳动合同过于粗线条、原则化。劳动合同的用语应该规范、简洁、准确，不用口头语言，也不应写含义模糊的字句，尽量减少事后争议的可能。劳动合同的条款除应符合国家有关法律、法规外，还应在清晰、完整的基础上，以明确、具体、可行为特点，使劳动合同成为订约双方的共同标准。

（七）签订劳动合同的注意事项

毕业生到用人单位后一般都要签订劳动合同，但由于毕业生对合同法、劳动法以及相关人事政策不甚了解，在签订劳动合同时总是心存顾虑，处于左右为难的境地。因此，毕业生在签订劳动合同前，要认真研读合同法、劳动法及相关人事政策，重视法律的作用，了解当事人双方的权利、义务，依法办事。在签订劳动合同时，应注意以下几个问题。

1. 明确法律文件的性质和意义

毕业生与用人单位签订的就业协议、劳动合同及其他一些书面约定，都是重要的法律文件，要明确其性质和相互关系。一般来说，就业协议就是一份书面合同。但目前高校使用的就业协议不同于一般的劳动合同，它仅能体现毕业生的情况和意见、用人单位的情况和意见及学校的意见，而劳动合同则是指劳动者和用人单位确立劳动关系、明确双方权利义务的协议，一般要以书面形式订立，写明合同期限、工作内容、劳动保护和劳动条件、劳动报酬、劳动纪律、合同终止条件、违约责任等必备条款及其他约定条款。劳动合同是一个含义较为宽泛的概念，一切关于当事人双方的权利、义务的约定都是劳动合同的内容。可见，就业协议仅仅是在毕业生与用人单位之间确立了劳动关系，双方的权利和义务并不明确，就业协议并非完整意义上的劳动合同。因此，毕业生与用人单位签订就业协议时，为避免到用人单位工作后发生劳动纠纷，签约前约定的收入、住房、各种保险等福利待遇最好在协议书的备注栏中注明。如果不能在备注栏中注明福利待遇等事项，到用人单位报到后要及时与用人单位签订劳动合同。

2. 劳动合同的内容要全

按照《劳动法》的规定，劳动合同的必备内容包括劳动合同期限、工作内容、劳动保护和劳动条件、劳动报酬、劳动纪律、劳动合同终止条件、违反劳动合同的责任。除规定的必备条款外，当事人双方还可以协商约定其他内容。因此，毕业生与用人单位签订劳动合同时，要认真审查劳动合同的内容是否完备、是否齐全，防止遗漏重要的条款。签订劳动合同时要多听、多想、多看（参看别人签订的劳动合同），避免签口头合同、不全合同、模糊合同、单方合同等。劳动合同的字句要准确、清楚、完整、明白易懂，不能用缩写、替代或含糊的文字表达，否则，就可能在劳动合同执行过程中产生误解和曲解，从而带来不必要的争议，给当事人双方造成损失，也为合同争议的处理带来困难。

3. 以书面形式订立劳动合同

劳动合同应当以书面形式订立，劳动合同订立后，毕业生要自己保留一份。现在有些用人单位用人聘人很不规范，不愿意与所聘人员签订书面劳动合同，想以此逃避一些责任；也有的单位领导图省事，不与职工签订劳动合同。这些都是对劳动者极不负责任的行为。劳动者有权要求与用人单位订立书面合同。这样，如果发生劳动纠纷、争议，就有法律依据。另外，毕业生在与用人单位签订就业协议时，用人单位往往口头对劳动期限和福利待遇等做出承诺，在签订劳动合同时与口头承诺有一定的差距。虽然法律对口头协议也同样予以保护，但口头承诺较难举证，因此，毕业生和用人单位的约定最好采用书面形式，避免使用易引起歧义的条款。

4. 试用期内要签订劳动合同

有些用人单位为了逃避责任，在试用期内往往不与职工签订劳动合同，一旦试用期满，就找种种借口辞退职工。使用这种方法，对用人单位来说省事又省钱，可以不对劳动者负任何责任。因此，毕业生在试用期内也要与用人单位签订劳动合同，以免上当受骗。

5. 理解劳动合同的效力

在现行的大学生就业模式下，虽然毕业生和用人单位劳动关系的确立还需要学校和就业管理部门的认可，带有一定的行政色彩，但这种行政干涉只是体现于就业行业和地域的审查，而劳动待遇、工作期限等问题一概由用人单位和毕业生双方自由约定。《劳动法》规定："订立和变更劳动合同，应当遵循平等自愿、协商一致的原则，不得违反法律、行政法规的规定。"劳动合同依法订立即具有法律约束力，当事人双方必须履行劳动合同规定的义务。

与平等自愿相反的是采取胁迫、欺诈等手段订立劳动合同。《劳动法》规定，采取欺诈、威胁等手段订立的劳动合同，以及违反法律、行政法规的劳动合同，从订立的时候起，就没有法律约束力。但在现实生活中，劳动者与用人单位相比处于相对弱势地位，而且现在劳动力市场上供大于求。相当一部分毕业生，在面对用人单位单方面拟定的劳动合同文本时，心里可能有很大意见，但因怕得不到工作而不敢提出自己的意见；有的毕业生委婉地提出意见，也往往被用人单位拒绝，之后也不敢再坚持己见，只能委曲求全地在劳动合同上签字，抱着"先得到这份工作再说"的心理。但是从法律角度看，劳动者在劳动合同上签字，就是表示自己认可这份合同，并愿意遵守和履行这份合同，如果拿不出用人单位在签订合同时采用了胁迫或欺诈等手段的证据，就只能被认定为这是自己的真实意思所为，就不能说这是一份无效的劳动合同。

6. 依法解决争议和纠纷

签订的就业协议、劳动合同发生法律效力后，任何一方不得擅自毁约。如果用人单位无故要求解约，毕业生有权要求对方严格履行约定，否则用人单位应对毕业生承担违约责任，支付违约金，并进行补偿。当然，权利和义务是一致的，如果毕业生无故违约或解除劳动合同，也要支付违约金，赔偿对用人单位造成的损失。劳动者与用人单位发生劳动争议，当事人可以协商解决，也可以依法申请调解、仲裁或提起诉讼。劳动争议发生后，当事人可以向本单位劳动争议调解委员会申请调解。《劳动法》规定，劳动争议调解委员会由职工代表、用人单位代表和工会代表组成，设在单位工会部门，劳动争议调解委员会的调解不收费。调解不成或对调解结果反悔，当事人可以向劳动争议仲裁委员会申请仲裁。劳动争议仲裁委员会由劳动行政部门代表、同级工会代表、用人单位代表组成，设在县区以上的劳动行政部门，劳动争议仲裁要收取一定的费用。当事人一方也可以不经调解直接向劳动争议仲裁委员会申请仲裁。对仲裁裁决不服的，可以向人民法院提起诉讼。当事人也可以不经调解或仲裁而直接向人民法院提起诉讼。

7. 依法维护自己的合法权益

毕业生遇到因为疾病或其他原因，而被用人单位拒收的情况时，应该根据就业协议的内容维护自己的合法权益。例如，曾有一名毕业生与某用人单位签订了就业协议，之后该生在体检中发现自己患有某种疾病，但这种疾病不影响正常的工作。体检结果送到单位时，用人单位的人事领导却以该生患有这种疾病为由，提出要解除协议。尽管这名毕业生向用人单位说明了医生对这种疾病的看法，并强调这种疾病不影响正常工作，但用人单位仍坚持要解除协议。他据理力争，认为双方在签约时，用人单位并没有指出患此病不接收，故该单位没有解除协议的根据，并再三说明自己来该单位工作的诚意。用人单位在找不出其他理由的情况下，也有感于他的诚意，最后还是接收了他。从这个事例可以看出，毕业生与用人单位签订了就业协议后，若出现被用人单位拒收的情况，应依据协议的内容，依法维护自己的合法权益；同时积极与用人单位沟通，在沟通的过程中，应注意沟通的技巧，表明自己的诚意。

8. 提防劳动合同中的陷阱

较常见的存在陷阱的劳动合同主要有以下几种：

（1）口头合同。一些用人单位与求职者就责、权、利达成口头约定，但并不签订书面正式文本。一些涉世未深的大学毕业生极易相信那些冠冕堂皇的许诺，以为对方许诺的东西就是真能得到的东西，宁可相信“君子一言，驷马难追”，也不愿怀疑对方的诚意。可是这种口头合同是靠不住的，因为并不是人人都是君子，如果碰上对方是小人，那些许诺就会变成五颜六色的肥皂泡。

（2）格式合同。一些用人单位事先拟定了合同示范文本，表面看起来，这种合同似乎无可挑剔，可是具体条款却表述含糊，甚至有几种解释，一旦发生纠纷，用人单位总会振振有词地拿出这种所谓的合同来为自己辩护，最后吃亏的还是应聘者。

（3）单方合同。一些企业利用应聘者求职心切的心理，只约定应聘者有哪些义务，如要遵守企业的各项规章制度、毁约要交纳违约金等，而对应聘者的权利几乎一字不提，这是最典型的单方合同。毕业生如果接受这样的合同，无疑是将自己送上砧板，任人宰割。

（4）“生死”合同。一些危险性行业的用人单位为逃避应该承担的责任，常常在签订合同时，要求应聘方接受合同中的“生死条款”，即一旦发生意外事故，企业不承担任何责任。有的求职者为了得到工作，违心地签了合同，却不知这样做会使用人单位更加无视劳动者的安全，如果真的发生了意外，也许连讨个说法的机会也没有。

（5）“两张皮”合同。有些用人单位为了逃避劳动部门的监督，往往与应聘方签订两份合同。一份合同用来应付劳动部门的检查，另一份合同才是双方真正履行的合同。用来应付检查的合同常常是用人单位一手炮制的，连签名也是假冒的，应聘者不但见不到这份合同，甚至不知道它的存在；而双方真正履行的那份合同，是不能暴露在阳光下的，因为它一定是只利于用人单位的不平等合同。

9. 了解基本常识，保护正当利益

在与用人单位签订劳动合同之前，应要求用人单位提供合同文本，以便对合同文本内容有充分的了解，特别是对双方协商的条款，尤其应高度重视。在把握合同条款的基础上，还应清楚了解事关自身利益的有关内容。例如，在什么情况下解除劳动合同，劳动者可以获得经济补偿以及补偿的标准，对此不了解的，可向劳动部门查询。

要看清附加条款。在劳动合同中，一般都会有一些附加条款。毕业生在签订劳动合同前要仔细审看合同文本，认真检查有无遗漏的约定事项或附加说明，如果有遗漏要立即补齐，绝对不可拖延。

双方当事人要当面签订合同，并签字盖章，以防某些企业利用先后签字盖章的时间差在合同上做手脚（如更改数字、时间等）。同时，仔细鉴定单位所盖公章，看其是否与自己即将工作的单位一致，因为在同一法人单位下，会存在很多分公司、下属单位或营业部门。

数字一定要用大写汉字。合同签字后，某些企业会抓住时间空隙，更改合同上的数字而使求职者吃亏上当，所以，求职者在签订涉及数字的劳动合同时，一定要用大写汉字。

案例

毕业生就业协议的签订

三名高校毕业生与一家大公司签订了毕业生就业协议。协议约定了月收入，但是没有约定违约的责任和赔偿。按惯例，毕业生应当在当年的 7 月到签订就业协议的单位报到，成为这个单位的正式职工。但是在 6 月底，这家公司电话通知他们，由于原来准备上的一个新项目现在决定不上了，所以要撤销就业协议，让他们不要去报到了。他们几次找这家公司理论都遭拒绝。他们向劳动仲裁委员会申请仲裁，向法院提起诉讼均没有结果，就业协议成了废纸。在他们被耽搁的半年里，好单位基本都结束招聘了，要重新开始寻找就业单位，不但可选择的余地大为减少，工资也可能要大打折扣。

同样的情况也使用人单位头疼。一家规模不小的民营企业从上年的 12 月开始，花了 5 个月时间，北上南下，用去近 10 万元，陆续与 20 名应届毕业生签订了就业协议。为了使他们对工作尽快上手，在毕业前，就送他们到外面培训，平均每个人用去了近万元。然而目前至少有一半的毕业生已经通知说决定不来公司了，至于剩下的一半，要到正式报到时才知道到底来不来。气得公司老总发誓说，以后再也不招应届毕业生了。

（改编自校园案例）

第四节　人事代理与社会保险

一、人事代理

（一）人事代理概述

人事代理是适应社会市场经济发展需要而产生的一种新型人事管理制度，是指人才服务机构接受用人单位或个人委托，以人事关系及档案管理为基础内容，对其人事业务及相关事宜所提供的一系列社会化服务。毕业生人事代理是指政府人事行政部门所属的人才交流服务中心接受用人单位或个人委托，管理大中专毕业生的人事档案关系、户籍关系等，并负责及时补充档案材料，接续工龄。

人事代理的服务内容涵盖了人事档案管理及与人事档案管理相关的就业手续。人事代理机构的主要职责有：为委托人办理户籍迁移、变更；为存档人员保留原身份、转正定级、调整档案工资、连续计算工龄；为存档人员办理专业技术职称申报与评审、年度考核；认证身份、接转党团组织关系；为跨省工作的流动人员办理调动手续、出国政审；缴纳社会保险（养老、医疗、失业、工伤、生育）；办理出具人事、婚育、升学证明等各项业务。实行人事代理制后，人才交流服务中心就成为各类非公有制企业共同的人事管理部门。它不仅有利于非公有制企业吸纳人才，促进经济的发展，而且能为到非公有制企业工作的专业技术人才和经营管理人才解除后顾之忧，提供很多实实在在的帮助和服务。

（二）人事代理的一般程序

人事代理的一般程序如下。

（1）签订协议前的准备。签订人事代理协议，委托人必须提供材料证明：①大中专毕业生就业协议、就业报到证、户口迁移证原件；②毕业证书原件及复印件；③身份证原件及复印件；④身份证照片。

（2）签订协议。双方对代理项目和代理费用达成一致意见后，签订《人事关系及档案管理委托书》并办理相应手续，协议生效。

（3）人才交流服务中心相关业务部门将遵循协议内容，指派专人完成各项代理工作，同时要求委托代理人及时提供代理人员的档案及户口迁移证。

（三）人事代理制的好处

人事代理制的好处包括以下几点：

（1）与人才交流服务中心签订人事委托代理协议，明确了双方的权利和义务。

（2）人事代理是一种法律行为。对被代理对象来讲，一旦选择了代理项目并签订了代理协议，就意味着与代理机构建立了具有法律保证的法律关系。

（3）人事代理制有助于形成人员能进能出、能上能下的良性用人机制。

（4）人事代理把原来的“单位人”变成了“社会人”，使人事管理工作向社会化迈进了一大步。它代表了社会主义市场经济体制下人才管理制度的一个发展方向。

（四）人事代理的注意事项

人事代理的注意事项如下：

（1）存档人员要按时交纳档案管理费，接受各种服务时须出示存档凭证和本人身份证。

（2）到人才交流服务中心办事前，应先电话咨询，弄清楚办事程序及所需证件材料等，免得浪费时间。

（3）存档期间若工作单位发生变动，应要求调出单位出具工作鉴定，并将鉴定材料交人才交流服务中心存档，这能证明你的工作经历，对你今后工作、办事很重要。

（4）存档期间若联系电话、通信地址发生变动，请及时通知人才交流服务中心，以便随时保持联络，确保你的利益不受损害。

（5）调出档案要提前一个工作日电话通知人才交流服务中心，人才交流服务中心会提前为你整理好档案，下一个工作日你就可以随时取走档案，减少你在人才交流服务中心等候的时间。

二、社会保险

社会保险一般指“五险”，即养老保险、医疗保险、失业保险、生育保险。社会保险强调权利和义务的对等。用人单位和劳动者必须依法参加社会保险和缴纳社会保险费，只有依法参加和缴纳，劳动者才有享受社会保险的权利。国家通过建立社会保险制度，设立社会保险基金，使劳动者暂时或永久丧失劳动能力或劳动机会时，可以获得国家和社会必要的物质帮助，以保障劳动者的基本生活。

案例

刚就业的大学生该上哪些保险

小张毕业后经人介绍被一家物业公司录用。工作一段时间后，她发现每个月的工资条“应扣税、费项”上，只有扣除的个人所得税和养老保险的款项。但她听别人说，社会保险有好几个险种，因此她觉得很疑惑。她去询问同事，谁知同事却说，每个月扣除的各项费用不仅有养老保险，还有医疗保险、失业保险。“那我的其他几项保险，单位到底给我上没上呢？”小张找到公司人事主管，人事主管告诉她说：“公司最近一年录用的员工，只给上养老保险。”小张听罢更糊涂了！

（改编自校园案例）

《劳动法》规定：“国家发展社会保险事业，建立社会保险制度，设立社会保险基金，使劳动者在年老、患病、工伤、失业、生育等情况下获得帮助和补偿。……用人单位和劳动者必须依法参加社会保险，缴纳社会保险费。”小张所在公司的做法是错误的，不能只为小张上养老保险。

课后实训

下面是大学毕业生在求职过程中可能遇到的6类就业陷阱，请你根据本章所学到的知识进行解析，并在横线上写出对策。

陷阱一：“招聘公司”实为职介所。求职者到职介所后，工作人员会以高薪等条件引诱求职者答应参加某单位面试。不久后，“招聘公司”负责人赶到，草草“面试”后，就答应录用求职者。之后，职介所会索取中介费、保证金，并要求求职者第二天再报到上班。但当求职者第二天到达相应地址时，却发现“招聘公司”并不存在。

对策：____________________

陷阱二：虚假信息让应聘者防不胜防。有些用人单位利用工作轻松和待遇优厚引诱应聘者。但当应聘者为这些心动时，其他收费项目就随之而来。不少应聘者都会痛快地当场掏钱以获得工作。但等上班后，应聘者就会发现，也许在招聘信息上写的是文员，但实际上却是每天去散发传单之类的“杂活”。

对策：____________________

陷阱三：不可能完成的任务。一天完成40家公司的市场调查、一个月用珍珠穿成几条领带……这些看起来不可能完成的任务是很多不良公司的惯用伎俩。它们想让应聘者知难而退，这样就可以“名正言顺”地扣下应聘者所交纳的费用。

对策：____________________

陷阱四：软硬兼施骗完开溜。一些不良公司会先租用一个写字间，然后引诱涉世不深的大学生去应聘。只要应聘者进了门，对方便会花言巧语加威胁恐吓，钱一到手便开溜，换一个地方重新“布局”。

对策：

陷阱五：巧立名目乱收费。这类公司大多要求收取培训费、工本费、服装费、保证金等，却很少开收据。很多求职的大学生因迫切需要工作，纷纷上当。

对策：

陷阱六：跨省招工行骗。一些不良公司往往利用职介所刊登一些跨省招工的信息。因为是跨省招工，一方面应聘者无法核实“外省公司”基本情况，另一方面相关部门要对其进行调查也有难度。

对策：

案例讨论

毕业生，请慎重签约！

小张和小李是某高校 2019 届的毕业生，他们从某公司的网站上获悉该公司招聘动漫专业毕业生，便一起前往应聘。该公司是一家从事动漫研发的高科技企业，自己建设了一个网站。应聘时，该公司承诺为毕业生解决上海户口，并提供高薪、住房、带薪假期、年底分红等众多优厚待遇。小张和小李觉得该公司虽然规模不大，但从事的是高科技行业，待遇又不错，就同意到该公司工作。该公司在审阅了他们的求职材料和个人作品后，也同意先试用。在与该公司签署了一份试用期合同后，他们一个负责动漫手绘工作，一个负责动漫广告后期制作工作，试用期间月工资为 2 500 元，不享受其他待遇。由于他们在学校的课程还没有完全结束，所以在没有课的时候工作，包括节假日。

到了 2019 年 4 月底，办理毕业生进沪就业手续时，该公司突然声称不能解决所有人的户口，但仍然向他们承诺，可以通过引进外地人才的方式在 7 月份前予以解决。小张和小李对公司的这一方案也表示同意，并继续在该公司工作，工资待遇不变。5 月份，小张和小李与公司签署了就业协议，并仍以试用者身份继续在公司工作。到了 6 月中旬，公司仍没有为他们办理相关手续。由于即将毕业离校，小张和小李又都是外地人，他们向公司反映希望尽快解决住房问题。公司老总告诉他们可以自己去找住房，费用由公司来承担。他们信以为真，风尘仆仆地到处联系。可就在这时，公司人事部通知：他们已被辞退，须尽快办理离职相关手续。他们异常惊讶，不知道事出何因。在面临着离校、没有住处、没有找到其他工作的情况下，这无疑是晴天霹雳。然而，他们没有办法，只能接受这个残酷的现实。在办理手续的时候，公司不愿出具解除协议的书面通知，反而要求他们写辞职信，主动申请辞职。在交涉的过程中，他们抱着解决问题的态度，心平气和地与公司谈判，但公司态度恶劣，还威胁他们。作为即将毕业、满怀希望走向社会的大学生，在身心受到巨大伤害、走投无路的情况下，他们只好找到学校，把自己的档案、户口转回家庭所在地。

（改编自校园案例）

思考题：

小张和小李在求职中出现了什么问题？毕业生该如何获取就业信息？如何防范就业试用期的陷阱？如何通过签订劳动合同保护自己的权益？

第八章　职业适应与发展

案例导入

小宇是刚进入职场的新人，她所在的公司通过微信客户端开设了商城，面向银行高端客户开展业务。工作一段时间后，小宇觉得微信商城的页面布局、客户体验不是太好，于是她想做些改进。小宇经过调研，准备了细致的改进方案。公司安排带她的珍姐一直负责这块工作，但在与珍姐的沟通中，小宇发现珍姐对商城的现状很满意，不认为要做什么改进。小宇要不要提出自己的改进方案？

（改编自校园案例）

大学毕业生选择职业，开始职业生涯，这是人生的重大转折。面对陌生的职业社会，面对新的工作和生活环境，如何实现角色转变和职业适应，是摆在每个大学毕业生面前的现实问题。角色转变的成功与否，直接影响其事业的成败。本章主要针对这一特定转折时期的具体情况，提出一些大学毕业生应注意的原则和方法，目的是帮助刚刚离开校门的大学毕业生及早适应社会，迈好走向成功的第一步。

第一节　角色转变与职业适应

一、大学生与职业人的区别

（一）责任不同

大学生以学习、探索为主要任务，他们参与的社会活动主要是接受老师传授的知识，努力学习专业知识，培养以专业能力为主的各种能力。他们在学习上可以依靠老师，在生活上可以依靠父母。总之，大学生的责任是学习知识，培养能力，全面提高自身素质和完善自身的知识结构，努力使自己成长为社会主义合格人才。

而职业人则应尽快地适应社会，首先必须学会服从领导管理，迅速适应上级的管理风格。职业人如果在工作中犯了错误，就要承担成本和风险，承担相应的社会责任。

因此，大学毕业生进入职场后应正确面对社会，正确处理工作与人际关系上的诸多矛盾，克服各种心理障碍，培养良好的适应能力，尽快适应工作环境，迈出成功的第一步。

（二）人际关系复杂程度不同

大学生的人际关系比较简单，即同学关系、师生关系，而职业人的人际关系相比之下要复杂得多。因此，处理好人际关系是每一个大学毕业生走上社会后必须学会的技能。

（三）环境不同

大学毕业生初入职场，一时感觉不适应是正常现象，毕竟不同的环境对人的影响和要求也不同。

大学生在校园里过着“寝室—教室—图书馆—食堂”四点一线的生活，沉浸在单纯的校园文化氛围中。但成为职业人后，他们面临着快节奏的生活和紧张的工作；没有了寒暑假，自由支配的时间大大减少；还要面对不同地域生活环境和习惯的差异。由于缺乏实际工作经验，他们开始工作时往往不能得心应手，感觉到明显的工作压力，承受着很大的心理负担。

二、角色转变

大学毕业生初入职场，要适应新的工作，尽快有所作为，必须成功地实现角色转变，具体包括以下几个方面。

（一）心理状态的转变

要想实现心理状态的转变，关键是要打开心灵的门窗。在新的生活环境和人际环境中，调整自己的心理态势，树立自信心，自觉地丰富生活，充实自身。主动与人交往，寻找友谊，加强彼此之间的情感交流。在开放自我的过程中，提高心理自控能力及对挫折的承受能力，保持心理的健康发展。

（二）知识结构的转变

进入职场后仍要努力学习，从工作需要出发完善自己的知识结构，有针对性地拓展自己的专业领域。

（三）人际交往的转变

必须做好人际关系的协调和沟通，积极创造建立良好人际关系的条件，力求保持与领导、同事的协调和融洽关系。

（四）理想目标的转变

正确了解自己，客观看待形势，在纷繁复杂的世界中找到适合自己的发展目标，无疑具有十分重要的意义。

为了顺利实现角色转变，大学毕业生首先要塑造良好的自我形象，培养团队合作的意识，明确工作的目标，保持良好的精神状态，最终锁定自己的奋斗目标，走向事业成功。

三、初入职场可能面临的问题及应对方式

（一）无法胜任高要求的工作

在大学里掌握了扎实的基础知识，但在实际工作中却发现远远不够用，感觉达不到企业的高要求，这是很多人初入职场时的感受。

对策：一味担忧不能解决问题，当前最紧要的是尽快熟悉和掌握新的知识，以适应工作需求。

（二）薪资太低，工作压力太大

在学校习惯了悠闲的读书时光，进入职场，薪资太低、工作压力太大是很多职场新人的共同感受。

对策：大学生在入职之前，一定要做充分的心理准备，从学生成功转变为职场人士，对薪资的高低要有正确的认识，薪资的高低往往由个人的商业价值而定，跳槽并不是提升薪资的唯一方法，提升自己的能力才是关键。

（三）缺乏工作兴趣

很多职场新人都觉得每天的例行工作既烦琐又呆板，毫无成就感和乐趣可言，根本谈不上什么快乐工作。

对策：对工作不感兴趣最根本的原因是缺乏自我认知，职业定位不清晰。职场新人应在职业定位准确的基础上，努力发现工作的意义，并享受工作的过程。

（四）找不到发展方向

很多人工作一段时间之后，仍然找不到自己的发展方向，感觉人生前途一片迷茫。

对策：当理想与现实有差距时，不妨主动找老板说出内心想法，及时申请调整。

（五）收获小、发展慢

很多大学生刚入职时，原本是想通过工作积累一定经验，为自己今后的发展做准备，但是工作一段时间后发现，学到的知识十分有限，不符合先前的规划。

对策：职业生涯初期，能够很好地锻炼自己、使自己学到很多知识的工作称为好工作。实际上，每一份工作都能使人有所收获。但如果工作已经不能满足你的需求，则应对职业选择再做考虑。

职场之路坎坷曲折，作为新人更要能经得起考验、受得了委屈、扛得住辛苦。大学生入职后遇到各种各样的问题是难免的，但只要自己做好职业定位的准备，很多职场问题便会迎刃而解了。

第二节 做成功的职业人

大学毕业生走上社会，开始自己的职业生活并完成角色转变后，也应逐步适应职业的规范和要求。要想做一个成功的职业人，在实际工作中要扮演好 3 种角色，还要学会减压。

一、做个好职员

（一）把职业当成事业

一旦把职业当成你的事业，就会全身心地投入其中。但是，在中国目前的职场中，有这样观念的员工还不多，他们大多数仅仅将工作当成养家糊口、不得不干的差事，谈不上什么荣誉感和使命感，甚至有很多人认为“我出力，老板出钱，等价交换，谁也不欠谁的，谁也不用过分认真”，于是在工作中只想做企业的“老人”，而不是做企业的“功臣”。

（二）千万不要忘记礼仪

古人云：“衣食足而知礼仪。”反之，那些不知礼仪的人，必定会为衣食发愁。办公室人际关系的重要一环就是礼仪。长期在同一个空间里面工作，免不了出现磕磕碰碰。但如果时刻留意自己的一言一行，随时彬彬有礼、笑脸相迎，那人际关系一定不会太差。而如果不注意礼仪，为了一点鸡毛蒜皮的小事搞得自己和同事身心疲惫，就无法融入工作环境。

（三）经常整理办公环境

一个把办公环境搞得凌乱不堪的人，在工作上也绝对不可能一丝不苟。所以不要以为办公桌是你的“自留地”，想怎么弄就怎么弄，精明的老板只要向你的办公桌瞟一眼，便对你的个性了解十之八九。工作之余腾出一点时间，对你的办公环境（办公室地板、玻璃、墙壁、办公桌、办公设备、卫生间等）稍做整理，随时保持干净、整洁、井井有条，这样有助于你给老板留下好印象，也有助于你在工作时保持愉快的心情和较高的效率。

（四）不要不切合实际

工作不是赋诗、作画，不是写科幻小说，更不是茶馆里的天方夜谭，一举一动都是成本。

有些人一进公司，就急于表现自己的才能，提出一些激情冲天、不切实际的计划。但是这些计划通常都无法落地，这些人也待不了太久，所以他们永远都是“职场新人”。

（五）不要眼高手低

有一些大学生在校期间就常常做些学生会的工作，自认为组织能力强。进入社会后，他们就以为找到了一个可以大显身手的大舞台，不愿意干那些他们自认为的事务性工作，认为那些都是“匠人”才干的事情，而他们是“将才”。但几乎在所有的公司里，大部分员工从事的都是具体、琐碎的事务性工作。因此，这些“将才”往往会因为眼高手低而碰得头破血流。

（六）要注意细节

大多数领导看重的不是员工有多少创意，而是员工是否注意细节和是否具有耐心。在同等条件下，领导通常会垂青那些注重细节的人，因为他们工作时会一丝不苟、精益求精。大大咧咧、不拘小节是职场新人的大忌。即将走出校门的大学生和初入职场的职员往往无法在短时间内展现自身的综合素质，所以常常一个细节就可以决定他们的命运。

（七）不要批评公司制度

国有国法，家有家规，每个公司也必须有自己的一套规章制度。人天性渴望的自由是一种绝对自由，在面对制度“紧箍咒”时，人必然形成某种抵触心理。但世界上根本就不可能有什么绝对自由，“紧箍咒”是必不可少的。试想一下，如果不给孙悟空施加“紧箍咒”，那他还能完成护送唐僧西天取经的伟大事业吗？所以，一个成熟的职场人士必须适应公司的制度。如果你不喜欢一家公司的企业文化，开始就没有必要进去，否则那对你是一种折磨；既然你已成为公司的一员，就不应该牢骚满腹，因为没有人强迫你加入某个团队。当然，这并不意味着你不可以对公司的制度提出一些合理化建议，不过切忌在同事面前对公司的规章制度评头论足、说三道四。

二、做个好同事

（一）不要自视太高

每个公司或者每个部门都有很多能人，要么是技术能手，要么是业务骨干，要么是管理精英，很受老板的器重。有些人因此而飘飘然起来，见到其他员工常常鼻孔朝天，敷衍了事，爱理不理。这是人性的弱点，也是职场的大忌。你如果这样做，只会令别人疏远你。别人一边恭喜你，也一边嫉恨你。你要记住一点：世界上的一切都在发展变化之中，你再有能耐，也只能够证明你的过去和现在。后生可畏，强中自有强中手，说不定哪天就来了个更加能干的员工，说不定哪个曾经被你深深刺痛却毫不起眼的员工就不知不觉迎头赶上、超过甚至替代了你。

（二）不要扯是非

有些人喜欢打听别人的隐私，这极不符合现代社会的自由理念。在办公室这样交织着利害关系的工作场所，同事之间不可能成为人生知己，因此你就不要去试图打听别人的隐私。反之，你要学会保护别人和自己的隐私，不扯是非，一来是为了让自己不受伤害，二来是为了更好地工作。当然也没必要草木皆兵，但凡工作之外的问题全部三缄其口，因为这样很容易让人以为你这个人不近人情。有时候，拿自己的私人小事自嘲一把，或者配合大家开自己一个无伤大雅的玩笑，会让人觉得你有气度、够亲切，但一定要把握一个度，玩笑就是玩笑，开了就忘，千万别认真。

（三）不拉帮结派

宗派主义观念在中国根深蒂固，人际关系在中国被很多人视为第一生产力。但随着中国经济的发展，随着以产权明晰为首要特点的现代企业制度的建立，这一套陈旧的观念已经越来越吃不开了，能人到哪里都受欢迎，庸人到哪里都吃闭门羹。你要是一块好钢，谁也压不垮你；你要是一块烂泥，谁也扶不住你；你要是一堆散沙，谁也罩不住你！

但有些人，特别是那些对自己能力不自信的人，观念很难与时俱进，不管到哪里，老是喜欢拉关系、找后台、抱大腿、拉帮结派。这些人也许短时间内可以如愿以偿，但这样的“成功”不可能长久，因为别人完全可能因为你的平庸而受到拖累，那么原本脆弱的“成功”也就顷刻间土崩瓦解了。

三、做个好下属

（一）学会尊重上司

商场如战场，上司就是指挥官，他的权威不言而喻，特别是在那些私营企业，上司可能就是你的饭碗，顶撞他的下场可想而知。客观地说，公司也需要上司的权威，因为他是凝聚力、效率的保证。因此，应在尊重客观现实的基础上，对上司表现你的尊重。

（二）不在上司背后评价上司

人的个性千差万别，人的喜好各不相同，人的价值观也可能南辕北辙，所以人们常常彼此互不欣赏，但一个总的人际交往原则就是求同存异，我可以不同意你的观点，但我捍卫你持有任何观点的权利。有什么意见可以当面善意沟通，切忌背后做负面评价，否则给人一种伪君子和两面派的感觉，特别是就上下级关系而言，更是如此。任何人都不可能完美，上司也不例外，但上司不会介意你真正出于善意而提出的意见。如果你真正对上司有异议，一定要当面向他反映，不过要注意方式。

（三）了解上司的个性

孙子曰：“知己知彼，百战不殆。”对于一个职场新人来说，更是如此。在进公司以前，就要尽量多地了解公司的企业文化、经营理念等。进入公司后，天天和老板或者上司在一起工作，为了保证你们的工作关系富有成效，并使你们双方都获益多多，你首先应该了解你的老板，特别是你的顶头上司。例如，他是个只愿把握大局的人，还是个事必躬亲的人；他是个只注重结果的人，还是同时注重过程的人；他是个注重制度的人，还是个注重人情的人；他是个工作狂，还是个志趣广泛的人；他是个不苟言笑的人，还是个幽默活泼的人；他是个记忆力极强的人，还是个健忘的人。了解老板或者上司绝对不是拍马溜须，而是保证你们的合作愉快，否则会造成不必要的误会。

（四）不要越级汇报

一个公司就像一部复杂而严密的机器，每一个部件都在一个固定的部位发挥着重要的作用，以保障整部机器的正常运转。虽然一个优秀的员工必须具备全局观念和主动精神，但这有个前提，即保证自己的工作已经圆满完成。在企业里，总有一部分人或为了突出自己，或因为不注意而做出越级汇报的行为，这样做的结果是扰乱了公司的正常工作程序，造成人为的关系紧张，反而影响了工作效率，更会影响到自己的晋升之路。

四、学会消除压力

（一）注意心态平衡

人的心理是一个广阔奇妙的世界，它具有一种神秘的力量。所谓积极心态指的是一种正确心态，它包括忠诚、正直、机敏、勇敢、善良、乐观、慷慨、容忍、亲切和通情达理。积极心态可以消除心理疾病、克服困难、促进健康；而消极心态则正好相反。

人一生中不可能没有失败和挫折。有的人一旦遇到就会丧失勇气，“破罐子破摔”，从此意志消沉；有的人则能从失败中吸取教训，获得经验，化为一种前进的动力，这是两种不同心态者的差异。无论你是就业者，还是创业者，始终要注意去发挥积极心态的作用，使其助你成功；如果心态发生变化，甚至被消极心态左右，那就会使自己走向失败。

（二）寻找工作乐趣

不要把工作看成一种谋生手段，而应该把工作当成一种乐趣，这样你才能全身心投入，甚至为工作而痴迷，这时所有的困难都会变得轻松起来，因为工作已经成为一种快乐和享受。

对自己所从事的工作，爱与厌，苦与乐，大多存乎一念之间。有人成天郁郁寡欢，抱怨自己的工作不好；有人天天心情舒畅，把工作当成享受。“三百六十行，行行出状元”，这句话不仅强调了每一项工作都很重要，更说明了每一项工作都大有可为。工作带给你的是快乐还是折磨，主要取决于你对工作的态度。

当然，还有其他享受工作的方法。其中，最重要的一种就是随时提醒自己工作的目的是什么。我们要记住，当我们工作的时候，别人将受惠于我们的付出。不管我们从事何种工作，都能够改善他人的生活品质：当老师，我们可以改变别人的人生；当医生，我们可以消除他人的病痛；即便是从事像缝制降落伞这样单调的工作，我们也可能会拯救一些生命。

（三）丰富业余生活

拥有业余爱好是让生活轻松的诀窍。下班后学点好玩的技艺吧，这可以让你忘掉工作的压力，有效地保持心理健康，陶冶性情，以更饱满的精神状态投入到事业中去。

课后实训

训练目的：

通过测试，评估自己在了解他人情绪这方面的能力，以便有针对性地培养这一能力。

训练试题：

（1）对同学、同事的脾气性格有一定的了解。（　　）

A. 总是　　B. 有时　　C. 从不

（2）在意别人对自己的看法，生活无法轻松自在。（　　）

A. 总是　　B. 有时　　C. 从不

（3）经常留意自己周围人情绪的变化。（　　）

A. 总是　　B. 有时　　C. 从不

（4）当别人提出问题时，会不知怎样回答才能让人满意。（　　）

A. 总是　　B. 有时　　C. 从不

（5）与人交往时，知道怎样去了解和尊重他人的情感。（　　）

A. 总是　　B. 有时　　C. 从不

（6）与人相处时，不善于了解对方是何想法或怎样看待事物。（　　）

A. 总是　　B. 有时　　C. 从不

（7）能够说出亲人和朋友各自的一些优点和长处。（　　）

A. 总是　　B. 有时　　C. 从不

（8）触痛别人或伤及别人的感情时，自己不能察觉。（　　）

A. 总是　　B. 有时　　C. 从不

（9）不认为参加社交活动是浪费时间。（　　）

A. 总是　　B. 有时　　C. 从不

（10）别人的感受是什么对我来说没有必要去考虑。（　　）

A. 总是　　B. 有时　　C. 从不

计分评估：

根据计分表（见表8-1），算出自己的总分。

表8-1 计　分　表

题　目	1	2	3	4	5	6	7	8	9	10
A	2	0	2	0	2	0	2	0	2	0
B	1	1	1	1	1	1	1	1	1	1
C	0	2	0	2	0	2	0	2	0	2

自测评价：

如果总分超过 15 分，则表明你能够了解他人的情绪；如果总分少于 8 分，则表明你在这一方面的能力有待加强。

案例讨论

陈同学是一名大学应届毕业生。他在校期间，曾任校学生会主席，品学兼优，处事老练，威信颇高。在求职择业时，经过深思熟虑之后，陈同学结合自己的特点，认为到政府机关当公务员是比较适合自己的发展方向，遂报名参加了本省政府机关公务员考试。因基本功扎实，再加上准备充分，他考试几乎没有遇到多少困难，便如愿以偿。7 月初，他告别母校，高兴地去新单位报到。陈同学坚信，凭自己的智力和才能，只要工作认真卖力，不怕吃苦，显然不需要多久，就能在机关里崭露头角，体现自己的价值。没想到，头两个月的工作竟是如此无聊，无聊得他每天可以喝两壶开水，看八份报纸。由于需要他的处室当时还没成立，他被暂时挂在人事处，就像被遗忘了一样，没有人叫他干什么，更没有人教他干什么。他每天除了擦擦桌子、扫扫地外，剩下的时间只能看看天上的云彩。这时，他实实在在地感到了惆怅、失落和迷茫。

（改编自校园案例）

思考题：

陈同学目前遇到了什么问题？如果你是陈同学，那你应该如何从学生角色转变成职业角色，如何做到职业适应？

第九章　大学生就业能力

案例导入

2007年1月9日，美国旧金山莫斯康展览中心。史蒂夫·乔布斯走上舞台对观众说："今天我们将发布三款革命性的产品：第一款是带触摸屏的 iPod，第二款是移动电话，第三款是互联网通信装置……"乔布斯每提到一款产品，观众都会兴奋地鼓掌。在介绍完三个产品的特点后，乔布斯停顿了一会，接着说："其实我介绍的不是这三款产品，而是结合这三种技术的一款产品——iPhone。苹果将要进行手机革命了！"现场的所有观众都惊掉了下巴，随即全场掌声雷动。

乔布斯的演说就像一部交响乐，高低起伏，让人激情澎湃。

（改编自 https://www.sohu.com/a/439943498_120141117）

大学生就业是当前社会关注的热点问题之一，提升大学生就业能力是当务之急。我国大学生就业难的主要原因是就业能力的缺失，只有通过培养大学生的就业能力，才能够培养出合格的就业人才。本章主要介绍什么是就业能力和如何培养就业能力。

第一节　大学生就业能力的含义

一、就业能力的演进

就业能力这一概念最早出现于20世纪50年代的美国，主要涉及如何解决失业者的就业问题，其主导思想在于实现终身就业和雇佣。在20世纪五六十年代，就业能力作为实现充分就业的社会经济目标，其研究主要关注下层民众的就业态度和自我形象，并以政府干预来激励失业者进入劳动力市场。到了20世纪70年代，就业能力研究仍然致力于在政策上实现全面就业，但在微观上主要涉及如何提升劳动者的知识和技能，以使劳动者具有更全面的就业能力。

20世纪80年代以后，就业能力研究的视角转移到公司或组织层面。面对变化无常的外部环境，公司必须在组织内部获得足够的弹性以适应这种变化。由于生产、服务及工作流程的变化，那些长期雇员要承担越来越多的弹性化职能。同时，为了应对雇员数量的波动，企业也大量地雇用兼职和临时员工以及自由职业者。作为一种人力资源管理工具，就业能力研究主要关注如何在员工管理上增强组织的弹性并使人力资源得到最优化使用。

20世纪90年代，对就业能力的研究集中到了个人层面，也就是说，个人（而不是政府或组织）要对自己的就业能力负责。这种转变一方面是由于个人对于自己的职业生涯路径有了更多的选择自由，另一方面是由于在组织内获得终身的或长期的就业保障和按资历获得提升的可能性大大降低了。与20世纪80年代相比，美国及很多欧洲国家的长期雇员数量大幅下降，一些缺乏全面就业能力的雇员被淘汰或很难再找到新的工作。在这一时期，就业能力研究不只关注失业者和低技能者，而且涉及所有的劳动者。每一个劳动者个体都要具备在内部和外部劳动力市场获得工作的能力。维持雇员持久的就业能力成为雇主和雇员之间的一种新的心理契约，即雇员对自己的职业生涯负责，雇主为提升雇员的就业能力提供必要的条件和支持。

进入21世纪之后，就业能力的研究和实践渗透到各种不同的学科领域，如教育学、管理学、心理学、经济学、行为科学和康复医学等。很多学者探求如何通过建立终身学习体系，实施基于就业能力的高等教育和教学改革，以及制定合理的人力资源发展策略、就业政策和职业培训政策，提升劳动者个体的就业能力和企业组织的活力，进而促进国家竞争力的提高。同时，就业能力研究的视角也不仅仅是政府，而应包括组织和个人。大部分学者认同这样的观点，即提升和维持就业能力既是个人的责任，也是组织和政府的责任。帮助雇员维持在劳动力市场的就业能力成为组织的道德责任。

二、什么是就业能力

就业能力也称为就业力（employability），简单来说，就是获得工作和保持工作的能力。关于就业能力，到目前还没有统一的定义。

- 国际劳工组织将就业能力定义为个体获得和保持工作，在工作中进步，以及应对工作中出现的变化的能力。
- 美国教育理事会对就业能力的定义是，就业能力是在劳动力市场上通过利用充分的就业机会，实现潜能的自信。
- 国内最早较为详细论述就业能力的郑晓明认为，就业能力是指大学毕业生在校期间通过知识的学习和综合素质的开发而获得的能够实现就业理想、满足社会需求、在社会生活中实现自身价值的本领。
- 从高等教育的角度来说，大学生就业能力是指大学毕业生在校期间通过自己对专业知识以及相关知识的学习、积累和对自身潜能的开发以实现自己的就业目标和理想，从而满足社会的需求，在社会活动中体现自身价值的各方面本领。它是个人具有的在学习基础上发展起来的与职业相关的综合能力，是一种具有适应性和灵活性，涉及能力本身，包括态度、个性等的可变化的核心技能群，在个人求职、就职、晋升和发展的不同阶段具有动态发展的倾向。

从以上概念可以看出，大学生的就业能力并非仅仅指大学毕业找到工作这一简单结果，而是指毕业时具备获得工作职位的能力。因为获得工作职位只是一种暂时的状态，而拥有就业的真正本领才能保持职业的稳定和长久。

大学生就业能力这一概念的提出，正体现了当前社会求才、大学生个人成才、高校育才多方面的特点和需要。它是大学生赢得社会认可、赢得事业成功的关键，是就业竞争的核心要素。

三、就业能力的实质

要准确把握就业能力的实质，应该从以下几方面加以认识和理解。

（一）就业能力是个体的能力

就业能力是个体的能力，是个体在寻找、保持和变化工作岗位过程中表现出来的能力，同时在一定意义上也包含个体进行自我创业的能力。这里涉及的个体主要包括 3 种：①尚未找到工作的个体，包括高校毕业生和其他新进入劳动力市场的个体，也包括已经失业但正寻找工作的个体；②目前已经获得工作的个体；③自我创业的个体。

（二）就业能力是各种有益于就业的能力群

总的来说，就业能力是与就业相关的综合能力，不是指除个人拥有的其他能力之外的某种特殊能力，而是指能够满足职业岗位要求的各方面的综合能力。它不单纯指某一项技能、能力，而是指多种能力的集合，它是个体现有多种能力集合而成的能力，指向个体更有效的就业和职业发展。

（三）就业能力是动态发展的能力

就业能力涉及寻找工作岗位、保持工作岗位以及在现有工作岗位上得到晋升与发展等 3 个阶段。不同阶段对个体的就业能力有不同要求，也要求个体不断地拓展和提升自身所拥有的就业能力。

第二节 大学生就业能力的内容

国外研究机构和学者对就业能力的内容进行了深入探讨，将其分解为若干构成要素。关于大学生应具备什么样的就业能力，目前国内外还没有统一的说法。不同的学者提出了各自的看法，他们的一些代表性研究成果如表 9–1 所示。

表9-1　国外研究机构和学者关于就业能力构成描述表

机构或学者	就业能力构成
加拿大会议委员会（CBC）	包括3个构成要素： ①基本技能（沟通、管理信息、运用数字、思考和解决问题）；②个人管理技能（展示、负责、适应性、持续学习、安全工作）；③团队技能（与他人一起工作、参与项目任务）
加拿大Making the Match（配对）研究项目	①自我管理；②沟通；③人力和任务管理；④引导创新；⑤变革
美国培训与发展协会（ASTD）	包括6个类别的16项技能： ①基本技能（阅读、写作和计算）；②沟通技能（听、说）；③适应能力（解决问题、创造性思考）；④自我发展技能（自尊、动力、目标设定和职业生涯规划）；⑤群体交往技能（人际关系技能、团队合作能力和协调能力）；⑥影响能力（理解组织文化、共享领导能力）
美国劳工部必备技能促进委员会（SCANS）	包括3大基础、5大能力和36项具体技能： 3大基础：①基本技能；②思考技能；③个人品质 5大能力：①资源统筹能力（时间、金钱、物资与设施）；②人际交往能力（作为团队成员、教导他人新技能、服务顾客、领导、协商、与多元化员工一起工作）；③信息获取能力（获取和评估信息、组织和维持信息、阐述和沟通信息、运用计算机处理信息）；④系统处理能力（理解系统、监督和纠正绩效系统、改进和设计系统）；⑤技术能力（选择技术、应用技术）
澳大利亚国家培训局（ANTA）	①生存技能；②就业技能；③跨行业的通用技能；④跨行业的技术技能；⑤职业专用技术技能
麦奎德和林赛	包括6个方面内容： ①本质属性（如基本社会技能、信赖等）；②个人品质（勤奋、动机、自信等）；③基本可转换技能（包括阅读和技术能力）；④关键可转换技能（解决问题、沟通、工作程序管理、团队合作的技能）；⑤高水平可转换技能（包括自我管理、商业意识、高级技能的掌握等）；⑥资格和教育程度、工作知识背景（包括工作经验和职业技能），以及劳动力市场等
哈维	①专业知识技能；②学习的意愿；③自我管理技能；④沟通技能；⑤团队合作；⑥人际关系能力
约克和奈特	包括3个方面内容： ①过程技能，如应用学科知识的理解力、计算机技能、商业意识、对公司政策的敏感性、对不确定性和复杂性的处理能力、影响力、团队合作和谈判能力等；②核心技能，如计算能力、口头和书面沟通技能、倾听技能、关键分析和自我管理能力等；③个人特质，如自信、情商、适应力、学习的意愿和反应力等

由表9-1可以看出，针对就业能力的内容这个问题的研究和探讨比较多，但至今仍没有定论。研究机构或学者有从社会需要的角度，有从培养者的角度，也有从学生的角度等，对就业能力开展研究。

我们认为，作为就业主体的大学生，面对未来的职业，在基本素质和专业素质训练的基础上，要深入了解和认识自我，确定合理的就业目标；掌握就业政策法规，做好职业选择准备；加强就业心理锻炼，增强心理承受力；注重就业信息收集，有针对性地选择用人单位；掌握求职方法技巧，促进成功就业；加强社会适应能力锻炼，促进角色转换等。具体来说，大学生就业能力主要包括 3 个方面的内容：专业技能、通用技能和综合素质。

一、专业技能

专业技能是一个人步入职业生涯所需的基本技能，是大学生职业生涯的基本要素。所谓专业技能，是指从事某一职业所必需的专业理论知识和实践操作能力，简单来说，也就是对所学的专业及非专业知识的掌握和应用程度。最基本的专业技能就是大学生所学专业的知识技能，如中文系的学生应该具备较多的文学知识，可以写得一手漂亮的文章；计算机系的学生应对计算机的研究领域非常熟悉，具有一定的开发潜能。这些技能，是一个大学毕业生在应聘某职位时所应该具备的基本专业能力。

专业技能对任何职业都具有一定的社会功能，对社会发展具有推动作用，包括在日常生活中对国家和人民所担负的责任，对发展社会政治、经济、科学、文化事业所具有的意义。职业的这种社会功能必然要求加强职业的专业化程度。如果从事某一职业的劳动者，其专业水平不足或水准较低，则会对社会的发展造成不同程度的伤害。例如，一个从事公共事业管理的领导者，如果对某一项事业规划（如公共教育投资等）的重要性估计不足或是规划存在严重的不合理性，则势必导致这一地区公共事业发展的迟缓，进而影响该地区经济、政治、文化等方面的发展。当然，任何职业也都是个体实现其人生价值和人生追求的一种不可或缺的媒介。换言之，任何职业也都体现着个体的个人价值，具有个人功能属性。

案例

某高校学生小张在校期间学习刻苦努力，具有扎实的专业理论基础和实践能力，两次代表学校参加市级工程制图和机械设计竞赛均获得一等奖。小张毕业后，在一家国内大型核电站中工作，在众多的毕业生中脱颖而出成为技术骨干，在重要的技术岗位上做出成绩。

（改编自校园案例）

大学生专业技能的准备具有鲜明的职业岗位针对性。知识是源泉，技能是目标，实训是关键。毕业生往往工作在生产建设的第一线，一线岗位的工作主要体现为技能。技能是通过实践训练而形成的智力活动模式，主要包括：动作技能，是通过练习形成和巩固起来的、视而可见的、接近自动化的动作，如操作技能；心智活动技能，是借助于对职业的体验在工作中实现的认知活动，如认识自己的职业，培养良好的职业道德。动作技能和心智活动技能相辅相成，两者缺一不可。

拥有较好的专业技能是大学生成功就业的前提条件，因此，当代大学生应重点加强自身专业技能的培养，提高专业技能素质。专业技能主要包括以下 3 个层次。

（1）专业方面的一般技能。一般技能包括阅读、资料查阅、写作、社会调查、观察、运算、实验等方面。它是每个大学毕业生从事工作应具备的最基本技能。

（2）运用专业知识的技能。运用专业知识的技能即用所学知识分析解决生产实践中所遇到的问题，使科学技术从知识形态转化为生产力的现实形态，从而形成新的生产力的技能。

（3）一定的科学研究技能和创造技能。能运用科学研究的正确方法，对所获取的信息进行加工，具有获取新知识的思维技能、逻辑推理技能、准确判断技能和概括提炼技能。善于从事科学研究，能够正确总结客观世界的规律，并且能够在实践中有所突破，超越别人。

二、通用技能

通用技能是相对于专业技能而言的，顾名思义，就是具有“通用性”的技能。对于任何职业而言，这种技能都是适用的。通用技能可以随着个体工作的变化而同时被迁移到新的工作当中，并能很快产生功效，它是一项可转换的能力。通用技能是职业人取得成功所必备的基本能力，是一种超越具体职业、对人的终身发展起着重要作用的能力，是人们在教育或工作等各种不同的环境中培养出来的可迁移的、从事任何职业都必不可少的跨职业的技能。该技能可以提高人们工作的效率及灵活性、适应性，是个人获得就业机会、事业发展的重要保障。

通用技能与前面所说的专业技能是两个完全不同的概念。专业技能受到工作性质的限制，一项专业技能可能只适应一个企业或是一类企业的需要，只能适用于特定的工作岗位。对个体来说，离开特定的工作岗位，这项技能可能就再也没有使用的空间了。因此，专业技能的可迁移性很小，不能或是很难被带到新的工作岗位中去发挥作用。

通用技能是个体对环境的适应能力、学习能力、表达沟通能力、人际交往能力、团队合作能力等的综合体现。这种综合的技能既是个体能够顺利就业的基本前提，也是个体在工作过程中与他人友好相处、充分利用工作资源、保持劳动力、获取更大竞争优势、有效维持就业的前提，更是个体在需要的时候重新就业的有力保证。从某种意义上说，通用技能的培养与我们通常所说的素质教育有异曲同工之妙，只是通用技能的内涵界定偏重于技能型，它既包括综合职业能力的要求，也包括全面素质的部分要求。

根据我国职业教育的培养目标，通用技能大体上包括 7 个方面的主要内容：表达沟通、人际交往、分析判断、解决问题、学习和创新、团队合作、组织管理等。

（一）表达沟通

对于大学毕业生来说，表达沟通能力的重要性不言而喻。能够用准确、流畅的语言讲述事实、表达观点，能够撰写计划、总结、调查报告、公函等文书，这是用人单位对大学生表达沟通能力的基本要求。有的大学生在工作岗位上动手写东西很费劲，拿起笔来不知从何入手，写出来的东西文字不顺、逻辑不通；有的连通知、申请，甚至连请假条都写得不像样；有的会设计，但却不会写说明；有的外语不错，中文却不行。表达沟通能力的重要性不是在参加工作走向社会后才显现出来的，大学生在求职择业的时候就会有深切的感受。撰写求职信、准备个人材料、回答招聘人员的问题、接受用人单位的面试等，这些环节都需要较强的表达沟通能力。大学生可以通过日常训练、参加专门的培训等方式提高自己的表达沟通能力。

（二）人际交往

大学生走上工作岗位后，人际交往能力的发挥是适应环境的关键。人际关系是工作中人与人之间必然发生的联系。好的人际关系可以帮助你在事业上取得成功，更好地实现自己的人生价值；不好的人际关系则会使你萎靡不振，工作消极。很多大学毕业生在刚刚走上职业岗位时，由于初谙世事、阅历较浅、缺少经验，往往在各种错综复杂的关系面前茫然失措，苦于无法适应，常常感叹“工作好搞，关系难处”。因此，大学生自觉地培养良好的人际交往能力非常重要。作为大学生，只有具备一定的人际交往能力，善于处理各种人际关系，才能在工作中充分施展自己的才能。

（三）分析判断

一个人具备分析判断能力，就能够看出表面上互不相干的事件或事物的内在联系，并能从系统的角度进行分析。例如，对于一个管理者来说，分析判断能力是处理已知信息，并对事物发展趋势进行方向性把握的能力。分析判断能力有助于管理者把握全局，并能深入系统地分析问题和解决问题；有助于管理者在进行部门规划和工作计划时，提高工作效率和准确度；有助于管理者了解事情的来龙去脉，从而找到问题的真正症结所在，并提出解决方案；有助于管理者洞察先机，未雨绸缪，化危机为转机，最后变成良机。因此，现代大学生要高度重视分析判断能力的提高。

（四）解决问题

大学生，尤其是刚刚走出校门步入社会的大学毕业生，在实际工作中，难免会遇到各种各样的难题。如何面对在工作中出现的问题，不同的人会有不同的态度。现代社会所需要的是能够迅速分析问题、解决问题的复合型人才。在瞬息万变的现代职场中，问题随时都会出现，能够迅速地分析问题、解决问题，是一个优秀员工必备的基本素质之一。

解决问题的能力就是面对生活中所出现的一些矛盾和问题，利用我们自身已掌握的技巧和能力，合理运用解决问题的方法，使矛盾得以化解，使问题得到解决，实现工作目标的过程。解决问题的能力包括换位思考能力、高超的总结能力、解决问题时的逆向思维能力、方案确定能力等。

（五）学习和创新

学习能力是动态衡量人才质量高低的一个尺度。现在是知识经济时代，更是终身学习时代，大学生既要培养自己“举一而反三，闻一而知十”的能力，也要培养自己不断进行知识更新的能力，更要培养自己在学习和工作中自我归纳、总结，找出自己的强项和弱项，扬长避短，适时进行自我调整的能力。

培养良好的创新能力，要求大学生具有扎实的基础知识、基本技能，较宽的知识面、较强的实践能力和较丰富的实践经验，包括在大量信息中选择、辨别知识的能力。当然，一个人的成长也有一个从学到模仿再到创造的过程。如果只有模仿没有创新，那是没有发展的。有创新能力的人才是人才，有创新人才的企业才有生命力。

（六）团队合作

在专业分工越来越细、市场竞争越来越激烈的市场环境中，单打独斗的时代已经过去，合作变得越来越重要，时代呼唤团队合作精神。

对于一个团队来说，团队合作的形成并非一日之功，而是需要日积月累的沉淀。另外，团队合作至关重要的一点是，它强调团队内部成员的全面进步和综合完善，只有团队成员都具备团队合作的能力，团队合作才能形成。任何一个成员的落伍掉队都极有可能使一个团队面临分崩离析的危险。因此，培养团队合作能力，是大学生就业生存、立业提高、创业发展的一件大事。

案例

寸有所长，尺有所短。在一个大集体里，干好一项工作，起关键作用的往往不是一个人的能力，而是集体中各成员的协作配合。某高职高专院校广告设计专业的毕业生李刚受聘于一家大型广告公司。刚开始，他有一种自卑心理，可他慢慢地发现，该公司的企业文化非常好，无论他什么时候表达出自己的真实想法，同事们都会耐心地聆听，然后一起交流，尽量完善，最后交给经理的总是一份很有创意的作品。有一次，他向老板表明某项目很有潜力，经理立刻把其他人员叫来，共同分析。三个臭皮匠赛过诸葛亮，最终该项目成功落地。其实，成功的秘诀只有一个：团结协作。

（改编自校园案例）

（七）组织管理

组织管理能力是一种把握与引导人心的能力，组织管理能力强的人往往工作有主动性，对他人有影响力。很多招聘单位面试中常有无领导小组讨论、角色扮演等情景测试，目的就是对人的组织管理能力进行考验。组织管理能力对企业的长期发展具有重要作用。大学生要想在职业生涯中获得进一步的发展，就必须努力提升自己的组织管理能力。

三、综合素质

随着社会主义市场经济的发展，社会对大学生综合素质的要求愈来愈高，社会职业发展趋势、市场经济发展趋势、知识经济创新趋势、经济全球化趋势和人才市场竞争趋势要求大学生除应具备良好的专业技能和通用技能外，还应具备良好的综合素质。21 世纪，社会的竞争是人才素质的竞争，当代大学生要成为适应社会需要的合格人才，就必须努力培养和提高自己的综合素质。

大学生的综合素质包括思想道德素质、专业素质、文化素质和身心素质等几个要素。就大学生的发展而言，综合素质的各个要素是各有侧重的，各个要素之间又是一个相互关系、协调发展的有机整体。

（一）思想道德素质

思想道德素质是大学生成长为合格人才最重要的素质，是统帅、是灵魂，它对其他素质的培养和提高起着统领和制约作用，其核心是如何做人。大学毕业生无论从事何种职业，首先要学会做人，要学会尊重别人，尊重他人的劳动，有社会公德，对国家、民族、社会有责任感，能妥善处理国家、集体、个人之间的关系，适应现代生活的节奏，心理健康，情绪稳定，有较强的心理承受能力和战胜困难的顽强意志。

良好的思想道德素质，能激发人的积极性和创造性。大学生毕业时正处于世界观、人生观、价值观形成的时期，思想还不成熟，可塑性很大，很容易接受正面教育，也容易受社会上各种不良思潮的影响。近年来，由于受市场经济大潮的冲击，一些负面观点不可避免地影响部分学生的世界观、人生观、价值观和择业观，所以大学毕业生应具有高尚的思想道德素质，以抵抗负面影响。

（二）专业素质

较高的专业素质是现代人才的显著标志，是现代人才为社会做贡献的根本保证。专业素质是人们所具有的为社会服务的特殊工作能力，具体表现为人们在业务工作中表现出来的知识、能力和方法。

具备良好的专业素质，是大学生立足社会、开拓创新、成才立业、为国效力、为民造福的根本保证。因此，一方面要养成良好的学风，牢固掌握本学科基础理论知识，形成合理的知识结构，并在此基础上掌握一定跨学科知识和综合交叉学科知识，做到既专又博；另一方面要具有基本的专业能力，因为专业素质更重要的是要求大学生具有强烈的求知欲，学习勤奋、踏实，具有严谨的学风，有较强的自学能力、思考能力、观察能力、创新能力和动手能力。这样，当代大学生才能跟上时代和社会发展的步伐。

另外，大学生必须掌握正确的学习方法，它是知识与能力之间的纽带和桥梁，它既是获取知识的手段，又是创造知识的途径。

（三）文化素质

大学生的文化素质，实际上就是指作为高层次文化群体的大学生所应具备的一定的人文社会科学知识和能力。知识积累是基础，思维训练是保证，情操陶冶是动力，这几个方面构成了青年大学生文化素质的内在框架。为此，在保证自己所学专业知识技能过硬的同时，大学生还应该对自己专业领域外的东西有所了解，争取把自己塑造成为一个复合型人才。随着社会的发展，不同职业领域之间的合作越来越多，这就要求每个想在现代社会里取得成功的人具有广博而深厚的知识，力求一专多能，主动适应市场。

（四）身心素质

俗话说，身体是革命的本钱。一个人的身心健康，包括身体健康与心灵健康，即生理健康与心理健康两个方面。两者相互依存，相辅相成，同等重要。

一个人要想身体健康、情绪稳定、充满信心、胸怀坦荡，必须经过身体和心灵的双重修炼。有健康的身体，才有健全的心灵。生理上的缺陷，往往会使人产生烦恼、焦躁、忧虑、抑郁、灰心等情绪，形成各种不正常的心理状态；而心理上的长期和严重的不健康状态，又会导致生理上的异常或病态。面对急速变化的社会现实和严峻的就业形势，大学生必须做好心理准备，迎接社会和用人单位的考验。

案例

技能十学习＝成功

小刘大学毕业之后，没有选择父亲安排的工作，而是选择了学校推荐的工作，在深圳一家模具厂当起了一个普通的初级工。

但由于设备老化、管理落后，这家曾辉煌一时的老企业面临严峻的考验。新厂长引入了新的管理体制，并成立了科技攻关小组，不起眼的小刘有幸被列入其中。小刘从一把刀具入手，到处拜师学艺，终于研究出了符合专用刀具要求的样刀，把车床的价格降低了30%，仅此一项，小刘每年就为企业节约了10万元以上。

一组数字记录下了这个普通工人创造的巨大价值。在近七年的时间内，他不断学习，不断应用数控知识，专注科技发明，成功开发出4种类型共10台进口数控车床的加工功能，完成新产品开发12项，为企业直接或间接创造经济价值数百万元。

在为企业创造巨大价值的同时，小刘也在创造自我价值。现在，小刘已成为一名远近闻名的数控专家，用自己的实际行动，展现了当代大学生的就业能力，书写了当代大学生的职场传奇。

（改编自 https://www.16175.com/2147.html）

第三节 大学生就业能力的培养

一、专业技能培养

（一）专业技能的培养原则

1．结构性原则

专业技能也是具有层次结构的，从低到高分别为基础专业技能（又称单元技能）、专项技能（又称模块技能）、专业综合技能。专业综合技能由专项技能构成，专项技能由单元技能构成。专业综合技能、专项技能和单元技能三者从高到低形成了技能树。但三者的侧重点并不相同，单元技能强调基本功的训练，专项技能注重在单元技能学习的基础上不断消化，专业综合技能注重培养全面性和系统化技能，注重革新和应变能力。

2．循序渐进原则

从生理学本质来看，技能的形成是一种复杂的本体感受和建立条件反射的过程。专业技能的形成过程根据条件反射的形成过程可分为泛化、分化、巩固和自动化 4 个阶段。泛化阶段主要是学生借助感官（听、看、嗅、触摸、简单操作）来获得有关知识和感觉的过程。这个阶段表现为操作动作僵硬、错误、不协调、顺序颠倒等。这个阶段主要注重大环节的操作。在分化阶段，学生直接控制作业活动，操作错误减少，操作动作基本正确、协调，能注意到作业活动细节，并能用语言描述自己的操作。在这个阶段要注意操作细节。巩固阶段主要表现为操作动作基本正确、协调，不容易在外界干扰下操作失误。在这个阶段要提高练习的强度和增加练习的数量，促进操作技能的掌握。在自动化阶段，学生能在潜意识的控制下完成操作作业，能根据实际情况随机应变。这个阶段要加强检查，避免操作错误的发生。

3．重复训练原则

专业技能主要是通过后天学习获得的，无论是单元技能还是专项技能，一般都需要重复训练，以提高主体对技能的熟练程度。因此，大学生要珍惜每次练习机会，做到练习前在理论上过关，练习中集中精力多观察、多练习，练习后注意及时对比总结。

（二）专业技能的培养途径

1．实践教学环节

实践教学环节是培养专业技能的主渠道。在高等教育人才培养的过程中，学校首先针对不同的专业编制了一个全程的教学计划，这是学校教育的纲领性文件，整个大学教育基本上是按这个计划实施的。学校会根据行业特征和本专业所面向的职业岗位群，按照教育教学规律，安排多种形式的实践教学环节，包括实验实习、教学实习、生产实习、毕业实习等。一般说来，经过这些实践教学环节之后，学生已完成本专业基础专业技能的训练。但目前的事实是，部分大学生对实践教学环节不够重视，完成时应付了事，甚至有少数学生利用实践教学环节的机会逃课，这些行为在一定程度上造成了大学生专业技能的缺失。

2. 素质拓展计划

素质拓展计划是强化学生专业技能训练的重要途径。很多高校都制订了大学生素质拓展计划，并由专门机构负责大学生素质拓展项目的管理，通过大学生素质拓展项目的开发、组织培训等，为大学生素质拓展服务。因此，在大学教育阶段，大学生们应充分利用这一资源，有选择性地参加适合自己的素质拓展项目，系统参加培训，提高专业技能，提高就业竞争力。

3. 社会实践

社会实践是提高大学生专业技能的有效途径。社会调查、勤工助学、暑期打工、大学生志愿者活动等多种形式的社会实践活动，既是大学生接触社会、了解社会的重要途径，同时也是提高专业技能的有效途径。

二、通用技能培养

（一）通用技能培养的必要性和重要性

在现代社会中，职业人的知识更新周期与产品的生命周期相似。有关资料显示，知识的更新周期为 3～5 年，一个人如果不具有接受再教育的能力，就不能及时更新自己的知识，也不能很好地调整知识结构。随着社会的进步，其目前所拥有的知识和技能很快就会被淘汰。因此，获取新知识的能力比获取新知识本身更为重要，学习能力的提高比学习本身更为重要，通用技能的掌握比专业技能的掌握更为重要。只有具备通用技能的人，才能够适应变化的环境，把握新的机遇。

通用技能适用于所有的职业，因此，当我们的职业岗位发生变更或者当劳动组织发生变化时，我们会因为掌握了较强的通用技能而较快地适应新的职业岗位或劳动组织。另外，通用技能具有可迁移的特点，有助于个人形成终身学习的能力。通用技能可以让大学生在变化的环境中不断自我充实、提高、发展，跟上技术进步、经济发展的步伐，增强大学生可持续发展的能力和适应市场变化的能力，使大学生真正具有应变、生存、发展的能力，从而有助于提高自己在社会当中的竞争力。

（二）通用技能的培养途径

1. 人际交往

在人际交往中，我们给他人的印象是怎样的？他人怎样评价我们？认真思考这些问题，比较一下他人对自己的评价和自己对自己的评价有何异同，将有助于我们更好地认识自己。

（1）人际关系建立的一般过程。

① 定向阶段。这个阶段包括对交往对象的注意、选择和初步的交流等。

② 情感探索阶段。交往双方开始思考并寻求共同点，包括兴趣、爱好、话题等。随着交往次数的增多，双方可以建立情感联系的方面越来越多，交往就会持续下去。当然，双方也有话不投机半句多的时候，此时交往将会结束。

③ 情感交流阶段。此时，交往双方已有了基本的信任和感情。交往的广度和深度继续发展，能真诚地为对方着想，既善于赞美对方的优点，也敢于批评对方的过错。随着双方的信息反馈，感情会逐步加深。

④ 稳定交流阶段。交往双方能够包容对方的缺点，在心理上有相容性。全面而深刻地互相认识，允许对方进入自己的私密领域，双方有很高的信任感和安全感。

（2）人际交往过程中的心理效应。

① 首因效应。在人际交往中，我们会很重视一开始接触到的信息（包括容貌、语言、神态等），至于后面的信息就显得不是那么重要了，这种心理被称为首因效应。首因效应启迪我们，一方面要给他人留下良好的第一印象，另一方面又要在以后的交往中纠正自己对他人错误的第一印象。

② 近因效应。近因效应是指最近一次交往的印象对我们的认识所产生的影响。最近一次交往留下的印象，往往是最深刻的印象。一般而言，熟人之间的交往更容易产生近因效应，因此平时应该注意给他人留下良好的最近印象。

③ 光环效应。光环效应又称晕轮效应，是指在人际交往中，我们往往会将对方的某个优点泛化到其他有关方面，根据不全面的信息而形成完整的印象。光环效应往往对恋爱的双方起到更明显的作用，正所谓“情人眼里出西施”。

④ 投射效应。投射效应是指在人际交往中，我们总是假设他人和自己有相同的倾向，即把自己的特性投射到他人身上，从而形成对他人的印象。有时候，我们对他人的猜测，无形中透露的正是自己的想法。所以，不要盲目地猜忌他人，把事情复杂化。

⑤ 刻板效应。刻板效应是指社会对某一类事物或人物持有一种比较固定、概括的看法。在人际交往中，我们有时会把对某一类人物的整体看法强加到该类人物的每一个个体身上，而忽视了个体特征。刻板效应有利于总体评价，但会使个体评价产生偏差。例如，农村来的同学认为城市来的同学见识广，而城市来的同学认为农村来的同学见识狭隘，这就是一种刻板效应。

2. 交流沟通

有个故事讲得非常好，在酒足饭饱后，国王问大臣：“你们说，世界上什么最难？”大臣回答：“世界上说话最难。”其实，大臣的真正意思是：说话最难，尤其是和国王说话最难。在一次关于“什么最可怕”的调查中，人们发现，有30%的人选择了“死”，而有 70%的人则选择了“当众讲话”。这一调查结果并未夸大。在很多情境下，说话容易，但是要把话说到位，非常困难。其实我们从入学第一天到我们读完大学，一直在学习的一门功课就是语文，语文课最终是要教会我们写和说，也就是交流沟通。可是，我们也常常会在写作时抓耳挠腮，文不对题；说话时语无伦次，词不达意。

交流沟通能力是具有普遍适应性和可迁移性的一种核心能力，它是指在人际交往中，通过交谈、讨论、当众演讲、阅读、书面表达等方式，或通过身体语言，如举手投足、表情、姿态等方式，表达观点、获取和分享信息资源的能力，是日常生活和工作中必备的能力，包括：提供书面陈述的能力（如写信、写报告、写文章），提供口头陈述的能力（如打电话、在公众场合发表意见），提供信息的能力，提供建议的能力，建立公共关系的能力，谈判能力，与顾客、学生等不同类型的人建立联系和保持联系的能力。“三人行，必有我师焉”，交流沟通能帮助人们在团队中获得有效的知识和能力。总而言之，交流沟通是开启成功大门的金钥匙，是战胜困难的法宝，是不断前行的助力！

（1）沟通的方式。

根据沟通媒介的不同，沟通可分为语言沟通与非语言沟通两大类。

① 语言沟通。语言沟通包括口头沟通和书面沟通。口头沟通是指借助语言进行的信息传递与交流。口头沟通的形式很多，如会谈、电话、会议、广播、对话等。书面沟通是指借助文字进行的信息传递与交流。书面沟通的形式也很多，如通知、文件、信件、布告、报刊、备忘录、书面总结、汇报等。

语言沟通技巧的“七步法”如下。

第一步：思路为先。

首先要考虑写给谁看、为什么要写、都写些什么、怎样才能写得有血有肉，这 4 个方面也是书面表达的 4 个重要环节和要素，即选择什么“文种”、怎样安排“结构”、收集运用哪些“素材”，怎样“表达”让文笔生花。

第二步：取舍材料。

在我们掌握了一系列素材之后，我们要根据想要表达的内容，选择从什么角度、以什么样的高度来表达，语气的力度也要恰如其分。例如，要写一份简历，素材都是你自己的经历，但针对你所选择的行业、企业以及企业文化的不同，你要筛选素材以表现出不同的自己。将最优质、最有说服力的素材筛选出来，是表达观点最关键的步骤。

朱镕基在日本访问期间，一位女大学生问：“我正在学中文，听说中国人都喜欢唱歌。您最喜欢什么歌？能不能唱一段？”朱镕基回答说：“我最喜欢的是中国的国歌。如果我现在要唱的话，你们都得起立，我想我还是不唱了。”

朱镕基运用了每个人都懂的一个国际礼仪常识正面回应了女大学生的要求，同时也为自己和国家赢得了尊严。

第三步：要有“眼”。

我们无论采取哪一种方式与人交流，都是为了阐明自己的观点，并让对方认同、接受。提炼出几个鲜明的观点，是我们表达自己最直接、最高效的方法。

毛泽东在《人的正确思想是从哪里来的》一文中，开门见山："人的正确思想从哪里来，是从天上掉下来的吗？不是。是自己头脑里固有的吗？不是。人的正确思想，只能从社会实践中来，只能从社会的生产斗争、阶级斗争和科学实验这三项实践中来。"开篇就是一个鲜明的观点，让人过目不忘。

第四步：宜简不宜繁。

语言的简洁精炼是好文章可以荡气回肠的法宝，一篇拖沓冗长的文章，相信谁读了都会觉得乏味。在提炼观点时，要讲求一、二、三，称为"黄金三段论"。

2001 年 7 月 13 日，我国申办奥运会成功，江泽民同志在中华世纪坛做了即兴发言，内容如下：

我代表中共中央、国务院讲三句话：

第一句，对北京申奥成功致以热烈的祝贺；

第二句，向全国人民对北京申奥做出的贡献，同时向国际奥委会、向世界各界支持北京申奥的朋友，表示衷心的感谢；

第三句，希望全国人民同首都人民一起，奋发努力，扎实工作，把 2008 年奥运会办成功！

欢迎世界各国朋友 2008 年光临北京，参加奥运会，谢谢！

这是典型的黄金三段论，这三句话是按时间的逻辑关系构思的，即现在、过去和将来。条理清晰，简单明了，又富有激情。

第五步：要有时代感。

立足社会、与人交流，要紧跟时代步伐，要与时俱进，要感知社会主旋律，要对时代关键词有一定的认识和了解。原华中科技大学校长李培根院士在 2010 届毕业生典礼上的演讲，既把握了时代的脉搏，又催人奋进，激情澎湃。下面是李培根院士的演讲稿（节选）。

亲爱的 2010 届毕业生同学们：

你们好！

首先，为你们完成学业并即将踏上新的征途送上最美好的祝愿。

同学们，在华中科技大学的这几年里，你们一定有很多珍贵的记忆！

你们真幸运，国家的盛世如此集中相伴在你们大学的记忆中。2008 年奥运会留下的记忆，不仅是金牌数的第一，不仅是开幕式的华丽，更是中华文化的魅力和民族向心力的显示；六十年大庆留下的记忆，不仅是领袖的挥手，不仅是自主研制的先进武器，不仅是女兵的微笑，不仅是队伍的威武整齐，更是改革开放的历史和旗帜的威力；世博会留下的记忆，不仅是世博之夜水火相容的神奇，不仅是中国馆的宏伟，不仅是异国场馆的浪漫，更是中华的崛起，世界的惊异；你们一定记得某国总统的傲慢与无礼，你们也让他记忆了你们的不屑与蔑视；同学们，伴随着你们大学记忆的一定还有什锦八宝饭；还有一个 G2 的新词，它将永远成为世界新的记忆。

近几年，国家频发的灾难一定给你们留下深刻的记忆。汶川的颤抖，没能抖落中国人民的坚强与刚毅；玉树的摇动，没能撼动汉藏人民的齐心与合力。留给你们记忆的不仅是大悲的哭泣，更是大爱的洗礼；西南的干旱或许使你们一样感受渴与饥，留给你们记忆的不仅是大地的喘息，更是自然需要和谐、发展需要科学的道理。

第六步：文无终稿。

好文章不是写出来的，而是改出来的。要写出一篇好文章，就要不断地修改、推敲，还要勇于征求来自不同方面的意见，并进行取舍。

第七步：让“百度”成为你的得力助手。

这里说的“百度”代表了现代化的材料收集手段。现代化的搜索引擎，让我们的学习和信息获取变得快捷。通过收集整理相关资料，我们的观点表达变得更加丰富、生动、有趣。

② 非语言沟通。非语言沟通时，人们更容易流露出真情实感，因为人们有时很难控制自己的非语言反应。它虽不包括语言，但可以是有声的、无声的、有意识的或无意识的。

有学者曾指出，如果将注意力完全集中在人类的语言交流上，那么，很多交流过程将从眼前消失。人们之所以对非语言沟通如此重视，是因为人们认识到在整个沟通过程中非语言行为也发挥着重要作用。研究表明，在一个沟通过程中，非语言行为占 80%，而语言行为只占 20%，甚至更少。

● 仪表。当两个人见面时，一个人的外表是首先被对方所关注的方面。研究显示，84%的人对一个人的第一印象是基于他的外表，第一印象产生的时间很短，只有 0.5～4 分钟，它反映了一个人的文化背景和修养，而且将影响沟通的效果。而对于大学生来讲，青春活力是他们独有的气质，衣着、妆容都要衬托出这一气质。男孩子要神清气爽，女孩子要眉清目秀。衣着不宜过分张扬；头发要保持干净、整齐，男孩子前面头发不要挡住额头，两边头发不要挡住耳朵，后面头发不能长过衬衣领口，女孩子刘海儿要露出眉毛，长发要庄重大方，正式场合长发要扎起。

● 身体的姿态。站立时，两手应腹前交叉相握或自然下垂。切记双手不要放在衣袋里，不要将身体靠在门上或者倚在其他东西上；站立时不要双腿交叉，不要摸自己的头发或摆弄衣扣。

入座时，要先请长辈和女士入座。动作要安静而缓慢，切忌“一屁股坐下去”，这虽然看似豪爽，但有失礼节；靠前坐表示尊重和谦虚；坐下后上身要直，不能蜷在椅子里；与人交谈时，身体要略向前倾，表示关注交谈者，对谈话内容感兴趣。

● 面部表情。面部表情传递的信息更为丰富，其他的身体语言无法与之相比。面部表情是一种共同的语言，信息的接收者往往根据发出者的面部表情做出判断。有时候，面部表情可以表现一个人真正的情绪；但有时候，真正的情绪又往往被掩饰。所以，面部表情有时不能清楚地传递信息，我们还要参考语言的反馈。

● 目光接触。眼神的交流是面部表情中非常重要的部分。俗话说，眼睛是心灵的窗户。眼睛的运动可以交流感情和情绪，目光的接触通常是希望交流的信号。通过保持目光的接触，可以表示尊重对方并愿意倾听对方的讲述，也可以了解对方的满意度，判断对方是否感兴趣，还有没有继续沟通的必要等。

（2）沟通的有效法则。

沟通是人在社会中生存的必备能力。人们彼此不同，如何沟通才有效？这涉及人在社会中是如何自处的。如果视力不好，你可能会佩戴眼镜。如果听力不好，你会佩戴助听器吗？事实上，除非迫不得已，有四分之三的人表示不会佩戴助听器。这是为什么？这一切都出于人对自我形象的关注。很显然，在人们心中，自己的形象比其他任何事都更重要。通过自我观察，人们会高估自己的突出程度，这被称为“焦点效应”。

“焦点效应”使人们倾向于把自己视为一切的中心，并且直觉地高估别人对自己的注意度。沟通时，若都以自我为中心，那么无论沟通对象是谁，交流方式都是一成不变的。而“放下利己，代以利他”的沟通方式，恰是表现对他人的关注，实现彼此认可，最终实现“互惠共赢”的方式，这就是实现沟通目的的有效法则。

（3）有效倾听。

若要提升沟通效果，还要注意沟通是一个双向的过程。对方发出的信息，你要正确接收，这样才有进一步沟通的基础。提升沟通效果，从倾听开始。

倾听要点一：集中注意力。

倾听的时候，你必须放下所有会分散注意力的工作，自然地看着对方，点头微笑并表示了解。说的愈少，听到的就愈多。只有很好地倾听别人，才能更好地表达自己。

倾听要点二：不要打断。

专心是倾听的前提。别人说话时，你专心倾听的表现就是边听边想，思考别人要表达的意思，记住不要打断别人。

倾听要点三：表情和肢体语言。

沟通时，自己就是对方的一面镜子，你关心对方与否，直接反映在你的表情和肢体语言上。身体前倾，表现出你对对方的关注，此时你的表情应是专心、感兴趣的。你还要注意对方的表情和肢体语言，它们可传达很多信息。

倾听要点四：清楚地听出对方要表达的重点。

沟通中，并不是所有人都能清楚地表达自己。你要努力准确抓住对方的重点。如果你正确地理解了对方的意思，那么对方一定很高兴。

倾听要点五：诚恳。

诚恳的倾听会让你更好地理解对方的意思。同时，如果你能如此表现，那么对方一定会高兴不已，对你的好感便油然而生。

总结一下倾听的要点，其实就是要利用“放下利己，代以利他，互惠共赢”的原则进行沟通。

3. 组织协调

组织协调能力是指根据工作任务，对资源进行分配，同时控制、激励和协调群体活动过程，使之相互融合，从而实现组织目标的能力。一般认为，组织协调能力包括组织能力、授权能力、冲突处理能力。

（1）组织能力。组织能力是指组织人们去完成组织目标的能力。良好的组织能力是完成工作的保证。组织能力可以通过以下途径培养。

① 培养坚强的意志力。不被困难吓倒，不被失败和挫折压垮。

② 明确追求目标。一个人只有目标明确，才能增强自信，并积极排除干扰和克服心理障碍。

③ 提高知觉的能力。知觉是获取信息和加工信息的主要通道。提高知觉的能力也就是提高人的观察能力。

④ 积累丰富的经验。经验可有效地引导人们处理好日常工作，并提高人的决策判断能力。

⑤ 提高记忆能力。记忆能力提高之后，领导者就能在管理中及时地提取必要的信息。

⑥ 勇于挑起工作重担。承担重要的工作任务，面对疑难问题，可以锻炼、检验和表现人的组织才能。

⑦ 提高交际和沟通能力。这可以帮助一个人协调好各种人际关系，发挥团体组织的作用，调动员工的积极性，形成良好的群众基础和干群关系。

⑧ 养成良好的习惯。养成良好的统筹运作习惯可以提高工作效率，节省时间，有序推进工作。

⑨ 培养广泛的兴趣。培养广泛的兴趣可以扩大知识面，提高综合能力和统揽全局的能力。

⑩ 克服保守思想和惰性心理。这可以增强人的活力，培养创新的能力。

（2）授权能力。一个组织要实现组织目标，不仅仅需要领导者，而且需要领导者与他人共同合作。领导者要学会“授权”，但授权并不意味着放弃自己的职责。授权的主要目的有两个：一是通过与他人共同合作完成任务，二是与组织成员相处融洽以获得工作上的支持。提高授权能力的途径如下。

① 可根据潜能、态度、人格等方面来挑选合适的被授权者。

② 授权前先与被授权者磋商。

③ 不要等问题出现后再授权，而应先行授权。

④ 尽可能将整个任务委派给员工，而不是仅委派任务的一小部分，以表明他受到信任。

⑤ 在授权时，应使被授权者明确授权者对该任务结果的期望是什么。

⑥ 授权后应对被授权者予以充分的信任，一旦授权，就要充分信任被授权者能做好工作。

(3)冲突处理能力。冲突产生的原因通常是人们对于同一个问题有着不同的看法，以及人们在为实现自己的目标而奋斗时，触犯了他人的利益。正确地处理与其他组织成员之间的冲突是非常重要的。冲突处理能力也是职业生涯中最重要的能力之一。

如何处理冲突？

① 否认或隐瞒。这种方法是通过“否认或隐瞒”工作冲突的存在处理冲突。当冲突不太严重或者冲突处于显露前的“平静期”时，采用这种方法比较有效。

② 压制或缓解。即掩盖矛盾，使组织重新恢复“和谐”。同样，这种方法也是在冲突不太严重或者冲突双方都“不惜一切代价”保持克制时才能取得令人满意的效果。

③ 支配式处理方式。这种方法是指冲突中的某一方利用自身的地位和权威来解决矛盾。冲突的旁观者也可利用自身的权威和影响，采用类似的方法来调解冲突双方的矛盾。这种方法只有当“权威”确有影响力或冲突双方都同意这种方法时才能取得令人满意的效果。

④ 妥协。这种办法要求冲突双方为达到和解的目的，都做出一定的让步。使用这种方法的前提是冲突双方都必须有足够的退让余地。

⑤ 合作。当冲突双方认清人与人之间确实存在很多差别的事实之后，往往就可以通过合作的方式处理冲突。利用这种方式处理冲突，冲突双方都会感到他们是受益者。不过要使这种方法行之有效，一方面要有足够的时间，另一方面还必须让员工“信任”这种方式，而且冲突双方都必须具有较高的素质。

4. 管理和自我管理

当代大学生在学习和工作中，更重要的是要学会自我管理，把握好时间，调节好心理，控制好情绪，以最饱满的热情和智慧，朝着自己的理想和目标奋进。下面就时间管理、情绪与压力管理两个方面进行阐述。

（1）时间管理。

时间管理对每个人来说，既陌生又熟悉，因为我们都既在利用时间，也在浪费时间。有效地利用时间、安排时间，是提高效率、成就人生的重要环节。

美国管理学家柯维在他的《要事第一》这本书中曾经介绍过时间管理四象限（见图 9-1）的概念。

人们每天处理的事情包括以下四类。

第一类是重要而紧急的。很多人每天都生活在极度忙碌之中，每件事都是重要而紧急的。若这类事情长期地占用全部时间的 50%或以上，那我们的生理和心理健康都会受到不良影响，与别人的关系和人生其他的重要方面都会受到损害。

第二类是重要而不急的。这类事情是你经常告诉自己应该去做（或多做），而总是没有做的事情。这些常常是能真正使自己人生积极向上的事情，如睡个好觉、与家人旅行、学习、运动、研究、扩大知识面等，但也是最容易被忽略的部分。

第三类是不重要而紧急的。这类事情通常是为别人而做的，如接听手机、约好去一些无关紧要的约会等。这类事情如果太多，我们就会埋怨自己总是被人摆布，或者处于被动和无奈的境地。

第四类是不重要也不急的。这类事情在人生中常常是可有可无的。但是如果有一件这样的事长期在心里涌现，那它可能是重要而未曾被自己注意的事。

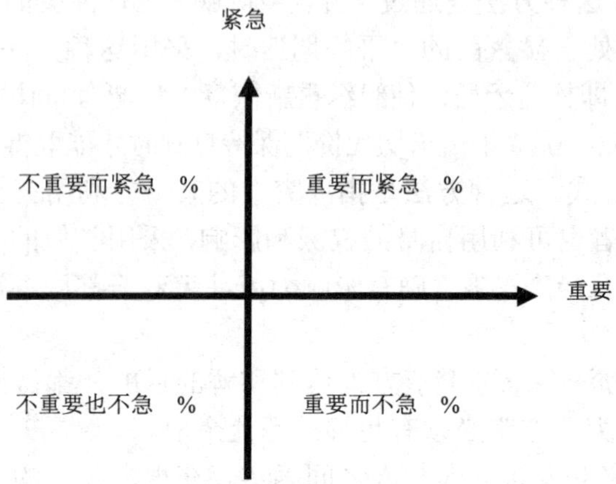

图 9-1　时间管理四象限

通常情况，这四类事情没有所谓“正确”的比例，一般来说：

① 第一类最好低于 50%；

② 第二类最好维持在 20%或以下；

③ 第三类应慢慢地减低；

④ 第四类也应该减少。

第一类事情往往不能马上减少。最好的做法是把从第三类及第四类事情上省下的时间用在处理第一类事情上。慢慢地，第一类事情的比例便会渐渐降低。

（2）情绪与压力管理。

在现代社会，心理健康与压力管理，成为人们必须要修炼的一种能力。心理学将导致压力反应的情境、刺激、活动等称为压力来源。调查发现，大学生的压力来源主要包括学习压力、生活压力和就业压力等方面。有些研究把大学生心理压力的因素进一步归结为竞争、经济条件、学习成绩、人际关系、独立生活能力、校园环境、家庭环境、专业方向等 8 个方面。实际上，压力来源以及对压力的承受能力因人而异。我们在学习、生活以及今后的职业生涯中，坚持养成“高效能人士的 7 个习惯”，就可以有效应对来自生活、工作、人际关系、工作成就等各方面的压力，以冷静、理性的心态去完成我们人生的使命。

① 积极主动。我们经常说“我不小心忘记了……”“我迟到是因为……”“其实是有原因的……”。我们每天都在不停地找借口或是抱怨，其实我们只要积极主动地去做好自己想要做、应该做的每一件事，就可能实现目标，创造未来，实现梦想。

② 以终为始。以终为始就是以结果为导向，以结果为目标，确保自己的行为与

目标保持一致，不受其他人或外界环境的影响。个人、家庭、团队和组织在做任何计划时，均应先拟出愿景和目标，并据此塑造未来。大学生应全身心投入实现自己最重视的目标之中，以预期的结果为出发点，创造出自己最丰富多彩的人生。

③ 要事第一。要事是由使命、价值观决定的，所以要事因人而异。我们应该把最重要的事放在第一位，进行重点管理，避免被情绪所左右。

④ 双赢思维。双赢思维鼓励我们找到互惠的解决办法。大多数人做不到双赢，所以双赢思维是我们所追求的目标，也是做人的最高境界。

⑤ 知彼解己。只有在双赢思维的基础上，人们才会耐心地去倾听，去了解对方的意图，才会有合作产生。如果没有双赢思维，就谈不上了解对方和解放自己。知彼解己，需要的是双方的努力。我们一定要设身处地地为他人着想。欲求别人的理解，首先要理解别人。人人都希望被了解，也急于表达，但却常常疏于倾听。

⑥ 统合综效。统合综效指的是给出第三种选择，既非按照我的方式，也非按照你的方式，而是利用第三种方法，它是互相尊重的成果。双方不仅了解彼此，而且称许彼此的差异，欣赏对方解决问题及把握机会的方法。统合综效能使整体获得一加一大于二的成效。

⑦ 不断更新。不断更新是我们每个人不断提升学习力、心智力和执行力的最佳途径。我们要懂得自我学习、自我批评、自我总结，不断提升自己。我们只有具备良好的思考、学习、创造与适应能力，才能使自己立于不败之地。

5. 团队合作意识

我们见证了走出国门、走向世界的姚明，在代表国家队比赛的征程中，一次又一次调动队员，发挥团队合作的效用，使国家队振奋精神，赢得了一场场比赛。这是中国篮球的胜利，也是姚明的胜利，更是队员之间密切合作的胜利。姚明不仅在自己的职业生涯中完成了一个个华丽转身，更成为当代年轻人职业发展的榜样。但他从不认为这是个人努力的结果，他更强调团队的作用。

大学生是新时代中国特色社会主义事业的接班人，因此他们必须培养团队合作意识，完成思想观念的转变，成为具有较强团队合作意识和精神的优秀人才。

三、综合素质培养

（一）综合素质的培养途径

1. 个人修养

个人修养作为一种无形的力量，约束着我们的行为。任何一个人，只有具有良好的个人修养，才会被人们所尊重。当然，个人修养的内容并不是一成不变的，它随着社会的发展及人生实践活动的深入而变得更加丰富多彩。

（1）戒生气。俗话说，气大伤身。生气是人类负面情绪中的一种。一个人如果经常生气，就会使身心受损。

（2）戒自卑。自卑可以轻而易举地摧毁一个人，因此我们必须记住唯自强可崛起。

（3）戒嫉妒。与其将有限的精力消耗在嫉妒他人的成功上，不如抓住时机做一些实事。

（4）戒小人。小人不但对我们的人生之路毫无帮助，而且会成为一块块在关键时刻让我们跌倒的绊脚石。

（5）戒诱惑。我们要力戒权力、金钱、美色等各种诱惑，不断提高自身素质，加强个人修养，提高道德品质，同时保持一种健康平和的心态。

（6）戒暴怒。暴怒容易使人失去理智，所以一定要学会控制自己的情绪。

2. 知识素质

21 世纪人才要具备较高的知识素质。知识素质是人的核心素质，它是指一个人在知识方面的素养，主要包括个人的知识价值观、对待知识的基本态度、获取知识和应用知识的方法与能力以及一个人的知识结构。一个没有知识的人，当然谈不上有好的知识素质；一个拥有比较丰富知识的人，如果知识结构不合理，就不能灵活运用知识，同样也不具有良好的知识素质。因此，大学生要提高知识素质，必须先构建科学合理的知识结构。

一方面，要有宽厚扎实的基础知识。基础知识是知识结构的根基所在。大学生无论学习什么专业，今后从事何种工作，都要有宽厚扎实的基础知识。随着社会主义市场经济的高速发展，社会的行业、职业结构调整速度必然加快，大学生毕业后在择业、就业上已不可能再是“从一而终”，职业岗位随时变动的状况不可避免。要适应这些变化，必须依靠宽厚扎实的基础知识。基础知识包括：基础社会科学知识（哲学、政治学、经济学、历史、文学、外语、管理学等）、基础自然科学知识（数学、物理、化学、天文、地理、生物学等）、基础技术知识（制图、电算、实验操作、调查研究等）。我们提倡文理交融，形象思维与抽象思维相互配合，社会科学与自然科学相互补充，文理相通、相得益彰，使大学生更好地适应社会，适应职场。

另一方面，要有广博精深的专业知识。专业知识是知识结构的核心部分，也是科技人才知识结构的特色所在。大学毕业生是将要从事专业性较强工作的专门人才，因此，大学生要力求拥有广博精深的专业知识，对自己所要从事专业的概念体系、理论体系、研究方法、学科发展历史和现状、国内外最新信息有所了解，同时，对邻近领域的知识也要有所了解，善于将所学领域与其他相关领域的知识紧密联系起来。专博相济、专深博广已成为当前社会对知识素质的重要要求。

3. 道德素质

大学生道德素质的培养，是一项艰巨而复杂的系统工程，因而必须充分发挥高校自身特有的育人环境的优势；另外，必须依靠大学生的主观努力，提倡大学生进行自我道德修养。

（1）弘扬中华民族的优秀传统文化，加强道德素质教育。

（2）利用社会实践活动，加强道德素质教育。

（3）道德素质教育的形式要多样化。

（4）教育手段要现代化，要特别重视互联网领域的道德素质教育。

（5）提高大学生道德认识，陶冶大学生道德情操，锻炼大学生道德意志。

（二）常见的职业或职位对综合素质的要求

每一种职业都有自己的特点，对想要从事这一职业的人都有综合素质的特殊要求。另外，即使是同一职业的不同岗位，对综合素质的要求也是不同的。例如，医生这一职业，对内科医生的要求不同于外科医生；又如，教师这一职业，对大学教师和小学教师的要求也有不同之处。下面是几种常见职业对综合素质的要求。

1．领导人才

领导人才在部门或组织中起核心作用，属于决策者，对该部门或组织的发展起着至关重要的作用。领导人才必须具备的综合素质包括以下几个方面。

（1）有创造性，能适应快速变化的形势要求，与时俱进，富有创新精神。

（2）知识面广，不仅要有哲学、经济学、管理学以及其他社会科学如社会学、心理学、人力资源管理学、教育学、法学、运筹学等方面的知识，还要有历史、地理、文学、外语及现代科技知识素养。

（3）才能卓越，具备较高的记忆、观察和判断力。尤其应具备决策能力、组织指挥能力、团队领导能力、预测能力、随机应变能力、危机处理能力、逻辑思维能力和社交能力等。

（4）性格上要具备勇敢、机智、沉着、顽强等特征。

（5）具有良好的身体素质。

2．管理人才

（1） 一般经营管理人才。一般经营管理人才的综合素质特征包括以下几个方面。

① 能深刻理解党和国家的方针、政策，能很好地适应改革开放的形势要求。

② 有高度的责任感和事业心。

③ 有强烈的市场意识，既是本行业的生产技术主干，又有较宽的知识面。

④ 具有比较强的综合分析能力。

⑤ 具有果断的处事能力，有较好的控制力。

⑥ 具有及时发现问题、善于收集信息及信息沟通的能力。

⑦ 具有良好的决策或辅助决策的能力。

⑧ 具有良好的谈判和社交能力，机动灵活，随机应变。

（2）企业高级管理人才。美国管理协会调查了 4 000 名优秀的管理人才，又从中选出了 1 800 名进行研究，得出的结论是，优秀的企业高级管理人才主要具备以下素质。

① 有企业家的特征，如工作效率高，主动进取，不满足于现状。
② 具有人事关系处理能力，自信，能帮助他人提高工作水平。
③ 能以自己的行为影响别人。
④ 明智地使用自己的权力，不滥用职权，具有心理学上的成熟个性。
⑤ 具有自我克制能力，能自动做出决定。
⑥ 持有客观的态度，善于听取各方面的意见。
⑦ 能自我认识，能正确地了解自己的能力，能依靠自身努力弥补自己的不足。
⑧ 勤俭，能灵活地适应艰苦的环境。

（3）行政管理人才。行政管理人才的综合素质特征主要包括以下几个方面。
① 能深刻理解并很好地执行党和国家的方针、政策。
② 具有较强的法制观念和群众观念，纪律性强，富有责任心。
③ 办事公道，富有工作经验，对现代学术知识有一定的了解。
④ 综合分析能力强，处理能力强，信息沟通能力强，善于表达自己的思想。
⑤ 善于控制自己和领导别人，具有比较强的辅助决策能力，善于处理人际关系。

3．工程技术人才

工程技术人才所在的科学领域，虽与科研、生产和生活有着密切的联系，但它又有自己的特殊性，这是专业特点所决定的。工程技术人才有其特殊的综合素质要求。

（1）要有广博的知识和丰富的实践经验，只有这样才能解决实际工程技术工作中大量复杂的问题。

（2）有较强的实际动手能力，主要是指实验操作和模型制造等实践能力。工程技术工作是把科学物化为实际生产力，需要实验过程，因此工程技术人才必须有这种实践能力，这样才能真正使科学技术为实际生产服务。

（3）有较强的语言和文字表达能力与组织能力，能够把技术付诸实践，并向有关人员讲清楚，同时组织实施。

（4）有较强的创新精神，努力开发新技术。人类的科学实践历史证明，创新是科学技术的生命，工程技术人才要善于创新，具有开发新技术的能力。

（5）不断学习，掌握现代化研究手段和方法。随着科学的发展、技术的更新，市场需求瞬息万变，对产品的要求越来越高，因此，工程技术人才必须不断学习，提高技术水平，才能不断创新，不断前进。

（6）有实事求是的科学态度。工程技术工作的根本目的是满足社会的某种需要，工作中的任何疏忽都可能给社会生产和人民生活带来无法弥补的损失，因此，工程技术人才必须具备严肃认真、实事求是、一丝不苟的工作态度。

（7）顾全大局，团结协作。工程技术工作是个庞大的系统，各个部门之间必须相互协作配合，取长补短，提高总体技术能力，解决工程技术工作中各种复杂的实际问题。

4. 财会人才

财会人才是与金钱、数字打交道的人，其基本的职业道德是诚实和严守机密。

财会人才应具备的综合素质包括以下几个方面：

（1）必须做一个慎重细致的人，即使是对那些被认为是可靠的数据，也要有反复核对的慎重态度。

（2）要成为积极、有正义感的人，要有发展的积极性，具有强烈的正义感，能抵制来自公司（组织）内外的各种诱惑。

（3）要成为有社交能力的人，从与银行、证券公司的交涉开始，财会人才的交际范围越来越广，他们的工作再也不是坐在桌子后面算一算，而是要走出去，将可以利用的资金汇集起来。

（4）要成为具有汇总能力的人，用数字表现出经营活动和企业实力，必须有像作家和画家那样的汇总和提炼能力。

（5）财会人才还要有一定的规划能力。

自我练习

学生个人综合素质测评表

请结合自身的实际情况，对个人的综合素质进行评价，并完成表 9-2。

表9-2 个人综合素质测评表

指标名称	指标构成	指标评价得分		
		本人自评（ZP）	班组互评（HP）	班主任评价（BP）
思想道德素质（20%）A	A1. 政治思想 20 分			
	A2. 社会公德 15 分			
	A3. 遵纪守法 15 分			
	A4. 集体观念 15 分			
	A5. 劳动卫生 15 分			
	A6. 行为表现 20 分			
科学文化素质（40%）B	B1. 学习品质 30 分			
	B2. 学习成绩 70 分			
职业技能素质（15%）C	C1. 计算机应用能力 20 分			
	C2. 英语口语能力 20 分			
	C3. 语言表达能力 20 分			
	C4. 专业操作技能 40 分			

（续表）

指标名称	指标构成	指标评价得分		
		本人自评（ZP）	班组互评（HP）	班主任评价（BP）
身体心理素质（15%）D	D1．体育课成绩 40 分			
	D2．体育活动 20 分			
	D3．心理素质 40 分			
发展潜力素质（10%）E	E1．创新创造能力 40 分			
	E2．组织管理能力 20 分			
	E3．文体特长 15 分			
	E4．社会实践 15 分			
	E5．特殊表彰 10 分			
思想道德素质得分合计：A=（A1+A2+A3+A4+A5+A6）×20%				
科学文化素质得分合计：B=（B1+B2）×40%				
职业技能素质得分合计：C=（C1+C2+C3+C4）×15%				
身体心理素质得分合计：D=（D1+D2+D3）×15%				
发展潜力素质得分合计：E=（E1+E2+E3+E4+E5）×10%				
第一步：总评得分 M=A+B+C+D+E				
第二步：综合得分 N=（M_{ZP}×20%）+（M_{HP}×40%）+（M_{BP}×40%）				
班级排名：				
班级审核：		班主任审核：		

课后实训

按照语言沟通技巧的“七步法”，以“怎样看待成功”为题，写一篇小论文。

案例讨论

人力资源专业毕业生的职业困惑

杨瑞是某大学人力资源管理专业的毕业生，她认为，经过高校阶段的系统学习，自己不但掌握了扎实的人力资源管理专业知识，而且具备了较强的人际沟通技能，因此她对自己的未来期望很高。为了实现自己的梦想，她毅然只身去广东求职。

经过将近一个月的反复投简历和面试，杨瑞最终选定了东莞市的一家研究和生产食品添加剂的公司。该公司的人力资源管理工作还处于尝试阶段，杨瑞认为作为人力资源部的第一个人，自己施展能力的空间很大。

但是到公司一个星期后，杨瑞就陷入了困境。

原来，该公司是一个典型的小型家族企业，企业中的关键职位基本上都由老板的亲属担任。老板安排他的大儿子做杨瑞的临时上级，这位领导对人力资源管理不甚了解，在他的眼里，只有技术最重要。但是杨瑞认为，越是这样就越有自己发挥能力的空间。因此，在到公司的第五天，杨瑞拿着自己的建议书走向了直接上级的办公室。但直接上级并没有接受她的建议。她不知道自己是应该继续与直接上级沟通，还是干脆放弃这份工作。

（改编自校园案例）

思考题：

结合本章所学到的内容，谈谈你从本案例中可以得到哪些启示。

参考文献

[1] 杜布林. 人际关系：职业发展与个人成功心理学（原书第 10 版）[M]. 姚翔，等译. 北京：机械工业出版社，2014.

[2] 王新超. 职业发展心理学[M]. 北京：中央编译出版社，2017.

[3] 达格. 职业规划心理咨询全案[M]. 谢晶，译. 北京：中国人民大学出版社，2020.

[4] 邢发，陈怡冰. 职业发展就那几步：员工职业生涯自助管理解决方案[M]. 北京：企业管理出版社，2016.

[5] 通识教育规划教材编写组. 大学生就业指导（慕课版）[M]. 北京：人民邮电出版社，2018.

[6] 拉古兰德，修斯. 未来的就业：技术性失业与解决之道[M]. 艾辉，冯丽丽，译. 北京：人民邮电出版社，2018.

[7] 岳昌君，等. 全国高校毕业生就业调查报告（2019）[M]. 北京：北京大学出版社，2020.

[8] 王伯庆. 2020 年中国高职生就业报告[M]. 北京：社会科学文献出版社，2020.

[9] 侯瑞刚. 大学生就业与创新创业多维角度研究[M]. 北京：水利水电出版社，2019.

[10] 张翠英. 大学生创业职业素养[M]. 北京：首都经济贸易大学出版社，2017.

[11] 牛淑珍. 大学生创业基础[M]. 上海：复旦大学出版社，2020.

[12] 王阳. 经济转型与就业优先政策 M]. 北京：中国工人出版社，2020.

[13] 井上智洋. 就业大崩溃：后人工智能时代的职场经济学[M]. 路邈，等译. 北京：机械工业出版社，2018.

[14] 纪德尚. 高校大学生创业就业能力素质建设[M]. 北京：经济管理出版社，2018.

[15] 莫滕森，皮萨里德斯. 就业选配、工资差距与失业[M]. 罗楚亮，陈国强，刘盛宇，译. 北京：机械工业出版社，2016.